Pobreza no Brasil

Afinal, de que se trata?

Pobreza no Brasil

Afinal, de que se trata?

SONIA ROCHA

FGV
EDITORA

ISBN — 85-225-0423-7

Direitos desta edição reservados à
EDITORA FGV
Praia de Botafogo, 190 — 14º andar
22253-900 — Rio de Janeiro, RJ — Brasil
Tel.: 0800-21-7777 — 0-XX-21-2559-5543
Fax: 0-XX-21-2559-5532
e-mail: editora@fgv.br
web site: www.editora.fgv.br

Impresso no Brasil / *Printed in Brazil*

1ª edição — 2003

Revisão de originais: Newmar Vieira

Editoração eletrônica: FA Editoração Eletrônica

Revisão: Fatima Caroni e Mariflor Rocha

Capa: aspecto:design

Foto da capa: Bradley Mason

Ficha catalográfica elaborada pela Biblioteca
Mario Henrique Simonsen/FGV

Rocha, Sonia
Pobreza no Brasil: afinal, de que se trata? / Sonia Rocha. — Rio de Janeiro : Editora FGV, 2003.
244p.

Inclui bibliografia.

1. Pobreza — Brasil. 2. Renda — Distribuição — Brasil. I. Fundação Getulio Vargas. II. Título.

CDD-339.460981

Sumário

Quase um prefácio

Embora desde o início da década de 1990 a persistência da pobreza tenha sido uma das preocupações centrais no país, a temática ganha clara primazia depois da estabilização. Resolvido o problema básico da inflação, parece haver consenso nacional de que o objetivo prioritário da sociedade brasileira é reduzir a desigualdade entre pessoas, da qual a persistência da pobreza absoluta é um corolário. Contudo, existem sérias dificuldades de transitar entre, por um lado, o objetivo ético e humanista consensual, e, por outro, as iniciativas concretas de uma política pública necessária para atingir tal objetivo.

Este livro pretende reunir um conjunto de informações visando familiarizar o leitor com as noções relevantes para o entendimento da pobreza e de questões afins, tais como aquelas ligadas à distribuição do rendimento, ao funcionamento do mercado de trabalho e à concepção de políticas sociais. Tendo em vista um público-alvo amplo, do estudante universitário em diversas áreas das ciências sociais e humanas ao formulador de políticas públicas nas três esferas de governo, do cidadão curioso àqueles que operam programas sociais no dia-a-dia, trata-se de reunir um conjunto de informações que permitam compreender diferentes facetas do tema em questão. Tendo como referência o caso brasileiro, serão discutidas as bases conceituais e estatísticas adotadas quando se trata de medir e caracterizar a pobreza no Brasil.

O livro pretende apresentar de forma sistemática o muito que se sabe sobre o tema da pobreza no Brasil, levando em conta as especificidades nacionais, como a relação imbricada entre pobreza e desigualdade. O ponto de partida é a discussão conceitual sobre pobreza, que se estreita para focalizar a experiência brasileira. A abordagem da pobreza do ponto de vista da renda, que se privilegia no Brasil, é detalhada partindo dos critérios utilizados para definir o valor das linhas de pobreza. Ao discutir conceitos, é possível esclarecer a origem e a natureza da controvérsia quanto aos números associados à incidência de pobreza absoluta no Brasil. A questão da mensuração é crucial, pois permite distinguir e dimensionar clientelas potenciais, assim como vincular conceitos à formulação de programas sociais.

Os indicadores comparáveis para o período 1970-2001 fornecem um panorama da evolução da pobreza no longo prazo e seus principais determinantes. A trajetória dos anos 1990, inclusive no que concerne aos diferentes perfis dos pobres brasileiros, coloca a questão da pobreza em bases concretas, o que é essencial para pensar as medidas adequadas de política pública.

À guisa de conclusão, o último capítulo retoma as questões abordadas ao longo do livro, sintetizando-as em 10 pontos-chave que correspondem a consensos já bem estabelecidos sobre a feição da pobreza no Brasil.

Capítulo 1

Conceituar para medir: o que é pobreza?

Afinal, de que se trata?

O início dos anos 1970 marca o reconhecimento — por parte do meio acadêmico e das instituições voltadas para o financiamento do desenvolvimento — de que as questões básicas relativas às desigualdades sociais e à pobreza não estavam sendo equacionadas como resultado do crescimento econômico. Na verdade, mesmo nos casos bem-sucedidos de crescimento econômico, ficou evidente que taxas adequadas de expansao do produto nao necessariamente se difundiam através da sociedade. Eram patentes tanto as dificuldades dos países ricos em eliminar redutos remanescentes de pobreza e marginalidade social, como as crescentes desigualdades sociais resultantes do processo de expansão econômica nos países subdesenvolvidos.

Como conseqüência dessas constatações, houve uma clara mudança de ênfase nos núcleos onde são gerados o pensamento e as orientações de política econômica dominantes, deslocando o crescimento econômico à condição de variável instrumental. No entanto, não se tratava de priorizar políticas assistencialistas. A questão central era repensar o processo de crescimento, de modo a considerar explicitamente os objetivos de redução da desigualdade e da pobreza, integrando subgrupos populacionais ao curso predominante de evolução social, econômica e política em cada país. A adoção desse enfoque pela Organização das Nações Unidas (ONU) e pelo Banco Mundial promoveu a sua popularização como pressuposto político em nível internacional.

Entretanto, do que se trata quando, especificamente, nos referimos à pobreza? Pobreza é um fenômeno complexo, podendo ser definido de forma genérica como a situação na qual as necessidades não são atendidas de forma adequada. Para operacionalizar essa noção ampla e vaga, é essencial especificar que necessidades são essas e qual nível de atendimento pode ser considerado adequado. A definição relevante depende basicamente do padrão de vida e da forma como as diferentes necessidades são atendidas em determinado contexto socioeconômico. Em última instância, ser pobre significa não dispor dos meios para operar adequadamente no grupo social em que se vive.

Diferenças entre países, no que concerne ao nível de desenvolvimento socioeconômico atingido e a tradições culturais, exigem a adoção de conceitos de pobreza que levem em conta suas especificidades. No entanto, a persistência de amplos contingentes populacionais cronicamente privados do atendimento às necessidades mais essenciais é o que se tem em mente quando se trata de pobreza numa abordagem internacional. No seu relatório de 1990, o Banco Mundial estimava que cerca de 1 bilhão de pessoas viviam na pobreza naquele ano, o que implicava a idéia de pobreza sem enfrentar a questão mais delicada de determinar que nível mínimo de necessidades não estava sendo atingido.

Definir o conceito de pobreza relevante e escolher os procedimentos de mensuração adequados é o resultado de análise sensata e cuidadosa de cada realidade social específica. Por um lado, trata-se da questão de identificar os traços essenciais da pobreza em determinada sociedade. É generalizada, atingindo a maior parte da população, ou, ao contrário, é geograficamente localizada? Quais são seus determinantes? É um fenômeno crônico ou está associado a mudanças econômicas e tecnológicas? Quais são seus sintomas principais — subnutrição, baixa escolaridade, falta de acesso a serviços básicos, desemprego ou marginalidade? Quem são os pobres em termos de um conjunto de características básicas, ou em outras palavras, qual o perfil dos pobres?

Essa percepção preliminar do que seja a pobreza num contexto determinado é elemento essencial para estabelecer um quadro de referência para a análise e aplicação de políticas antipobreza. Especificamente, trata-se de adotar os conceitos e os instrumentos de medição que pareçam os mais apropriados para um contexto específico, tanto em termos da realidade social como das possibilidades de dados estatísticos. Embora o principal objetivo quando se trata de pobreza seja o desenho e a operacionalização de instrumentos de política social — de modo que conceitos e medidas são exclusivamente instrumentais —, as escolhas feitas neste primeiro momento têm um papel fundamental: a obtenção de bons resultados operacionais, mais adiante, depende em grande parte do bom senso inicial ao definir o que é pobreza, conceitual e estatisticamente.

O objetivo deste capítulo é examinar as principais abordagens quando se trata de conceituar e medir a pobreza. De início, será enfocada a questão da pobreza absoluta *versus* pobreza relativa, assim como suas implicações conceituais e de mensuração. Em seguida, será visto como a abordagem da pobreza enquanto insuficiência de renda — que implica o uso das chamadas linhas de indigência e de pobreza — se generalizou a partir da problemática dos países ricos, tendo por base o custo de uma cesta básica ou um valor derivado da distribuição de renda. Foram as restrições ao uso da variável renda como instrumento para medir bem-estar que conduziram à utilização de indicadores sociais e à abordagem das *basic needs*, associando pobreza diretamente à não-satisfação de necessidades específicas. Finalmente, discute-se como as abordagens de renda e das *basic needs* acabam, freqüentemente, por se fundir na prática da construção de indicadores e na gestão de políticas públicas antipobreza.

Pobreza absoluta, pobreza relativa

Originalmente, a preocupação com as desigualdades e a pobreza não veio à tona nos países pobres, onde o problema é mais crítico. A discussão sobre pobreza como a conhecemos hoje se iniciou nos países desenvolvidos, após a euforia da reconstrução do pós-guerra, e representou um alerta de cientistas sociais envolvidos com a problemática da sobrevivência de grupos desprivilegiados em resposta ao discurso essencialmente triunfalista dos políticos. Tratava-se de alertar para situações de privação onde as questões de sobrevivência física não estavam em jogo. A problemática da pobreza em países ricos levou a que se enfatizasse o caráter relativo da noção de pobreza. Em estudo sobre grupos específicos de pobres na Inglaterra em meados do século XX, Townsend (1962) enfatizou o caráter necessariamente relativo da noção de pobreza: "Minha tese principal é que tanto pobreza como subsistência são conceitos relativos, só podendo ser definidos em relação aos recursos materiais e emocionais disponíveis numa determinada época aos membros de uma dada sociedade ou de diferentes sociedades".

A partir daí, as discussões passam a gravitar em torno da natureza do fenômeno da pobreza em países apresentando diferentes níveis de desenvolvimento social e produtivo, o que remete às noções de pobreza absoluta *versus* relativa. Pobreza absoluta está estreitamente vinculada às questões de sobrevivência física; portanto, ao não-atendimento das necessidades vinculadas ao mínimo vital. O conceito de pobreza relativa define necessidades a serem satisfeitas em função do modo de vida predominante na sociedade em questão, o que significa incorporar a redução das desigualdades de meios entre indivíduos como objetivo social. Implica, conseqüentemente, delimitar um conjunto de indivíduos "relativamente pobres" em sociedades onde o mínimo vital já é garantido a todos.

Para fins empíricos, a distinção entre pobreza absoluta e pobreza relativa não apresenta limites claros. Mesmo as necessidades fundamentais de alimentação, cujo atendimento poderia estar associado ao mais absoluto conceito de pobreza, não são um dado indiscutível. Por um lado, é extensa a literatura sobre necessidades nutricionais envolvendo a adequação energético-protéica e de outros nutrientes, que variam conforme as diferentes características dos indivíduos e de suas condições de vida. Há muitos fatores a considerar quando se trata de estabelecer necessidades nutricionais, de modo que a busca de uma dieta mínima "de sobrevivência" constitui-se apenas numa simplificação analítica. Por outro lado, é inevitável levar em conta aspectos culturais ao definir a dieta mínima, como pode ser exemplificado pela inclusão do chá na cesta alimentar inglesa (ver box "O pioneirismo no uso da linha de pobreza"). De qualquer modo, a definição de necessidades alimentares insatisfeitas não exige o estabelecimento de uma dieta mínima, já que a incidência de fome e de subnutrição pode ser diretamente medida a partir de características físicas da população. Assim, a freqüência em que ocorrem indicadores físicos inadequados — por exemplo, em relação às crianças, altura por idade ou peso por altura insuficientes — é um instrumento de monitoramento direto da pobreza e dos progressos realizados para remediá-la do ponto de vista do atendimento das necessidades nutricionais.

É provável que as questões ligadas à sobrevivência física e associadas à noção de pobreza absoluta tenham sido crescentemente preteridas devido ao fato de que os estudos de pobreza se desenvolveram a partir da problemática dos países ricos. Na prática, a abordagem da pobreza enquanto insuficiência de renda se generalizou, passando a ser adotada mesmo nos países mais pobres, onde, ainda hoje, lamentavelmente, indicadores relativos à sobrevivência física ainda são relevantes.

A renda como critério de pobreza

Nas economias modernas e monetizadas, onde parcela ponderável das necessidades das pessoas é atendida através de trocas mercantis, é natural que a noção de atendimento às necessidades seja operacionalizada de forma indireta, via renda. Trata-se de estabelecer um valor monetário associado ao custo do atendimento das necessidades médias de uma pessoa de uma determinada população. Quando se trata especificamente das necessidades nutricionais, esse valor é denominado linha de indigência, ou de pobreza extrema, em referência ao caráter essencial das necessidades alimentares. Quando se refere ao conjunto mais amplo de necessidades, trata-se da chamada linha de pobreza. Esses parâmetros são utilizados como crivo para distinguir, na população total, dois subgrupos, de acordo com a sua renda; respectivamente, indigentes e não-indigentes, no caso de linha de indigência, e pobres e não-pobres, quando se utiliza linha de pobreza. Assim, pobres são aqueles com renda se situando abaixo do valor estabelecido como linha de pobreza, incapazes, portanto, de atender ao conjunto de necessidades consideradas mínimas naquela sociedade. Indigentes, um subconjunto dos pobres, são aqueles cuja renda é inferior à necessária para atender apenas às necessidades nutricionais.

O pioneirismo no uso da linha de pobreza

O estabelecimento de um parâmetro de valor a ser usado como linha de pobreza, a partir de preços e quantidades de um conjunto de itens, reproduz a abordagem pioneira de Rowntree (1901) em seu estudo da pobreza na cidade de York, Inglaterra, que definia patamares diferenciados de renda necessária (linhas de pobreza) conforme o tamanho e a estrutura da unidade familiar.

Conceitualmente, Rowntree propunha-se a definir uma linha de pobreza absoluta, já que se refere a famílias cujos rendimentos são insuficientes para que obtenham o "mínimo meramente necessário à manutenção da eficiência física" (Rowntree, 1901). Quando se trata de estabelecer o valor da despesa a partir de itens específicos, fica claro, no entanto, a adoção de um conceito de pobreza que incorpora aspectos relativos, vinculados às necessidades sociais em York ao longo do tempo: tanto o chá é incluído na cesta original, apesar de seu valor nutricional praticamente nulo, como, nos dois estudos subseqüentes, a composição da cesta é alterada para incorporar as novas necessidades vinculadas à melhoria do nível de vida e à modernização da sociedade inglesa (Rowntree, 1941; Rowntree & Lavers, 1951; Townsend, 1962).

Na prática, o estabelecimento de linhas de indigência e de pobreza a partir da noção de um consumo mínimo necessário apresenta diversas dificuldades empíricas, que serão discutidas quanto ao caso brasileiro no capítulo 3. No que concerne à cesta alimentar básica, trata-se de definir a composição da cesta e a escolha dos preços adequados por produto. No entanto, não existe uma única solução possível, apesar de se dispor de parâmetros universais de quais sejam as necessidades nutricionais essenciais.

Em relação às outras necessidades básicas (habitação, vestuário etc.) para as quais não se dispõe de parâmetros de consumo essencial, estabelecer um valor mínimo é necessariamente problemático. Portanto, é compreensível que a definição de um valor associado ao atendimento de todas as necessidades básicas — alimentares e não-alimentares, a chamada linha de pobreza — seja tão freqüentemente cercada de controvérsias. Julgamentos de valor são inevitáveis e dizem respeito a em que medida as linhas de indigência e de pobreza devem incorporar o valor de consumos que são habituais em determinada sociedade, mas, reconhecidamente, não-vitais.

Isso significa dizer que, embora partindo das noções de pobreza absoluta e de consumo mínimo, as linhas de indigência e de pobreza podem ser definidas de forma tão próxima à noção de pobreza relativa quanto se queira. Quanto mais rica a sociedade, mais o conceito relevante de pobreza se distancia de atendimento às necessidades de sobrevivência. Nos países desenvolvidos, onde o mínimo vital já é garantido a todos, embora ainda seja possível definir uma "cesta básica", ela é irrelevante. Contrariamente às linhas de pobreza associadas ao valor de cestas de consumo, as linhas de pobreza relativas estão estreitamente imbricadas às questões de distribuição de renda. Sua concepção se vincula ao fato de que o objetivo social é, além do aumento da riqueza, a distribuição cada vez mais eqüitativa dos frutos do crescimento econômico. Nesse sentido, a linha de pobreza relativa se articula às questões gerais — não específicas à população pobre — de distribuição de renda, e à mensuração das desigualdades de renda como indicador de bem-estar da sociedade como um todo.

Assim, no caso de linhas de pobreza estritamente relativas, trata-se de estabelecer um valor que tenha como referência o nível de vida preponderante na sociedade em questão. Geralmente, esse valor é estabelecido com base na renda média ou mediana do conjunto da população, por conseguinte, desvinculado do efetivo poder de compra ou do nível de bem-estar que é capaz de proporcionar de fato.

Hoje em dia a União Européia adota linhas de pobreza relativas — um dos conjuntos correspondendo a 60% do rendimento mediano em cada país-membro —, o que implica, naturalmente, valores de linhas de pobreza diferenciadas por país (tabela 1).[1] Embora cada linha permita obter uma medida de pobreza relativa no âmbito do país, a comparação direta entre países quanto à incidência de pobreza é necessariamente enviesada. Como, por exemplo, a linha de pobreza portuguesa tem valor de cerca da metade do da França, o que significa que um indivíduo não-pobre em Portugal poderia ser classificado como pobre na França. Linhas de pobreza assim definidas geram necessariamente índices de pobreza não diretamente comparáveis, já que a proporção de pobres em Portugal é inferior à obtida para a França ou para a Inglaterra. Ademais, mesmo quando se considera um só país, as comparações intertemporais têm que ser vistas com cautela. Como a pobreza é definida de forma relativa, a renda dos pobres pode declinar de um ano para o outro sem que se caracterize aumento da incidência de pobreza.

[1] A União Européia trabalha com três conjuntos de linhas de pobreza, equivalentes a 40, 50 e 60% do rendimento mediano.

Da cesta básica à linha de pobreza relativa

Ajustando os parâmetros de renda estabelecidos por Rowntree e Lavers (1951) com base em quantidades e preços, Townsend (1962) estabeleceu uma linha de pobreza nacional para a Inglaterra que se traduzia numa proporção de pobres de 4,1% da população inglesa. No mesmo estudo definiu um outro valor que, segundo ele, seria mais adequado como linha de pobreza dada a distribuição de renda inglesa que então se verificava: 40% superior à primeira, o uso dessa segunda linha resultava numa proporção de pobres de 10,6% (7,5 milhões de pessoas), conforme os dados da pesquisa domiciliar por amostragem realizada pelo governo inglês em 1953/54.

A orientação e os resultados de Townsend sugerem dois comentários a respeito da evolução dos estudos sobre pobreza. O primeiro diz respeito a como as questões relativas à definição e à mensuração da pobreza no pós-guerra dos países desenvolvidos estiveram estreitamente imbricadas às ações de governo para o estabelecimento de sistemas assistenciais crescentemente complexos e universais. Na Inglaterra, o National Assistance Board delimitava a partir da renda uma subpopulação de 4 milhões de pessoas, beneficiária de auxílios monetários do governo, além de reembolso de certas despesas, tais como aluguel, combustíveis e medicamentos. Havia, portanto, a preocupação em verificar em que medida o governo estava delimitando a população pobre de forma adequada para fins de políticas públicas.

O segundo comentário concerne ao uso que é feito por Townsend da linha de pobreza calculada a partir de preço e quantidade dos itens de consumo, que se constitui apenas num valor de referência inicial. Segundo ele, a linha de pobreza relevante teria que se aproximar do nível médio de renda verificado na Inglaterra, e, com esse objetivo, foi estipulada a margem de 40% acima do valor de referência inicial. Nesse sentido, o estudo de Townsend marca o abandono progressivo nos países desenvolvidos de linhas de pobreza valoradas a partir de "cestas" refletindo necessidades de bens e serviços, em prol da adoção de linhas de pobreza a partir da distribuição de renda. Nos estudos atuais, cada vez mais se busca qualificar as condições de vida além do critério de renda, investigando-se uma série de itens que refletem o modo de vida predominante na Inglaterra no que concerne a aspectos tão diversos como férias, equipamento do domicílio e aspectos de socialização (Townsend, 1999).

Tabela 1

Linhas e incidência de pobreza na União Européia
(países selecionados — 1995)

Países	Linha de pobreza (ECU mil)	Proporção de pobres (%)
Alemanha	14,0	10,7
Dinamarca	16,8	10,0
Espanha	7,5	23,9
França	12,8	20,5
Inglaterra	11,2	21,4
Portugal	6,3	17,0

Fonte: Eurostat.

Apesar desses problemas de comparabilidade entre países, e mesmo de monitoramento da situação de um país ao longo do tempo, o uso de linhas de pobreza relativas se disseminou quando se trata da questão da pobreza em países desenvolvidos, onde a ênfase se coloca naturalmente sobre os aspectos de desigualdade de renda e exclusão social. Com o mesmo enfoque, o Programa das Nações Unidas para o Desenvolvimento (Pnud) adota o valor correspondente a 50% da renda mediana como linha de pobreza nos países industrializados (*Human development report*, 1997).

Uma notável exceção quanto ao uso de linhas de pobreza nos países desenvolvidos são os EUA, onde, desde 1965, vem sendo adotada uma definição oficial de pobreza com base no custo de uma cesta alimentar básica à la Rowntree, cujo valor foi multiplicado por três, já que a despesa alimentar correspondia a cerca de 1/3 da despesa total das famílias (Orshansky, 1965). As linhas de pobreza americanas variam em função do tamanho da família, número de crianças, idade e gênero do chefe da família, e residência urbana ou rural. Seus valores — ajustados anualmente pelos índices de preços ao consumidor — vêm, desde a década de 1960, servindo de parâmetro aos programas americanos de combate à pobreza.[2] Apenas recentemente foram realizados estudos visando à introdução de mudanças metodológicas na forma de estabelecimento dos denominados *poverty thresholds* (Nelson, 1998).

[2] À guisa de exemplo, o valor anual para famílias de uma pessoa e de duas pessoas era de, respectivamente, US$8.350 e US$10.748 em 1997 (valores para pessoas adultas de menos de 65 anos).

A adoção de linhas de pobreza relativa nos países ricos acabou levando à aplicação indevida dessa abordagem em países subdesenvolvidos, onde a noção de pobreza absoluta ainda é a relevante.[3] Nos anos 1980, o Banco Mundial recorreu a uma abordagem desse tipo ao definir como linha de pobreza, para países de renda média como o Brasil, o patamar de 1/3 do PIB *per capita* (Hicks & Vetter, 1983), o que, em 2000, corresponderia a R$1.200 ou R$100/pessoa/mês.[4] Observe-se que a linha de pobreza determinada dessa forma é um valor arbitrário, um tanto superior ao patamar de meio salário mínimo — então R$75, naquele mesmo ano — também freqüentemente utilizado como linha de pobreza no Brasil.

Em países de renda média como o Brasil, com economia urbana e monetizada, mas onde persiste importante contingente populacional desprivilegiado, a abordagem de pobreza absoluta ainda é relevante. Em função da disponibilidade de dados, utilizar linhas de pobreza absolutas definidas a partir da composição do consumo observado em populações de baixa renda é um procedimento adequado para delimitar como indigentes e como pobres subpopulações a serem objeto de políticas públicas específicas. No entanto, é importante lembrar que, ao adotar esse procedimento, a cesta de consumo é apenas o ponto de partida para estabelecer as linhas de indigência e de pobreza. Assim, os indivíduos definidos como indigentes ou pobres estão caracterizados exclusivamente quanto à insuficiência de renda para atender ao consumo mínimo. Nesse sentido, os indigentes são definidos como aqueles que não dispõem de renda para adquirir a cesta alimentar básica, o que não permite fazer inferências sobre o seu estado nutricional.

Como se trata de utilizar enquanto referência a renda das pessoas, estabelecer linhas de indigência e de pobreza pode não ser uma abordagem produtiva para enfrentar a questão da pobreza em países onde o nível de desenvolvimento social e produtivo é muito baixo. Na verdade, a renda sofre tanto mais restrições à sua utilização quanto mais pobre é o país. São restrições à renda como indicador de referência, pois implica associar níveis de bem-estar ao grau de sucesso na integração das famílias à economia de mercado, desconsiderando autoprodução e outros consumos não-monetários que têm impacto relevante justamente sobre as condições de vida das camadas mais pobres. Desse modo, quando uma parte preponderante das necessidades não é atendida via transações mercantis, a renda se torna um critério irrelevante para delimitar a população pobre.

---

[3] Salama e Destremou (1999) discutem e apresentam medições de pobreza tanto em países ricos como em países pobres.

[4] O PIB *per capita* brasileiro foi de R$3.574 em 2000 (Ipeadata).

A variável renda

Pobreza absoluta ou relativa, sua operacionalização via linhas de indigência ou de pobreza implica atribuir papel central à renda como *proxy* de bem-estar. A abordagem de linha de pobreza é muitas vezes questionada em função das reconhecidas fragilidades inerentes à variável renda. Argumenta-se, por um lado, que a informação fornecida pelos indivíduos subestima sua renda efetiva, o que implica, naturalmente, superestimar a incidência de pobreza. Ademais, a pobreza é normalmente medida a partir da renda presente, quando a renda permanente — aquela obtida abstraindo as flutuações episódicas — seria na verdade a variável relevante para caracterizar pobreza. Há, ainda, restrições ao uso da renda para medir pobreza que podem, porém, ser contornadas recorrendo a procedimentos empíricos adequados. Trata-se principalmente do uso da renda bruta ao invés da renda disponível, do efeito do patrimônio e do acesso diferenciado a bens e serviços públicos sobre o bem-estar.

Comparações internacionais baseadas no enfoque da renda são problemáticas, quer se adote o conceito de pobreza relativa ou absoluta. Um conhecido estudo que compara a incidência de pobreza em 36 países, entre os quais o Brasil — usando como parâmetro a renda do 45º percentil da distribuição de renda da Índia, para o qual se observava adequação protéica naquele país — é um exemplo quase anedótico dessas dificuldades (Ahluwalia, et alii, 1979). O Banco Mundial também chegou a adotar uma linha de pobreza absoluta, definida como US$75/mês, e hoje se refere freqüentemente a uma linha de pobreza de um US$1 ou US$2 *per capita*/dia. Em todos os casos, essas comparações desconsideram as especificidades culturais e de desenvolvimento de cada país, além de esbarrarem em dificuldades metodológicas óbvias quanto a diferenças do nível de preços e à escolha das taxas de câmbio adequadas.

O principal argumento teórico para o uso da renda no estabelecimento de linhas de pobreza, ou, mais genericamente, para mensurar o nível de vida de uma sociedade, consiste na estreita correlação entre nível de renda e os indicadores de bem-estar físico. Na verdade, o que se teria em mente, pelo menos quando se trata de pobreza absoluta, eram indicadores físicos de qualidade de vida, para os quais a renda serviria como *proxy*, muitas vezes questionável. O fato de que o combate à pobreza e a implementação de políticas visando à redução das desigualdades sociais implicavam intervenção governamental crescente — cujos efeitos em termos de oferta de serviços públicos, subsídios e outros benefícios não se refletem através da renda, deu impulso adicional às abordagens que utilizavam indicadores sociais ao invés da renda como medida de bem-estar.

Pobreza e necessidades básicas (*basic needs*)

As necessidades mais básicas são, sem dúvida, aquelas relacionadas à sobrevivência física das pessoas. Fome e desnutrição, como resultado de acidentes meteorológicos, guerras e/ou má administração de recursos escassos são ocorrências freqüentes, que levam necessariamente a taxas de morbidade e de mortalidade altas, especialmente entre crianças. Assim, associar pobreza à desnutrição consiste ainda hoje, infelizmente, numa abordagem operacional, o que significa recorrer a indicadores físicos da população para medir a sua incidência. Informações antropométricas relativas a baixo peso entre os adultos e baixa estatura para a idade entre crianças, além de taxas de mortalidade elevadas, são todos indicadores adequados a condições de pobreza extrema. Esse enfoque se aplica a países muito pobres, ou mesmo a países onde, em média, a incidência de pobreza não é crítica, mas se trata de enfrentar condições de vida particularmente adversas nos bolsões de pobreza. Em ambos os casos, a abordagem se acha embasada em indicadores antropométricos e se refere de maneira inequívoca à noção de pobreza absoluta.

Adotar a abordagem de necessidades básicas insatisfeitas significa ir além daquelas de alimentação para incorporar uma gama mais ampla de necessidades humanas, tais como educação, saneamento, habitação etc. Diferentemente da abordagem centrada nas necessidades de alimentação, definir pobreza com base em patamares mínimos de satisfação dessas necessidades abre diversas possibilidades. Por um lado, permite definir de forma mais ou menos estrita o que sejam as necessidades básicas, de acordo como a situação se apresente em cada sociedade. Aprender a ler e a escrever se constitui, por exemplo, numa necessidade básica, mas em sociedades onde a alfabetização é generalizada esse critério de necessidade básica não será útil para distinguir os pobres. Seria necessário, então, considerar necessidade básica de educação um nível de escolarização mais elevado — educação primária completa, ou mesmo, secundária —, o que mostra que é possível levar em conta a noção de pobreza relativa quando a abordagem de necessidades básicas é adotada. Esse componente relativo fica também evidente, por exemplo, ao se estabelecerem critérios de atendimento das necessidades básicas de saneamento ou de habitação. No caso de saneamento, o contexto urbano ou rural tem que ser necessariamente levado em conta. O acesso à rede de captação de esgoto sanitário em áreas urbanas densamente povoadas é essencial, mas desnecessário em áreas rurais, onde o uso de fossa séptica pode ser adequado. Em relação à habitação, as necessidades básicas têm que ser necessariamente estabelecidas considerando realidades culturais — critérios diversos quanto à densidade domiciliar, por exemplo — e climáticas. Existe, portanto, amplo escopo para julgamentos de valor associados à definição das necessidades básicas, à forma de ordenar os pobres em função do número de necessidades não atendidas e à ponderação relativa atribuída a cada uma das necessidades consideradas.

Essa abordagem multifacetada da pobreza, freqüentemente adotada nos anos 1970 pelos organismos internacionais,[5] opõe-se à abordagem da linha de pobreza em três aspectos. Primeiro, porque abandona a renda como indicador-chave, tanto devido às desvantagens da renda já referidas anteriormente (ver seção "A renda como critério de pobreza"), como pelo interesse em adotar parâmetros que reflitam resultados efetivos em termos de qualidade de vida, e não em termos de insumos ou instrumentos. Assim, por exemplo, não se trata de usar como indicador de saúde o número de médicos por mil habitantes, o número de leitos hospitalares ou o gasto público em saúde, mas os resultados efetivos em termos de redução da morbidade e da mortalidade, e de aumento da esperança de vida.

Em segundo lugar, a abordagem das *basic needs* se diferencia daquela da linha de pobreza por estabelecer objetivos e medir resultados para a sociedade como um todo, não delimitando uma subpopulação pobre preferencialmente. Assim, por exemplo, se o indicador considerado for a taxa de analfabetismo, não se trata daquela observada entre os pobres, mas da que se verifica junto à população como um todo, o que, naturalmente ameniza o diagnóstico, mas implica ignorar eventuais diferenças da taxa entre subpopulações. Embora alguns autores tenham se referido à questão específica dos mais pobres,[6] o enfoque predominante da abordagem das *basic needs* consistiu em desenvolver instrumentos de análise que permitissem estabelecer comparações entre países e monitorar os progressos no atendimento das necessidades básicas ao longo do tempo para determinada população como um todo.

Em terceiro lugar, contrariamente à abordagem da renda, a ótica das *basic needs* dá ênfase ao caráter multidimensional da pobreza e ao reconhecimento da inter-relação entre as diversas carências. Operacionalmente, isso implica a implementação de políticas que privilegiem complementaridade no combate aos diferentes aspectos da pobreza, tendo em vista que a melhoria do bem-estar social deve ser mais do que o resultado da soma de atuações setoriais específicas e desvinculadas entre si.

Operacionalmente o recurso a um conjunto de indicadores sociais suficientemente amplo, capaz de garantir que fossem considerados os diferentes aspectos

---

[5] A OIT, por exemplo, estabeleceu metas de atendimento das necessidades básicas em escala mundial para o ano 2000 (ILO, 1977).

[6] Hicks e Streeten (1979) referem-se, marginalmente, a aplicações dos indicadores à subpopulação do quintil mais baixo da distribuição de renda, o que significa adotar a abordagem combinada das *basic needs* e linha de pobreza, onde esta última é relativa.

das necessidades básicas, tais como nutrição, saúde, educação, moradia e saneamento, apresentava dificuldades para interpretação dos resultados e estabelecimento de comparações. O que se desejava era dispor de um indicador social sintético, que apresentasse as mesmas vantagens do PIB *per capita* como indicador econômico.

O objetivo de Drewnowsky e Scott em meados da década de 1960 era conceber um indicador único capaz de medir a qualidade de vida entendida como um objetivo universal, isto é, não culturalmente específico (Drewnowsky & Scott, 1966). Propunham especificamente recorrer unicamente a indicadores físicos, de modo a evitar vieses monetário, cambial e de preços relativos, inevitáveis ao uso da renda como parâmetro, que prejudicam tanto comparações entre países, como confrontos inter-regionais ou intertemporais de uma mesma sociedade. Operacionalmente, porém, a construção do índice de Drewnowsky e Scott dependia de informações de difícil obtenção, não tendo sido repetida após o estudo comparativo inicial para 20 países.

Nessa mesma linha, porém de forma mais simplificada, Morris e Liser (1977) conceberam o *physical quality of life index* (PQLI), que reunia num índice único três características reputadas como básicas para refletir qualidade de vida: mortalidade infantil, esperança de vida com um ano de idade e taxa de alfabetização. Para compor o índice, as variáveis eram normalizadas para valores entre um e 100, a partir de valores máximos e mínimos estabelecidos como meta para o ano 2000, ou observados. À guisa de exemplo, os parâmetros estabelecidos para mortalidade infantil eram, respectivamente, de 229 por mil e 7 por mil, e, para esperança de vida, de 77 e 38 anos. A concepção deste índice foi essencialmente a adotada pelo índice de desenvolvimento humano (IDH), como se verá mais adiante.

O PQLI, construído levando em conta pesos idênticos para as três variáveis, seria pretensamente livre de vieses culturais, além de ter a vantagem de medir resultados ligados a uma ampla gama de aspectos da qualidade de vida nas áreas de nutrição, saúde pública, bem-estar ambiental e educação, além do nível de renda. No entanto, ao incorporar a variável alfabetização, o PQLI deixa de ser um indicador físico e culturalmente neutro, e passa a valorar, em parte, o progresso social como entendido nas sociedades modernas. Alguns autores também criticaram o fato de ser dada ênfase a resultados entendidos de forma muito restrita. Para Sen (1980), por exemplo, o PQLI não leva em conta o sofrimento da fome e de outras privações, o qual não se reflete adequadamente nas estatísticas de mortalidade.

Apesar de, declaradamente, buscar-se medir qualidade de vida de forma culturalmente neutra, já que se tinha em mente o objetivo de comparações intertemporais e entre países, foi freqüente a opção por padrões e normas de discutível aplicação em sociedades muito diferenciadas no que diz respeito ao nível de desenvolvimento produtivo, grau de urbanização e características demográficas. A esse respeito, é exemplar a chamada Declaração de Amsterdã — 1978, do grupo liderado por Tinbergen, que, com base na ótica de necessidades básicas, estabeleceu metas a serem atingidas por todos os países no ano 2000. Além das três variáveis utilizadas no PQLI, foi proposta ainda uma meta em termos de taxa de natalidade, a qual, obviamente, despertou as mais vivas polêmicas e indignados protestos quanto ao seu caráter "colonialista". As metas estabelecidas na declaração eram a esperança de vida mínima de 65 anos, taxa de alfabetização de 75%, taxa de mortalidade infantil inferior a 50 por mil e taxa de natalidade inferior a 25 por mil. Era estabelecido ainda que, em relação a esses quatro indicadores, as diferenças entre países desenvolvidos e subdesenvolvidos deveriam se reduzir à metade entre 1978 e 2000. Os resultados verificados para os diferentes países no final do século XX, divulgados por organismos internacionais, ficaram muito aquém do que se pretendia, não apenas no que tange às metas absolutas, mas também em termos da redução das desigualdades de condições de vida entre países.[7]

Em função das dificuldades de chegar a um consenso quanto à composição de um índice sintético operacional, em particular em relação à ponderação aceitável para os diferentes indicadores sociais componentes, Hicks e Streeten (1979) argumentaram que a esperança de vida ao nascer seria um bom indicador único do atendimento às necessidades básicas. Entendido geralmente como um indicador sintético de saúde, a esperança de vida ao nascer se prestaria a refletir também as condições de vida no que concerne a nutrição, saneamento, moradia e educação. Teria a vantagem de desempenhar o papel de *proxy* genérica do bem-estar da população, mas evitando os problemas de mensuração e comparabilidade da variável renda. Respondendo à restrição de que é possível conceber vida longa na miséria, Hicks e Streeten argumentaram que, nos níveis de renda baixa, há elevada correlação entre morbidade e mortalidade.

A esperança de vida e a utilidade da duração da vida

A principal desvantagem da esperança de vida como índice sintético de qualidade de vida consiste no fato de exprimir uma média que não reflete as diferenças de utilidade da esperança de vida por faixa etária. É obvio que existem preferências (expressas ou implícitas), não sendo indiferente que duas pessoas morram aos 35 anos, ou que uma delas morra antes do primeiro ano de vida enquanto a outra vive até os 70 anos de idade.

Visando neutralizar essa desvantagem do indicador, Silber (1983) tomou por base as teorias relativas à mensuração das desigualdades na distribuição de renda e associou à

Continua

[7] Ver, por exemplo, o *Relatório de desenvolvimento humano*, 2000, do Pnud.

esperança de vida por idade uma função "utilidade da duração da vida". O chamado "índice de desigualdade da esperança de vida" é função da esperança de vida por idade e de respectivos pesos, que expressam preferências explicitadas quanto à duração de vida a cada idade. Na prática, isso significa poder construir um indicador de esperança de vida levando em conta, por exemplo, a preferência pela maior duração de vida nas idades mais jovens em relação às idades mais avançadas.

Embora a contribuição de Silber represente um progresso em relação à adoção da esperança de vida como indicador social sintético, permaneceram as dificuldades para a sua aplicação na comparação entre países. Assim, seria questionável substituir um indicador neutro — a esperança de vida ao nascer — ao qual está associada a mesma utilidade da duração de vida a cada idade, por um outro indicador que pondere diferentemente a duração de vida nas várias idades. Esta última opção implicaria calcular o índice a partir dos dados desagregados de esperança de vida por idade para cada país, adotando, arbitrariamente, uma função utilidade única "universal", que passaria por cima dos juízos de valor e das preferências culturais específicos a cada sociedade.

Para cada país, isoladamente, essa abordagem é produtiva por permitir explicitar, para fins de monitoramento e avaliação de políticas sociais, as preferências da sociedade em termos de duração de vida por idade. Na verdade, há ganhos indiscutíveis de coerência nas escolhas orçamentárias e na ênfase de ação do governo nas áreas de saúde e previdência ao se tornarem explícitas as preferências consideradas para a distribuição da esperança de vida por idade, mesmo que tais preferências sejam muito diferentes da real função de utilidade social. Nesse sentido, a abordagem sugerida por Silber permite usar as tabelas de mortalidade por idade para obter um indicador físico e sintético melhor do que a esperança de vida para avaliar a eficácia dos programas sociais no combate à pobreza.

Apesar das muitas tentativas nos anos 1970 e 1980 de estabelecimento de um indicador social sintético — físico e de resultado como preconizava a abordagem das *basic needs* — não se chegou a um resultado satisfatório conceitual e operacionalmente. A primazia da pobreza como temática central das organizações internacionais voltadas para o desenvolvimento no início dos anos 90 demandava, apesar das restrições sobejamente conhecidas, um indicador sintético das condições de vida nos diferentes países. O chamado índice de desenvolvimento humano (IDH), proposto pelo Programa das Nações Unidas para o Desenvolvimento (Pnud) e divulgado pela primeira vez no *Relatório de desenvolvimento humano* de 1990, sintetiza de certa forma a discussão sobre índices sintéticos de desenvolvimento, ocorrida nos 30 anos precedentes.

Trata-se de um indicador baseado na média aritmética simples de três indicadores relativos a aspectos fundamentais da condição de vida — a esperança de vida ao nascer, o nível educacional e o PIB *per capita*. Como, para compor o índice, os indicadores básicos utilizados são expressos em unidades de medidas diversas, o cálculo da média requer a transformação dos valores em unidades de medida comparáveis. Com esse objetivo, cada indicador passa a ser expresso como um valor entre zero e um, depois de normalizado com base nos seus valores máximos e mínimos estabelecidos como limites extremos. Se, por exemplo, a esperança de vida de um país hipotético fosse de 55 anos, dados os limites máximos e mínimos estabelecidos em 85 anos e 25 anos, seu indicador de esperança de vida seria de 0,5.[8]

Na sua formulação como média de três indicadores básicos normatizados, o IDH é herdeiro direto do *physical quality of life index* (PQLI) proposto por Morris e Liser, mencionado anteriormente nesta seção. Há, porém, duas modificações básicas. A primeira refere-se ao indicador de nível educacional, que no IDH passa a ser expresso como uma média ponderada da taxa de alfabetização (com peso 2) e da taxa de matrícula nos três níveis de ensino (com peso 1). Essa composição permite estabelecer diferenciações mais acuradas entre países quando a taxa de alfabetização se aproxima de 100%. A segunda modificação concerne à inclusão do PIB *per capita* como indicador, em substituição à taxa de mortalidade infantil, considerada um dos três indicadores do PQLI. O IDH abandona assim a restrição à renda como indicador, que caracteriza a abordagem das *basic needs*, mas sem chegar a utilizá-la direta ou indiretamente como linha de pobreza.

O IDH não trouxe uma solução adequada para comparação e monitoramento da incidência de pobreza nos diferentes países. Mesmo abstraindo as dificuldades de garantir a comparabilidade em função de especificidades culturais, isto se deve ao fato de que todos os indicadores utilizados na construção do IDH são médias, o que mascara a ocorrência de situações extremas associadas à desigualdade de bem-estar entre indivíduos. Nesse sentido, por exemplo, o IDH não permite diferenciar, a um dado nível de PIB *per capita*, qual a incidência de pobreza que ocorre como resultado da desigualdade de renda em cada país. O PIB *per capita* brasileiro superior ao da Costa Rica, respectivamente US$4.300 e US$3.300 em 1997,[9] certamente não significa um nível de bem-estar mais elevado no Brasil no que concerne à dimensão renda do IDH. Sabe-se que, apesar da aparente vantagem de renda, ocorre maior incidência de pobreza absoluta no Brasil (29%) do que na Costa Rica (20%).[10]

---

[8] $I_{ij} = (V_{ij} - V_{imin}) / (V_{imax} - V_{imin})$, onde *i* são os indicadores nas três dimensões e j os países considerados, de modo que o IDH do país *j* é o resultado da média $IDH_j = \Sigma I_{ij}/3$. No caso do indicador de esperança e vida hipotético, $I = (55\text{-}25)/(85\text{-}25) = 0{,}5$.

[9] Dólares de 1995 (Cepal, 2000).

[10] Estimativas de incidência de pobreza da Cepal para o Brasil em 1996 e a Costa Rica em 1997 (Cepal, 2000).

A posição do Brasil segundo o índice de desenvolvimento humano (IDH)

Tendo por base o desempenho relativo do país no que concerne aos três aspectos considerados diretamente na formulação do IDH, o Brasil se situava em 74º lugar entre os 174 países sobre os quais o Pnud computou o índice em 2000. A tabela a seguir apresenta os indicadores originais e normalizados para o cálculo da média, permitindo verificar os indicadores brasileiros e como se comparam aos de outros países da América Latina.

Indicadores originais

País	Esperança de vida ao nascer	Taxa de alfabetização de adultos (%)	Taxa de escolaridade combinada (%)	PIB *per capita*
Brasil	67,0	84,5	84	6.625
Argentina	73,1	96,7	80	12.013
Peru	68,6	89,2	79	4.282
México	72,3	90,8	70	7.704
Colômbia	70,7	91,2	71	6.006

Indicadores normalizados e IDH

País	Índice de esperança de vida	Índice de educação	Índice do PIB	IDH Valor	IDH Ordem
Brasil	0,70	0,84	0,70	0,747	74º
Argentina	0,80	0,91	0,80	0,837	35º
Peru	0,79	0,86	0,63	0,737	80º
México	0,79	0,84	0,73	0,784	55º
Colômbia	0,76	0,85	0,68	0,764	68º

Fonte: Pnud.

Observa-se que a Argentina tem PIB em nível bem mais elevado do que os demais países, o que está associado aos outros indicadores também mais favoráveis, com exceção da taxa de matrícula, comparada à do Brasil. É evidente o atraso do Brasil em relação aos indicadores sociais, quando em comparação com a Colômbia, que apresenta um PIB *per capita* sensivelmente mais baixo, mas demais indicadores mais favoráveis. Vale observar ainda que o resultado brasileiro para o IDH foi afetado pelos progressos recentes na taxa de matrícula, já que a taxa de analfabetismo de adultos, que reflete um aspecto mais estrutural do componente educacional, está claramente em desacordo com o nível de renda atingido.

Considerando as desvantagens do IDH para captar as questões distributivas relativas a cada um dos indicadores que o compõem, o próprio Pnud propõe no seu *Relatório de desenvolvimento humano* de 1997 um novo índice sintético, denominado índice de pobreza humana (IPH), definido de forma diversa conforme se trate de países em vias de desenvolvimento (IPH-1) e países industrializados (IPH-2).

A posição do Brasil segundo o índice de pobreza humana (IPH)

Segundo as informações do *Relatório de desenvolvimento humano* de 2002, o Brasil apresenta um IPH-1 de 12,2 colocando-se em 17º lugar no *ranking* de 88 países subdesenvolvidos para os quais o índice foi estimado pelo Pnud. Embora tenha havido alguma mudança em relação à composição do índice — que, agora, não inclui o indicador relativo ao percentual da população sem acesso a serviços de saúde —, os resultados brasileiros foram mais favoráveis do que os apresentados no relatório de 2000. Tanto o valor do índice (que era 15,6) declinou, como melhorou sua posição relativa no conjunto de países, considerando que, anteriormente, era o 21º. Os resultados revelam que progressos vêm sendo realizados no país em relação a aspectos básicos das condições de vida.

	IPH		% E (V)	% sem acesso	% crianças	% adultos
Países	**Ordem**	**Valor**	**menos 40**	**a água**	**baixo peso**	**analfabetos**
Uruguai	1º	3,9	5,1	2	5	2,3
Brasil	17º	12,2	11,3	13	6	14,8
Níger	88º	62,5	41,4	41	40	84,1

Fonte: Pnud, 2002.

Quanto aos indicadores que compõem o índice, parece realista a exclusão daquele relativo ao acesso à saúde, que além de ser extremamente subjetivo, não era disponível para muitos países. No relatório de 2000, por exemplo, fora considerado 25% como o percentual da população com acesso à saúde no Brasil, o que era a média verificada para o conjunto de países, em substituição ao indicador brasileiro não disponível.

Na formulação do IPH-1, evita-se o uso da variável renda. O índice sintético volta a ser composto apenas a partir de indicadores sociais, em número de quatro, que são agregados em três componentes:

- percentual de pessoas com esperança de vida inferior a 40 anos;
- proporção de adultos analfabetos;

- o resultado da média simples de dois indicadores: proporção da população sem acesso a água tratada e a proporção de crianças menores de cinco anos com peso insuficiente.

Naturalmente há dificuldades estatísticas nos países mais pobres para compor esse índice. Ademais, comparações de 78 países subdesenvolvidos realizadas pelo próprio Pnud, em 1997, com base nos resultados obtidos para o IDH, para a proporção de pobres relativa à linha de pobreza de US$1 por dia e para o novo IPH, revelam ordenamentos diferenciados para cada um dos três indicadores. Em particular, revelam uma correlação de *ranking* relativamente fraca entre o IPH-1 e a proporção de pobres derivada a partir de linhas de pobreza de US$1 e US$2 por dia.

No caso dos países industrializados, a composição do IPH-2 inclui, além de componentes de esperança de vida e alfabetização, definidos de forma específica, outros dois indicadores. Um deles é a proporção de pobres, sendo pobres definidos como aqueles cuja renda *per capita* se situe abaixo de 50% da renda mediana do país. O outro pretende ser um indicador da exclusão social em países desse grupo, e utiliza a taxa de desemprego de mais de 12 meses, vinculando, desse modo, o conceito de exclusão social às dificuldades de inserção no mercado de trabalho. A composição desse índice evidencia a importância da renda, em geral, e da renda obtida via inserção no mercado de trabalho, especificamente, como aspectos-chave da pobreza nos países industrializados.

Renda e necessidades básicas como critérios complementares

As restrições ao uso da renda e aos diferentes tipos de índices sociais sintéticos para monitorar a incidência de pobreza nos diferentes países evidenciam as dificuldades conceituais e estatísticas implícitas em comparações internacionais.

As dificuldades residem na complexidade do fenômeno pobreza e nas suas especificidades em contextos diversos, dificultando o estabelecimento de parâmetros universais. Assim, o estabelecimento do que seja pobreza e necessidades básicas é necessariamente diferente em áreas rurais e urbanas, também o sendo entre áreas urbanas conforme o grau de urbanização. Necessidades e grau de esforço exigido para atendê-las variam segundo condições climáticas e socioeconômicas de acesso a terra e a outros recursos naturais. Características demográficas diversas, como distribuição da população por idade, implicam diferentes necessidades e visões sociais distintas do que seja pobreza. Comparações intertemporais, mesmo quando se referem à mesma sociedade, apresentam dificuldades devido a novos valores e modificações nas condições de vida. Como os indicadores sintéticos são incapazes de levar em conta de forma plena a diversidade de situações socioeconômicas e culturais, as comparações internacionais que neles se baseiem devem ser encaradas com a máxima cautela.

A busca do índice ideal evidencia que situações concretas de pobreza podem ser monitoradas de forma mais adequada por indicadores concebidos em função das condições específicas verificadas. Em cada país, e mesmo em subáreas de um mesmo país, a abordagem adequada depende essencialmente da feição que o fenômeno da pobreza assume e das possibilidades concretas de política pública, o que envolve desde a disponibilidade de dados estatísticos que permitam entender e mensurar o problema até a disponibilidade de recursos financeiros e outros, para a intervenção.

Em países como o Brasil, onde a variável renda se mostra relevante como medida de bem-estar, é natural enfocar a questão da pobreza utilizando as abordagens da renda e das *basic needs* de forma complementar. Operacionalmente, tratase de, inicialmente, estabelecer linhas de pobreza como crivo básico para diferenciar pobres e não-pobres com base em sua renda. Em seguida, cabe caracterizar a subpopulação pobre no que diz respeito às diferentes dimensões de seu bem-estar, de forma mais específica. Para isso, podem ser usados tanto outros indicadores de renda — grau de insuficiência de renda, desigualdade de renda entre os pobres —, como indicadores relativos às necessidades básicas de educação, habitação, saneamento, acesso a serviços públicos etc. A partir do quadro conceitual do que seja entendido como pobreza, tanto do ponto de vista da renda como de outros aspectos da condição de vida, a especificação das dimensões relevantes da pobreza responde a dois tipos de determinantes. Por um lado, a restrição quanto à disponibilidade de dados estatísticos. Por outro, as necessidades de política pública. Considerar a abordagem da renda e das *basic needs* de forma complementar se constitui um procedimento essencialmente flexível. Tanto a definição e o nível da linha de pobreza como a escolha dos indicadores da qualidade de vida podem ser estabelecidos em função de condições concretas e de propósitos específicos.

As necessidades de informações estatísticas

Ao definir e medir a pobreza, o objetivo principal é dispor de elementos para estabelecer políticas e monitorar seus resultados. Portanto, é fundamental que os conceitos adotados sejam operacionalizáveis, dado o sistema de informações estatísticas de que se dispõe. Considerando que incidência de pobreza e desenvolvimento do sistema estatístico são, em geral, inversamente relacionados, é importante especificar conceitos e técni-

Continua

cas de mensuração de modo a tornar o aparato análitico e o de política social dele decorrente compatíveis com a realidade sobre a qual devem operar.

É possível conceber conceituações de pobreza que sejam ao mesmo tempo relevantes e operacionais, considerando-se diferentes estágios de desenvolvimento social e do sistema estatístico dos países:

- pobreza em países onde os recursos são insuficientes para garantir o mínimo vital para a maioria da população. Este é o caso de países onde a pobreza é disseminada, recursos criticamente insuficientes e informação estatística escassa; sendo que, muitas vezes, a variável renda é irrelevante. Nesse contexto, uma definição operacional de pobreza deve usar informações muito simples para atender a um requisito mínimo, que é o de criar um instrumento básico para o estabelecimento de prioridades de ação do poder público e para o monitoramento de seus resultados. Esse indicador pode estar vinculado a características físicas da população, como baixo peso por altura ou baixa altura por idade das crianças, assim como condições de acesso a serviços básicos (água tratada e escola primária, por exemplo);
- pobreza em países de renda média. Esses países apresentam menores restrições em termos de disponibilidade de dados estatísticos e, em função do nível de desenvolvimento socioprodutivo, é provável que estejam disponíveis estatísticas de rendimento, que podem então ser combinadas a indicadores sociais relevantes para cada situação específica;
- pobreza em países desenvolvidos. Como informações estatísticas não representam uma restrição importante, a concepção da moldura analítica a ser adotada depende dos objetivos de política social, que geralmente está vinculada a problemáticas de desigualdade e de exclusão social.

Cabe alertar que a adoção da renda como parâmetro de bem-estar nos países que se enquadram no primeiro caso, como vem se generalizando, é um equívoco, constituindo-se na maioria das vezes, numa sofisticação conceitual equivocada e inadequada para os objetivos que se possa ter em vista. Alternativamente, trata-se de adequar o conjunto de conceitos e as formas de mensuração de pobreza a determinado contexto socioeconômico, levando em conta explicitamente o nível de desenvolvimento e a disponibilidade de dados estatísticos. A adoção de abordagens específicas tem a desvantagem de dificultar o estabelecimento de comparações da incidência de pobreza em contextos diversos.

Capítulo 2

Pobreza e desigualdade de renda: duas faces de um problema

As relações possíveis entre desigualdade e pobreza

Como se viu no capítulo anterior, a diversidade de condições socioeconômicas e culturais entre os países justifica a adoção de conceitos específicos de pobreza, o que, no entanto, passa a se constituir um obstáculo quando se trata de estabelecer comparações internacionais. Porém, para fins analíticos gerais, é possível conceber uma tipologia que distingue os países no que diz respeito à pobreza em três grupos.

No primeiro grupo, são classificados os países nos quais a renda nacional é insuficiente para garantir o mínimo considerado indispensável a cada um de seus cidadãos. Desse modo, a renda *per capita* é baixa e a pobreza absoluta inevitável, quaisquer que sejam as características da distribuição da renda.

Um segundo grupo é formado por países desenvolvidos, onde a renda *per capita* é elevada e a desigualdade de renda entre indivíduos é em grande parte compensada por transferências de renda e pela universalização de acesso a serviços públicos de boa qualidade. Nesses países, as necessidades básicas já são atendidas, de modo que o conceito de pobreza relevante é necessariamente relativo, definido a partir do valor da renda média ou mediana.

Finalmente, um terceiro grupo de países se situa numa posição intermediária. Nesse caso, o valor atingido pela renda *per capita* mostra que o montante de recursos disponíveis seria suficiente para garantir o mínimo essencial a todos, de modo que a persistência de pobreza absoluta se deve à má distribuição de renda.

O Brasil se classifica neste terceiro grupo. Com renda *per capita* de R$3.500 ao ano em 2000 — portanto, bem acima de qualquer valor que possa ser realisticamente associado à linha de pobreza —,[11] a incidência de pobreza absoluta no Brasil decorre da forte desigualdade na distribuição do rendimento.

[11] Por exemplo, uma linha de pobreza associada ao valor médio do salário mínimo de R$150 corresponderia a uma renda *per capita* de cerca de R$1.800 ao ano, em 2000.

Desigualdade de renda: a estabilidade em níveis elevados

A repartição da população com mais de 10 anos de idade com rendimento positivo é apresentada na tabela 2.[12] Pode-se constatar que, em 1999, 1% das pessoas com os rendimentos mais elevados se apropriavam de 13% do rendimento total naquele ano, proporção quase idêntica àquela apropriada pelos 50% de indivíduos na base da distribuição. O coeficiente de Gini resultante, comumente utilizado como medida de desigualdade (ver box "Uma medida de desigualdade: o índice de Gini"), é um dos mais elevados do mundo e, certamente, uma espantosa anomalia para um país com o tamanho populacional e a complexidade socioeconômica do Brasil. É importante notar que o grau de desigualdade é tão elevado, que o coeficiente de Gini acaba sendo pouco afetado, mesmo por melhorias significativas do rendimento na base da distribuição, como aquelas que ocorreram logo após o plano de estabilização de 1994. Assim, embora a renda real dos 10% de indivíduos com os rendimentos mais baixos tenha dobrado entre 1993 e 1995, o que levou a uma significativa redução da pobreza absoluta, como se verá mais adiante, essa mudança teve apenas um efeito marginal sobre o grau de desigualdade de renda. Na verdade, uma parte considerável dessa desigualdade está associada aos rendimentos mais elevados: o Gini calculado a partir de uma distribuição truncada em 99% se reduz significativamente, embora permanecendo ainda muito elevado quando se consideram os resultados verificados em outros países.[13]

É evidente, portanto, que a extrema desigualdade na distribuição de renda, resultando numa dinâmica socioeconômica própria, está associada à persistência da pobreza absoluta no Brasil. No período de crescimento econômico mais forte, durante a década de 1970, o aumento da desigualdade foi tolerado na medida em que era percebido como um fenômeno passageiro e inevitável, em face das novas necessidades de mão-de-obra e dos conseqüentes desequilíbrios no mercado de trabalho: a expansão do produto acompanhada de rápida modernização produtiva resultou em demanda por trabalhadores qualificados, aumentando mais acentuadamente seus rendimentos em relação à grande massa de mão-de-obra pouco qualificada. O resultado foi um aumento substancial da desigualdade de renda,

---

[12] Renda de todas as origens, isto é, todos os tipos de renda do trabalho, além de pagamentos recebidos dos sistemas de previdência públicos e privados, rendimentos da propriedade e do capital, transferências etc.

[13] O Gini da distribuição truncada em 99% se situa próximo ao verificado na Venezuela em 1990 (0,53), enquanto países desenvolvidos apresentam coeficientes bem mais baixos (França — 0,35) (Pnud, 1997).

tendo o Gini passado de 0,56 em 1970 para 0,59 em 1980 (Bonelli & Ramos, 1993). É importante enfatizar que, embora a queda da pobreza absoluta que se observou no período 1970-80 tenha sido significativa — a proporção de pobres no país caiu à metade —,[14] ficou aquém da que seria possível atingir sob condições distributivas mais favoráveis.

Tabela 2
Distribuição da renda das pessoas*

% das pessoas em ordem crescente da renda	1986	1989	1993	1995	1996	1997	1998	1999
Até 50%	12,5	10,4	12,8	13,1	13,0	13,1	13,5	13,9
De 50% a 90%	38,7	36,4	37,4	38,7	39,1	39,3	39,0	39,3
De 90% a 99%	33,6	35,9	33,8	34,3	34,4	33,9	33,8	33,8
De 99% a 100%	15,2	17,3	16,0	13,9	13,5	13,7	13,7	13,0
Gini** 100%	0,5804	0,6228	0,5822	0,5738	0,5714	0,5700	0,5646	0,5578
99%	0,5345	0,5762	0,5330	0,5324	0,5315	0,5290	0,5227	0,5180

Fonte: IBGE/Pnad.
*Rendimentos positivos de todas as origens das pessoas de 10 anos ou mais.
**Gini no limite inferior do intervalo, calculado a partir de dados agrupados.

Na década de 1980, chamada de década perdida no que se refere à evolução da renda, ocorreu confluência de duas tendências adversas. Por um lado, houve uma brutal redução do ritmo do crescimento da renda em relação à década anterior — a do "milagre brasileiro" —, mas os resultados foram também insatisfatórios em comparação aos dos anos 1960, respectivamente 7,0 e 2,2 % ao ano. Por outro lado, a queda do rendimento ao longo da década (-1,5%) afetou de forma mais adversa os mais pobres. Com exceção do segundo décimo da distribuição, a redução do rendimento foi tanto maior quanto mais baixo o nível de renda (Barros & Mendonça, 1992). Assim, acirraram-se os conflitos distributivos, que a inflação

[14] A proporção de pobres declinou de 68% em 1970 para 35% em 1980 (Rocha, 1996). Ver, também, capítulo 4.

alta veio, sem dúvida, reforçar. O resultado da conjugação desses dois efeitos perversos — absoluto e distributivo — sobre a renda foi a ausência de melhorias significativas na redução da pobreza, apesar das oscilações de curto prazo associadas aos ciclos conjunturais de *stop and go* da atividade econômica.

Uma medida de desigualdade: o índice de Gini

Trata-se de um índice de desigualdade proposto por Corrado Gini em 1914, freqüentemente utilizado para expressar o grau de desigualdade de renda.

Conceitualmente, o índice de Gini pode ser associado à chamada curva de Lorenz, que é definida pelo conjunto de pontos que, a partir das rendas ordenadas de forma crescente, relacionam a proporção acumulada de pessoas e a proporção acumulada da renda.

A curva em negrito representa a curva de Lorenz para uma situação de desigualdade de renda hipotética, mas semelhante à que ocorre no Brasil. Assim, aos 40% de pessoas com rendas mais baixas correspondem 10% da renda total. O segmento OB representa a curva de Lorenz associada a uma situação teórica de desigualdade mínima, em que toda a população tivesse a mesma renda, de modo que a qualquer proporção acumulada das pessoas corresponderia, exatamente, a mesma proporção da renda total: a 2% das pessoas corresponderia 2% da renda, a 10% das pessoas corresponderia 10% da renda, e assim por diante. Alternativamente, a desigualdade máxima ocorreria quando uma pessoa se apropriasse de toda a renda e as demais pessoas, numa população suficientemente grande, tivessem renda nula. Nesse caso, a curva de Lorenz se confundiria com a poligonal OAB.

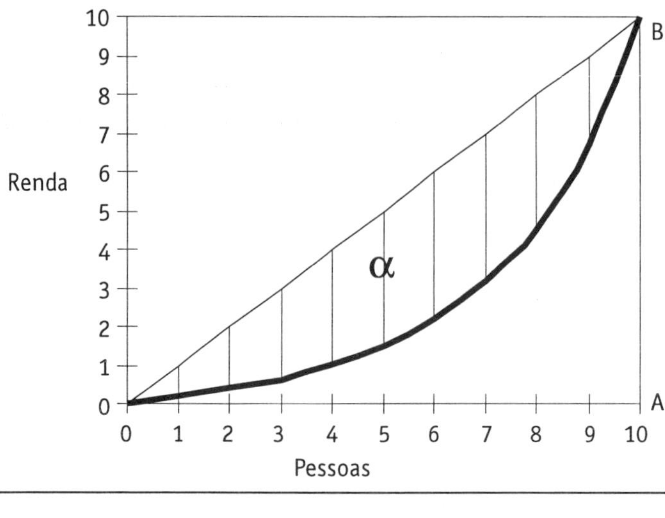

Continua

Assim, a curva de Lorenz delimita uma área de desigualdade α — que, teoricamente, varia de 0 (caso de perfeita igualdade) a 0,5 (caso de máxima desigualdade) — a qual corresponde à área do triângulo OAB.

O índice de Gini é definido como o quociente entre a área de desigualdade α verificada e seu valor teórico máximo de 0,5:

$$\text{Gini} = \alpha / 0{,}5$$

Como já visto, α pode variar entre 0 e 0,5 ($0 <= \alpha <= 0{,}5$). Sendo assim, o índice de Gini assume valores entre os limites teóricos mínimo de 0 (nenhuma desigualdade) e máximo de 1 (desigualdade máxima).

$$0 <= \text{Gini} <= 1$$

Essas características relativas à estagnação do rendimento e à sua má distribuição se mantiveram no início da década de 1990 (Tolosa & Rocha, 1993). O plano de estabilização de 1994 rompeu esse padrão, ao proporcionar como subproduto, uma melhoria significativa do rendimento na base da distribuição (ver capítulo 5), o que permitiu reduzir em 1/3 a proporção de pobres sem, no entanto, afetar de forma sensível a desigualdade de rendimentos. Como se constata a partir dos dados da tabela 2, o Gini pouco declinou entre 1993 e 1995, mas o grau elevado de desigualdade de renda brasileira permaneceu muito elevado, pois está associado aos rendimentos mais altos.

Embora se saiba que redução da pobreza absoluta depende tanto do crescimento da renda como da melhoria distributiva (Barros & Mendonça, 1997), este último componente assume papel estratégico no Brasil por três razões básicas. Primeiramente, por uma questão óbvia de justiça social. Em segundo lugar, por ser disfuncional: o nível explosivo de desigualdade de renda já atingido gera inevitavelmente situações de conflito insustentáveis, especialmente onde os contrastes de renda, riqueza e poder são mais críticos. Em terceiro lugar, porque as oportunidades "naturais" de crescimento econômico são predominantemente concentradoras, o que exige ações específicas do poder público no sentido não só de evitar o agravamento, mas de promover a diminuição da desigualdade de renda objetivando, particularmente, a redução da pobreza absoluta no país.

Desigualdade entre pessoas ou desigualdade entre famílias?

Os estudos sobre distribuição de renda no Brasil têm privilegiado a investigação do nível de desigualdade de renda entre pessoas, com base em informações obtidas através de pesquisas domiciliares — Censo Demográfico ou Pesquisa Nacional por Amostra de Domicílios (Pnad). Trata-se da desigualdade de renda total das pessoas, como é o caso dos índices de Gini apresentados na tabela 2, ou da desigualdade de algum tipo de renda individual mais estreitamente definida, como rendimentos do trabalho, ou mesmo da desigualdade salarial de forma ainda mais específica.[15] No entanto, o bem-estar das pessoas não depende apenas de suas rendas individuais, mas, principalmente, do resultado da repartição intrafamiliar da renda de todos os membros de cada grupo familiar. Assim, a mensuração da pobreza como insuficiência de renda e da desigualdade de renda, *proxies* do nível e da distribuição do bem-estar, está mais associada à renda familiar, resultado da dinâmica distributiva da família como unidade solidária de consumo e rendimento, do que às rendas individuais.

A família, solidariedade na renda e no consumo

Quando se trata de utilizar a renda como *proxy* do nível e da distribuição de bem-estar, a família é a unidade estatística relevante. Desde que se considerem também as famílias unipessoais, a adoção da família como unidade estatística possibilita ser o mais abrangente possível em relação à população como um todo e levar em conta a estratégia de sobrevivência normalmente adotada pelas pessoas: recorrer aos indivíduos que têm rendimentos para o atendimento das necessidades daqueles sem rendimento na família.

Para fins analíticos, família é definida como pessoas que moram no mesmo domicílio, ligadas por laços de parentesco ou não, mas que funcionam como um grupo solidário em relação ao rendimento e ao consumo. Desse modo, a família quando definida para fins de estudo da pobreza e da desigualdade, como proposto aqui, inclui em cada domicílio, aquelas que se vinculam ao chefe ou pessoa de referência, excluindo-se apenas os empregados, parentes de empregados e pensionistas.

Adotando a família como unidade estatística, a variável de rendimento relevante é a renda familiar, constituída pelo somatório dos rendimentos de todas as origens (do trabalho, aposentadoria e pensões, aluguéis recebidos, rendimentos de capital, transferências etc.) de todos os membros da família. O rendimento do trabalho como investigado pela Pnad inclui, além da remuneração monetária, a estimativa do valor recebido em produtos ou mercadorias. No entanto, não é considerado rendimento o valor da produção para autoconsumo nem o valor da moradia própria. Desse modo, a utilização da renda da Pnad para mensuração da pobreza implica alguma superestimação do fenômeno.

Para considerar explicitamente que, ao mesmo rendimento, o nível de bem-estar das famílias se diferencia em função do seu tamanho, adotou-se aqui, como é mais habitual, o rendimento familiar *per capita*, que consiste na divisão do rendimento familiar pelo número total de pessoas na família. Esse rateio permite levar em conta os diferenciais de tamanho das famílias.

---

[15] Para estudos sobre a distribuição da renda total das pessoas no Brasil ver, por exemplo, Bonelli e Sedlacek (1989) e Hoffmann (1995). Em relação à desigualdade salarial, ver Reis e Barros (1989).

Nesse sentido é mais relevante tratar aqui do nível e da tendência evolutiva da desigualdade de renda entre as famílias brasileiras, tendo por base a distribuição da renda familiar e da renda familiar *per capita* (ver box "A família, solidariedade na renda e no consumo"). Os índices de Gini apresentados na tabela 3 permitem constatar que o nível de desigualdade com base na renda familiar se situa em patamares tão elevados quanto aqueles verificados em relação à renda das pessoas. Isso significa que, infelizmente, a família não está tendo um papel redistributivo capaz de reduzir de forma significativa a desigualdade de renda entre pessoas, a qual se tem como ponto de partida.

Os índices de Gini da tabela 3 mostram ainda que, tanto no caso da renda familiar como da familiar *per capita*, a desigualdade é levemente ascendente num período de quase 20 anos, isto é, os níveis de desigualdade em 1999 são mais elevados do que os observados em 1981. Essa trajetória geral encobre evoluções distintas em três subperíodos. Um subperíodo inicial de crescimento da desigualdade entre 1981 e 1989, interrompido apenas pelos efeitos distributivos temporários do Plano Cruzado, em 1986, e que culmina com um pico do rendimento médio em 1989.[16] Um segundo subperíodo (1989-93) no qual a tendência é declinante, mas com inflexão correspondendo ao início da retomada do nível de atividade em 1993. Finalmente, verifica-se um patamar de redução muito tímida da desigualdade de renda entre famílias e entre pessoas com base na renda familiar *per capita*, no período pós-estabilização do Plano Real.

Observe-se ainda que as mudanças anuais dos índices de Gini ocorrem no mesmo sentido, mas com intensidade diversa para cada distribuição de renda, o que resulta em alteração dos diferenciais entre os índices. Comparando as situações no início e no final do período, verifica-se um aumento relativo da desigualdade da renda entre famílias (total e *per capita*), enquanto a desigualdade entre pessoas, passa a ser a mais baixa. Isso estaria indicando o impacto distributivo desfavorável de famílias menores e mais homogêneas internamente, no que se refere à inserção no mercado de trabalho e ao rendimento decorrente de tal inserção. Assim, enquanto no início do período os coeficientes de Gini relativos à renda familiar eram os mais baixos, revelando um efeito compensatório de rendas mais altas e mais baixas das pessoas no interior de cada família, especialmente a partir de 1990 esse efeito compensatório se reduz. Desde 1996, a desigualdade de renda entre famílias se mostra superior à desigualdade entre pessoas.

---

[16] Em 1989, ocorre também um pico do rendimento médio total, que só voltará ao mesmo patamar após o Plano Real, em 1995.

Tabela 3

Índices de Gini relativos à distribuição de renda bruta das pessoas e das famílias — total e familiar *per capita*

(Brasil, 1981-99)

Renda	1981	1983	1985	1986	1987	1988	1989	1990	1992	1993	1995	1996	1997	1998	1999
Pessoas*	0,583	0,599	0,609	0,601	0,611	0,629	0,647	0,620	0,574	0,603	0,592	0,590	0,588	0,583	0,576
Famílias	0,563	0,573	0,578	0,577	0,586	0,602	0,623	0,601	0,573	0,595	0,591	0,593	0,594	0,591	0,585
Familiar *per capita*	0,599	0,607	0,609	0,607	0,620	0,631	0,654	0,631	0,598	0,621	0,618	0,618	0,618	0,617	0,612

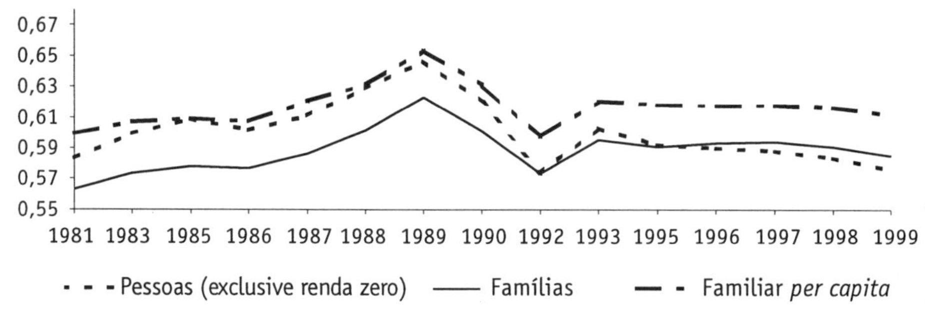

Fonte: Microdados da Pnad (tabulações próprias).
*Pessoas de 10 anos e mais com rendimentos positivos.

Vale destacar que, de forma consistente, a distribuição da renda familiar *per capita* apresenta índices de desigualdade mais elevados ao longo da série analisada, refletindo o fato de que as famílias de renda mais baixa são mais numerosas, isto é, com maior número de membros. Como este é o índice de desigualdade que mais importa aqui — pois leva em conta a renda das pessoas após o efeito distributivo que ocorre no interior das famílias —, sua estabilidade em nível elevado e superior ao verificado no início do período mostra uma evolução desfavorável. Isso indica que a repartição intrafamiliar da renda não tem significado redução da desigualdade em relação à renda familiar, como seria desejável. Portanto, pode-se concluir que os fenômenos demográficos e socioeconômicos que marcaram o período em questão — por exemplo, a redução da fecundidade e o aumento da taxa de participação no mercado de trabalho —, que, em princípio, poderiam ter efeitos distributivos positivos, não foram capazes de levar a uma redução da desigualdade de renda no Brasil.

A questão da desigualdade de rendimento, que está intrinsecamente ligada à persistência da pobreza absoluta, se configura, portanto, mais grave do que quando medida através do índice de Gini de renda das pessoas. Com o objetivo de melhor mostrar a desigualdade de renda no Brasil, Hoffmann (2001a) derivou o valor correspondente à fronteira entre os relativamente ricos e os relativamente pobres. Considerando a distribuição de renda de todos os brasileiros com base no rendimento familiar *per capita* de 1999, verificou que para pessoas com renda familiar *per capita* superior a R$325 naquele ano qualquer aumento de sua renda resultava em aumento da desigualdade, como medida pelo índice de Gini. Em contrapartida, o aumento de renda das pessoas com renda inferior àquele valor implicava redução do índice de desigualdade. Cabe observar que o valor "fronteira" é superior ao rendimento médio mensal de R$255[17] e corresponde ao 80º percentil da distribuição de rendimento familiar *per capita*, de modo que apenas 20% dos brasileiros se qualificam como relativamente ricos.

Infelizmente, não existe panacéia capaz de reverter rapidamente o quadro grave de concentração de renda que se configura no Brasil. Dada a reconhecida gravidade do problema, é essencial usar todos os mecanismos disponíveis, inclusive a tributação direta e indireta para solucioná-la. Além disso, é necessário que decisões de governo, tanto as econômicas como aquelas no âmbito da política social, levem em conta os seus impactos distributivos, com vistas a introduzir medidas compensatórias sempre que houver risco de efeito adverso sobre o nível de desigualdade. A muito almejada retomada do crescimento econômico, por exemplo, requer a implementação de mecanismos visando evitar o agravamento da desigualdade de renda, que, muito provavelmente, ocorrerá a partir do funcionamento espontâneo do mercado de trabalho.

É de amplo conhecimento que os índices de desigualdade de renda no Brasil são elevadíssimos e, o mais alarmante, que a tendência tem sido a de agravamento. Sabe-se, outrossim, que a persistência da pobreza absoluta ao nível de renda *per capita* atingido no país se deve à desigualdade. Apesar dessas evidências e das reiteradas declarações de todos os segmentos sociais quanto ao combate à pobreza como prioridade nacional maior, há, na prática, enorme resistência à implementação de medidas que operem, direta ou indiretamente, no sentido da redução da desigualdade de renda.

---

[17] Hoffmann (2001a) reconhece que existe subdeclaração das rendas na Pnad e deriva uma fronteira alternativa com base em rendas corrigidas. A maior subdeclaração das rendas mais altas, como é provável, leva a subestimar o grau de desigualdade.

O papel distributivo do imposto de renda

Pode-se argumentar que a distribuição da renda familiar *per capita* disponível, isto é, a renda por integrante da família após a incidência dos tributos diretos, tenha mais relevância como determinante do bem-estar do que a do rendimento bruto das pessoas ou das famílias. Nos países ricos, o imposto de renda tem um papel fundamental na melhoria da distribuição de renda, reduzindo de forma significativa a desigualdade de rendimentos medida pelo coeficiente de Gini, que se situa de maneira geral em torno de 0,3.

No Brasil, em função de sua base contributiva restrita, os efeitos distributivos do imposto de renda são limitados, pouco reduzindo a desigualdade de renda bruta. Simulações realizadas para o ano de 1999 permitiram estimar o impacto distributivo do imposto de renda pessoa física, isto é, a redução da desigualdade de renda familiar *per capita* medida pelo índice de Gini antes e depois da aplicação do imposto (Rocha, 2002a). Tendo por base a distribuição de renda bruta e as características das pessoas nas famílias, a intensidade do efeito distributivo do IRPF depende, por um lado, da estrutura de alíquotas, por outro, das regras de deduções autorizadas.

Rendimento	**Gini**	**Δ% Gini da renda bruta**
Renda familiar *per capita* bruta	0,6116	—
Renda líquida após alíquota	0,5870	-4,02
Renda líquida após alíquotas e deduções	0,6092	-0,39

Fontes: SRF e IBGE/Pnad (tabulações próprias).

Os dados apresentados permitem verificar que a aplicação somente das alíquotas do imposto faz o índice de Gini declinar de 0,61 para 0,58, ou seja, uma redução de 4,02%. Ao realizar simultaneamente as deduções autorizadas, o efeito distributivo total fica reduzido a apenas 0,39%. Assim, alíquotas e deduções têm potencial distributivo igualmente fraco, mas em sentido inverso, de modo que o impacto distributivo total do IRPF seria praticamente nulo.

Considerando os baixos níveis de rendimento da grande maioria da população, o que a torna isenta do imposto, há possibilidades limitadas para que o IRPF contribua de

Continua

forma significativa para a melhoria da distribuição de renda. Há algum efeito marginal a ser obtido pelo aumento na progressividade das alíquotas e pela redução das renúncias fiscais associadas às deduções autorizadas, reconhecidamente regressivas em sua natureza. Na verdade, os maiores efeitos distributivos do imposto se dão de forma indireta, através das transferências de renda que o imposto possa vir a financiar, o que torna relevante o debate em torno do poder arrecadador do imposto e da forma de utilização da receita tributária obtida.

Capítulo 3

Medindo a pobreza: o conhecimento consolidado e as escolhas possíveis

A experiência brasileira revisitada

A experiência de estudos de pobreza no Brasil é diversificada. Engloba desde análises baseadas na abordagem das *basic needs* — em que são usados indicadores sociais de inadequação em relação a diferentes condições de vida para delimitar a subpopulação pobre — até análises que visam identificar os determinantes de baixa renda, a partir da distribuição de rendimentos. A revisão sucinta que será feita aqui se limitará aos estudos que usam a renda como parâmetro para a mensuração da pobreza.

A adoção de linhas de pobreza é uma abordagem adequada no contexto brasileiro. Por um lado, a economia brasileira é largamente monetizada, de modo que a renda se revela uma boa *proxy* do bem-estar das famílias, pelo menos no que concerne ao consumo no âmbito privado. Resultados da Pesquisa Nacional por Amostra de Domicílios (Pnad — 1999) mostram que apenas 3,5% das famílias têm renda familiar igual a zero, o que certamente mascara em boa parte rendas irregulares e informais. Por outro lado, a abordagem da renda é adequada porque, desde a década de 1970, se dispõem de informações de consumo, de rendimento e de características socioeconômicas das pessoas e das famílias que permitem tanto estabelecer as linhas de pobreza a partir do consumo observado com base em pesquisas de orçamentos familiares, como utilizar esses parâmetros juntamente com as informações anuais de rendimento das Pnads, delimitando e caracterizando a subpopulação pobre.

No Brasil, o conceito operacionalmente relevante é o de pobreza absoluta, já que um contingente significativo de pessoas não tem suas necessidades básicas atendidas, mesmo quando definidas de forma estrita. Trata-se, portanto, de definir parâmetros de valor correspondente a uma cesta de consumo mínima, seja ela alimentar (associada à linha de indigência), seja considerando o custo de atendimento de todas as necessidades de alimentação, habitação, vestuário etc. (associada à linha de pobreza).

Assim, a operacionalização da abordagem da linha de pobreza envolve dois aspectos básicos, o estabelecimento do valor das linhas de pobreza e a utilização desse parâmetro em conjunto com as informações sobre rendimento.

No que concerne ao estabelecimento do seu valor, as linhas de pobreza podem pertencer a duas categorias: arbitrárias ou observadas.[18] As primeiras são aquelas estabelecidas sem que haja garantia de que seu valor possibilite o atendimento de um conjunto de necessidades básicas, quaisquer que sejam elas e a forma de sua determinação. As linhas observadas se baseiam na estrutura de consumo de populações de baixa renda, como investigado em pesquisas de orçamentos familiares.

Linhas de pobreza arbitrárias

O exemplo clássico é a adoção do valor de US$1 ou US$2 ao dia utilizado pelo Banco Mundial para comparações de incidência de pobreza entre países (o Brasil entre eles), apesar das diferenças de custo de vida e das dificuldades na determinação da renda das famílias e das pessoas em cada caso. Um exemplo específico relativo ao Brasil refere-se à adoção do salário mínimo ou de um de seus múltiplos como linha de pobreza. Como se sabe, nem no momento de sua criação, em 1940, os valores estabelecidos para o salário mínimo refletiam de forma fidedigna o custo do atendimento das necessidades básicas. Os procedimentos de atualização de valores que vêm sendo utilizados desde então, assim como a unificação nacional do salário mínimo, ignorando diferenças regionais e urbano-rurais de custo de vida para os pobres, certamente, não contribuíram para melhor adequá-lo ao uso como linha de pobreza.

Apesar dessas desvantagens, ao longo da década de 1980, a maioria dos estudos sobre incidência de pobreza no Brasil utilizava algum múltiplo do salário mínimo como linha de pobreza. Pfefferman e Webb (1983) usaram a linha de pobre-

[18] A rigor, linhas de pobreza também podem ser definidas a partir do estabelecimento de cestas alimentares otimizadas, obtidas por programação linear com base em informação sobre preços e aportes nutricionais dos alimentos, como também sobre as necessidades nutricionais da população em questão. Naturalmente, algumas restrições para garantir a variedade e a palatabilidade da dieta têm que ser introduzidas no modelo, que visa definir uma cesta que garanta a minimização do custo de atendimento das necessidades alimentares. Esse procedimento não tem sido utilizado no Brasil em estudos de pobreza, já que são disponíveis as informações sobre o consumo observado, mais adequado por levar em conta as preferências dos consumidores.

za de dois salários mínimos por família, o que correspondia aproximadamente a US$260/*per capita*/ano, cerca do dobro do valor adotado na época por agências internacionais no monitoramento da incidência de pobreza nos países subdesenvolvidos. A favor do parâmetro adotado, argumentaram que o custo de vida no Brasil era bem mais elevado do que o geralmente observado em países subdesenvolvidos e que o agravamento dos indicadores sociais para famílias abaixo dessa linha dava sustentação à escolha do valor. Pastore, Zylberstajn e Pagotto (1983) definiram a linha de pobreza como 1/4 do salário mínimo, mas inovaram ao utilizá-la em confronto com a renda familiar *per capita*. Com base nesse parâmetro fizeram um estudo abrangente de comparação intertemporal das características das populações pobre e não-pobre nos anos censitários de 1970 e 1980. Hoffmann (1984) argumentou que a despesa total era uma melhor *proxy* para renda permanente e usou essa variável do Endef com uma linha de pobreza de dois salários mínimos por família para obter estimativas de incidência de pobreza. Tanto Hoffmann (1984) como Fox e Morley (1990), Tolosa (1991) e Albuquerque (1993), todos utilizam 1/4 do maior salário mínimo vigente em determinado ano como linha de pobreza *per capita*. Ajustando o valor para diferentes anos, com base em índices de preços, fazem comparações intertemporais de incidência de pobreza, o que requer o uso de microdados da Pnad.

Vale lembrar que a popularidade do salário mínimo como linha de pobreza esteve em boa parte associada à dificuldade de acesso e uso de microdados das pesquisas domiciliares. Para análises *cross-section* de incidência de pobreza, linhas de pobreza familiar — expressas como múltiplos de salários mínimos —,[19] foram freqüentemente adotadas porque permitiam derivar a proporção de famílias pobres (e algumas de suas características) diretamente dos dados da Pnad publicados pelo IBGE.

Linha de pobreza a partir do consumo observado

Embora seja relativamente comum a utilização de múltiplos do salário mínimo como linha de pobreza no Brasil, existe consenso de que, havendo disponibilidade de informações sobre a estrutura de consumo das famílias, essa é a fonte mais adequada para o estabelecimento de linhas de pobreza.

---

[19] Geralmente, dois salários mínimos, o que se vincula indiretamente à noção de 1/2 salário mínimo *per capita* para uma família de quatro pessoas.

A principal vantagem de se estabelecer a linha de pobreza a partir do consumo observado consiste em ter uma base teórica — as necessidades nutricionais —,[20] a partir da qual se pode derivar a cesta alimentar mínima adequada. Estabelecer o valor do consumo não-alimentar de forma simplificada e arbitrária é freqüentemente aceito como uma fragilidade inevitável dos procedimentos de construção da linha de pobreza. Ao contrário do que ocorre em relação ao consumo alimentar, não existe base teórica para estabelecer o que seja o consumo mínimo adequado em termos de vestuário, habitação, transporte etc.

O uso do procedimento depende da disponibilidade de informações sobre a estrutura de consumo de populações de baixa renda, investigada em pesquisas de orçamentos familiares. A realização do Estudo Nacional da Despesa Familiar (Endef), em 1974/75, permitiu gerar a base de dados indispensável à adoção dessa abordagem no Brasil. Assim, quando o conjunto de informações da pesquisa tornou-se disponível no início da década de 1980, foi aberto o caminho para a realização dos estudos pioneiros de Thomas (1982) e Fava (1984). Usando praticamente a mesma metodologia — com base na observação de cestas alimentares de menor custo que permitem atender às necessidades de energia, e na despesa não-alimentar correspondente — estabeleceram 22 linhas de indigência e de pobreza relativas às áreas espaciais de análise do Endef.[21] Os resultados obtidos referem-se a 1974/75, utilizando, portanto, a mesma base de dados para derivar as linhas de pobreza e estabelecer o crivo entre famílias pobres e não-pobres por meio da despesa familiar *per capita*.

A comparação das distribuições de despesa familiar com as linhas de pobreza localmente específicas, ambas derivadas da mesma pesquisa, como é possível fazer com base no Endef, é uma vantagem importante para fins de medição e caracterização da pobreza. Uma das razões é a de que a despesa das famílias reflete melhor sua renda permanente — *proxy* de bem-estar que de fato se deseja medir —, do que a informação de rendimento propriamente dita. Outra é a de que a distribuição de despesas permite uma melhor compreensão das condições de vida das camadas de mais baixa renda. Em conseqüência, as melhores estimativas de pobreza são aquelas inteiramente baseadas nos dados de pesquisas de orçamentos familiares. Quando, alternativamente, são usadas linhas de pobreza baseadas em

---

[20] As necessidades nutricionais em relação a calorias, proteínas e demais nutrientes, estabelecidas pela FAO para indivíduos — conforme sexo, idade, nível de atividade etc. — são universalmente aceitas para o estabelecimento das necessidades nutricionais de populações específicas; no caso, famílias na base da distribuição de rendimento.

[21] Trata-se das áreas para as quais a amostra do Endef apresentava consistência, do ponto de vista estatístico.

consumo observado em confronto com o rendimento do censo demográfico ou da Pnad ocorre, necessariamente, alguma superestimação da pobreza devido ao viés de subestimação do rendimento nessas pesquisas.

Essa é a razão por que os resultados de incidência de pobreza obtidos em 1974/75 não são comparáveis com aqueles obtidos para outros anos usando-se as mesmas linhas, ajustadas para as variações de preços. Rocha (1988b) adotou os parâmetros de consumo derivados do Endef por Fava (1984), atualizando seus valores para o período 1981-99. Com base nos microdados da Pnad ao longo de todo o período, 23 linhas de indigência e de pobreza permitiram obter, para cada ano, indicadores de incidência de pobreza e de caracterização das subpopulações pobres e não-pobres quanto à forma de inserção no mercado de trabalho e a condições de moradia e acesso a serviços públicos básicos (Rocha, 1995b).

Outros estudos também utilizaram linhas de pobreza derivadas do Endef, mas, muitas vezes, gerando resultados somente para um determinado ano. A Cepal (1991) estimou linhas de pobreza para as áreas metropolitanas e estabeleceu aquelas relativas às áreas urbanas e rurais como correspondendo a, respectivamente, 90 e 75% do seu valor. Romão (1990) atualizou os valores das cestas alimentares estabelecidas anteriormente pelo Banco Mundial. Peliano (1993) usou valores das cestas alimentares derivadas pela Cepal, em conjunto com dados publicados da Pnad relativos à distribuição de renda das famílias, para estimar o número de indigentes em 1990.

A realização da Pesquisa de Orçamentos Familiares (POF) em 1987/88, pelo Instituto Brasileiro de Geografia e Estatística (IBGE), deu origem a uma nova base de dados sobre despesas, com grande detalhamento no que se refere à despesa alimentar. Entretanto, a pesquisa se limitou às nove regiões metropolitanas, além de Brasília e Goiânia. A inexistência de informações sobre consumo e preços ao consumidor nos estratos urbano e rural não-metropolitanos, com abrangência nacional, fez com que o uso da POF para o estabelecimento de linhas de pobreza atualizadas para essas áreas dependesse de recurso a parâmetros do Endef.

Rocha (1993) estabeleceu linhas de indigência e de pobreza para as 11 áreas pesquisadas, recorrendo aos microdados da POF. No entanto, utilizou as relações de custo derivadas do Endef entre áreas metropolitanas e áreas urbanas e rurais de cada região, para chegar aos valores das demais 13 áreas urbanas e rurais. Os indicadores de insuficiência de renda e os perfis de pobres resultaram num painel para 1990 (World Bank, 1995), dando origem ainda a uma série de indicadores disponíveis para todos os anos do período 1987-99 (Rocha, 2001a).

A POF 1987/88 foi também a base de dados essencial no âmbito dos trabalhos de uma comissão técnica que tinha como objetivo explorar, da melhor maneira possível, as informações estatísticas disponíveis, visando estabelecer uma metodologia para a construção de linhas de pobreza oficiais centrada na nova POF 1995/96, então ainda não divulgada.[22] Foram realizados inúmeros experimentos com base nos dados da POF 1987/88, sem que se tenha chegado a resultados conclusivos. Em particular, não foi possível avançar em alguns pontos reconhecidamente frágeis do procedimento de Rocha — como o uso de relações de custo do Endef para a estimativa de linhas de indigência e de pobreza para as áreas não-metropolitanas — devido à falta absoluta de informações atualizadas sobre a estrutura de consumo e sobre os preços ao consumidor nessas áreas.

No que concerne especificamente ao custo de vida dos pobres em áreas não-metropolitanas, foi feito um interessante experimento a partir da Pesquisa de Padrões de Vida (PPV/IBGE, 1996). Ferreira, Lanjouw e Neri (1998) recorreram às informações de despesas alimentares e de habitação em cada uma das áreas cobertas pela PPV[23] para derivar deflatores específicos, utilizados para obter a partir da Pnad, valores de renda familiar transformados, que levam em conta as diferenças de custo de vida entre áreas. Esse ajuste das rendas dispensa o uso de linhas de pobreza específicas, tendo sido adotado apenas um parâmetro, correspondente à área utilizada para a referência de preços. Assim, são geradas estimativas de pobreza para áreas não-metropolitanas do Nordeste e do Sudeste, independentemente dos parâmetros do Endef. As limitações da PPV quanto ao tamanho da amostra, áreas de abrangência e investigação muito agregada do consumo comprometem, em termos estatísticos, a avaliação da estrutura de consumo e do nível de preços em áreas não-metropolitanas. Por essa razão, a POF, utilizando subsidiariamente o Endef, continuou a ser a base de dados privilegiada para o estabelecimento de linhas de indigência e de pobreza.

Sobre linhas de indigência e de pobreza

Os valores apresentados abaixo, relativos às regiões metropolitanas, têm por objetivo ilustrar como a partir da mesma base de dados — no caso a POF 1987/88 — e utilizando procedimentos semelhantes diferentes autores estimaram valores diversos para as linhas de indigência e de pobreza. Os desvios entre valores para a mesma metrópole evidenciam que opções diversas adotadas em cada fase do procedimento podem afetar

Continua

[22] Comissão criada em 1996 e formada por técnicos do Ipea, IBGE e Cepal, sob a coordenação do Ipea.

[23] A Pesquisa sobre Padrões de Vida (PPV) cobriu 10 áreas: as seis metrópoles e os estratos urbano e rural de cada uma das duas regiões pesquisadas, Nordeste e Sudeste.

significativamente o resultado final. O valor da despesa total correspondente ao consumo alimentar adequado, apresentado em dois casos, mostra a importância relativa da despesa não-alimentar, mesmo para os mais pobres: os coeficientes de Engel, implícitos, com diferenciações importantes entre áreas metropolitanas, se situam geralmente abaixo de 0,5. Isso evidencia que, pelo menos no Brasil metropolitano, não há embasamento empírico para a adoção do coeficiente de Engel de 0,5 para obter o valor da linha de pobreza a partir do valor da cesta alimentar, isto é, da linha de indigência.[24]

Valores de linhas de indigência (LI) e de pobreza (LP)* a partir da POF, e coeficientes de Engel implícitos, segundo a região metropolitana

Região metropolitana	Rocha/WB (1993) LI	Rocha/WB (1993) LP	Rocha/WB (1993) LI/LP	Cepal (1997) LI	Barros (1999) LI	Barros (1999) LP	Barros (1999) LI/LP
Belém	31,90	63,80	0,50	—	38,65	91,21	0,42
Fortaleza	29,98	66,62	0,45	44,61	35,16	72,78	0,48
Recife	33,59	81,93	0,41	48,22	41,67	85,42	0,49
Salvador	34,14	85,35	0,40	45,69	38,65	86,19	0,45
Belo Horizonte	27,68	74,81	0,37	43,91	36,06	89,43	0,40
Rio de Janeiro	35,16	83,71	0,42	46,53	42,29	99,80	0,42
São Paulo	34,74	96,50	0,36	49,06	41,28	111,04	0,37
Curitiba	27,70	74,86	0,37	37,89	37,34	102,69	0,36
Porto Alegre	29,63	56,98	0,52	46,23	37,07	84,52	0,44
Brasília	30,90	96,56	0,32	—	34,16	95,31	0,36

*Valores em Cz$/dia de out. de 1987.

Linhas de pobreza. Que valores são esses?

Muito da controvérsia em torno da incidência de pobreza no Brasil se deve, na verdade, às diferenças quanto aos parâmetros de valor — linhas de indigência e de pobreza —, utilizadas como ponto de partida. No entanto, existe um consenso básico entre os especialistas: em função da disponibilidade de informações sobre a estrutura de consumo das famílias com diferentes níveis de rendimento, a deter-

[24] O coeficiente de Engel é a relação entre despesa alimentar e despesa total, de modo que a linha de pobreza = linha de indigência/0,5. Tradicionalmente, a Cepal adota essa simplificação para contornar a dificuldade em obter dados sobre despesa não-monetária em países na sua área de atuação. A respeito do coeficiente de Engel, ver "Estimando o consumo não-alimentar", neste capítulo.

minação das linhas de indigência e de pobreza no Brasil deve ter como base o consumo observado.

Uma vez feita essa opção pela primazia do consumo observado, as etapas a seguir para o estabelecimento de linhas de pobreza são simples e bem consolidadas na literatura internacional. A primeira etapa consiste em determinar, para a população em questão, quais são suas necessidades nutricionais. A etapa seguinte objetiva estabelecer, a partir das informações de pesquisa de orçamentos familiares, a cesta alimentar de menor custo que atenda às necessidades nutricionais estimadas. O valor correspondente a essa cesta é a linha de indigência, parâmetro de valor associado ao consumo alimentar mínimo necessário. Como não se dispõe de normas que permitam estabelecer qual o consumo mínimo adequado de itens não-alimentares, o valor associado a eles é obtido de forma simplificada, geralmente correspondendo à despesa não-alimentar observada quando o consumo alimentar adequado é atingido.

Essa metodologia simples encobre uma ampla gama de possibilidades empíricas a cada etapa, quando se trata de efetivamente estimar os valores das linhas de indigência e de pobreza. São as opções diversas adotadas a cada etapa, assim como os procedimentos de atualização dos valores estabelecidos inicialmente a preços do período de referência, que resultam em parâmetros distintos para uma mesma área, a partir da mesma base de dados. Naturalmente, a adoção de linhas diferentes para uma mesma unidade geográfica conduz a resultados diversos em termos de indicadores de indigência e de pobreza, do ponto de vista da renda, assim como o perfil das subpopulações formadas por indivíduos indigentes e pobres delimitadas a partir desses parâmetros. É evidente que os resultados obtidos em termos de indicadores de indigência e de pobreza devem ser entendidos e analisados tendo em mente os parâmetros de renda e, mais do que isso, as premissas utilizadas na construção de tais parâmetros.

A seguir, será descrito, passo a passo, um procedimento de construção de linhas de pobreza a partir das informações da POF/IBGE, o que, em linhas gerais, corresponde ao que é feito internacionalmente quando se trata de estabelecer linhas de pobreza a partir do consumo observado. Cabe destacar que a riqueza da base de dados estatísticos no Brasil sobre consumo das famílias e preços ao consumidor permite escolhas e detalhamentos que são relativamente pouco freqüentes em outros países. O procedimento descrito a seguir para estabelecer tais linhas foi concebido de forma a tirar o melhor partido do acervo brasileiro de informações estatísticas. Isso implica, por exemplo, derivar um conjunto de linhas de pobreza espacialmente diferenciadas, ao invés de uma linha de pobreza nacional, como é habitual na maioria dos países em função da insuficiência de informações regionalizadas necessárias para um maior detalhamento.

Existem muitas evidências empíricas no Endef, na POF e nas informações mensais do Sistema Nacional de Índices de Preços ao Consumidor (SNIPC/IBGE) mostrando que estruturas de consumo e preços diferem muito de uma região a outra do país, havendo não só significativas diferenças entre regiões, como entre áreas metropolitanas, urbanas e rurais de uma mesma região. Mesmo entre as nove metrópoles, que podem ser consideradas um conjunto de áreas relativamente mais homogêneo, são notórias as diferenças de custo de vida. A amplitude dos valores das linhas de pobreza calculadas por Fava (1984), a partir da estrutura de consumo Endef, já evidenciava esse fato de forma inequívoca, em que o valor mais alto, correspondendo à regiâo metropolitana de São Paulo, era quase o dobro daquele referente à metrópole de Fortaleza. Aquele valor também se mostrava significativamente superior ao correspondente à área rural de São Paulo, o qual apresentava-se como o valor mais alto entre os das áreas rurais.

Tabela 4

Amplitude de valores de linhas de pobreza*
calculadas a partir do Endef

Áreas selecionadas	Valor máximo	Valor mínimo
Áreas metropolitanas		
São Paulo	100	
Fortaleza		56
Áreas urbanas		
Norte	73	
Nordeste		46
Áreas rurais		
São Paulo	40	
Minas Gerais/Espírito Santo		20

Fonte: Fava (1984).
*Números-índices (max. = 100).

É essencial, portanto, estabelecer linhas de indigência e de pobreza tão espacialmente específicas quanto permita a base de dados. No caso do Endef, isso significava definir parâmetros de valor para cada região/estrato de residência onde a amostra era estatisticamente significativa, o que correspondia a 22 áreas de análise.[25] Como as POFs 1987/88 e 1995/96 se limitaram a investigar cada uma das

[25] Trata-se, aqui, das regiões definidas para fins de amostragem do Endef que não correspondem às regiões geográficas, já que São Paulo, Rio de Janeiro e Minas Gerais/Espírito Santo constituem três regiões distintas: área urbana do Norte e do Centro-Oeste; áreas urbana e rural do Nordeste, Minas Gerais/Espírito Santo, Rio de Janeiro, São Paulo, Sul. Distrito Federal e as nove metrópoles (Belém, Fortaleza, Recife, Salvador, Belo Horizonte, Rio de Janeiro, São Paulo, Curitiba e Porto Alegre).

nove metrópoles, assim como Goiânia e Brasília, o estabelecimento de parâmetros mais atualizados para áreas não-metropolitanas tem implicado, necessariamente, o recurso a informações do Endef.

Determinando o valor das linhas de indigência e de pobreza passo a passo

Esta seção descreve o procedimento adotado para estabelecer um conjunto de 24 linhas de indigência e de pobreza a partir dos microdados de despesas das famílias, investigados pela POF 1987/88, do IBGE.[26]

As necessidades nutricionais como ponto de partida

Com o objetivo de estabelecer linhas de pobreza, as necessidades alimentares são geralmente consideradas de forma estrita, isto é, apenas em termos de atendimento das exigências nutricionais, sem considerar outros aspectos relacionados à alimentação. Assim, a composição da cesta alimentar a ser definida, isto é, a quantidade de cada item alimentar, deve garantir a ingestão mínima de nutrientes (calorias, proteínas e demais nutrientes).

A determinação das necessidades nutricionais — aperfeiçoadas ao longo do tempo — é essencial no estabelecimento de linhas de pobreza, uma vez que se constitui no fundamento conceitual mais sólido quando se trata de definir o nível de consumo mínimo das pessoas. Os parâmetros periodicamente divulgados pela FAO, relativos às necessidades dos diferentes nutrientes — dadas as características dos indivíduos, tanto físicas (idade, sexo, peso/altura), como em relação à atividade (conforme desempenhe atividade leve, moderada ou pesada) —, constituem-se na base mais conhecida e aceita para estimativa das necessidades nutricionais da população a ser estudada.

No Brasil, adotam-se somente as necessidades de energia, ao invés de toda a gama de necessidades nutricionais (de proteínas, vitaminas, minerais). Isso se justifica pelo fato de que estudos nutricionais baseados nas pesquisas de consumo

[26] Estes parâmetros foram derivados por Rocha (1997) e utilizados nas suas avaliações do período 1990-99. Também serviram de base para os indicadores de pobreza do relatório do Banco Mundial (1995) e do Pnud (1996).

alimentar, realizadas no Brasil, mostram que a ingestão energética é o elemento restritivo das dietas, sendo, portanto, suficiente escolher uma dieta observada que garanta as necessidades energéticas para que as necessidades dos outros nutrientes sejam satisfeitas.

As necessidades energéticas das pessoas no Brasil

Os parâmetros universais estabelecidos pela FAO em termos de necessidades energéticas vêm declinando ao longo do tempo; isto é, para quaisquer que sejam as características dos indivíduos, suas necessidades calóricas determinadas hoje são inferiores àquelas definidas a partir de parâmetros anteriores (FAO, 1973 e 1985). Assim, estimativas realizadas por diferentes autores só devem ser comparadas quando se baseiam nas mesmas recomendações da FAO. Os dados abaixo revelam os desvios entre as estimativas de necessidades energéticas elaboradas por diversos autores com base nas recomendações de 1985. Mesmo quando utilizam informação estatística de fontes e anos diversos em relação à composição da população por idade e sexo, os resultados em termos de desvios das estimativas tendem a ser negligenciáveis, já que essas variáveis demográficas se alteram lentamente e sua interpretação é inequívoca. No entanto, diferenças sensíveis entre estimativas decorrem de formas distintas de classificar as atividades ocupacionais dos indivíduos como leves, moderadas ou pesadas, assim como de estabelecer o seu uso do tempo e a correspondente necessidade calórica em 24 horas. As diferenças entre necessidades energéticas apresentadas abaixo — que chegam ao máximo de 9% em Brasília quando se consideram as estimativas de Ellwanger (1991) e de Feres (1996) — implicam, provavelmente, diferenciais ainda maiores dos valores das cestas alimentares observadas, capazes de atender a essas necessidades. Conforme aumenta a despesa alimentar das famílias, aumenta também o custo calórico unitário. Portanto, as opções relativas à forma de estimar as necessidades energéticas podem ter impacto significativo sobre as medidas finais de incidência de indigência e de pobreza.

Estimativas de necessidades energéticas recomendadas*
(kcal/*per capita*/dia)

Região metropolitana	Cepal (1991)	Ellwanger (1991)	Feres (1996)	Lustosa (1999)
Belém	2.142,8	2.055	2.191	2.160
Fortaleza	2.126,0	2.047	2.200	2.098
Recife	2.126,0	2.071	2.200	2.126
Salvador	2.126,0	2.043	2.200	2.127

Continua

Região metropolitana	Cepal (1991)	Ellwanger (1991)	Feres (1996)	Lustosa (1999)
Belo Horizonte	2.198,5	2.144	2.288	2.233
Rio de Janeiro	2.213,7	2.123	2.288	2.233
São Paulo	2.152,4	2.135	2.288	2.233
Curitiba	2.217,6	2.120	2.313	2.282
Porto Alegre	2.217,6	2.128	2.313	2.284
Brasília	2.154,8	2.073	2.259	2.198

*Todas as estimativas se baseiam nas recomendações da FAO (1985).

A determinação da cesta alimentar

Uma vez determinadas as necessidades energéticas médias de cada área de análise, para o que foram utilizadas as estimativas de Ellwanger (1992), trata-se de obter a cesta alimentar de menor custo e que permita o atendimento dessas necessidades.

Para isso é preciso, em primeiro lugar, derivar o aporte energético da cesta alimentar observada em cada família residente na área. Isso é feito com base na composição dos alimentos, obtendo-se como resultado a estimativa do consumo energético *per capita* diário naquela família.[27] Uma vez as famílias ordenadas em função crescente do seu consumo energético *per capita*, a ingestão verificada foi comparada com a ingestão recomendada, de modo a indicar o mais baixo décimo da distribuição para o qual essas necessidades nutricionais são atendidas.

Com base nos resultados obtidos por décimos da distribuição de despesas correntes para a metrópole do Rio de Janeiro, o gráfico 1 ilustra o procedimento que foi adotado em todas as metrópoles. Nesse caso, poderia ser eleita a cesta alimentar do quarto décimo, ajustando-se proporcionalmente as quantidades de alimentos para corresponder exatamente a 2.123kcal/dia, necessidade energética estimada para aquela metrópole. Um procedimento mais elegante consistiria em trabalhar com 91 décimos móveis, de modo a obter uma cesta observada com aporte calórico mais próximo das necessidades recomendadas, requerendo, portanto, um

[27] A *Tabela de composição de alimentos* (IBGE/Endef, 1977) fornece os coeficientes relevantes para obter tanto o percentual aproveitável da quantidade adquirida de cada alimento, como seu aporte nutricional por 100g de parte comestível.

ajuste menor.[28] No entanto, é importante notar que a adoção de uma ou de outra alternativa tem impacto marginal sobre a estrutura da cesta alimentar e sobre o valor da linha de indigência obtida.

Gráfico 1

Ingestão energética média observada e recomendada por décimo da distribuição de despesa corrente

(metrópole do Rio de Janeiro)

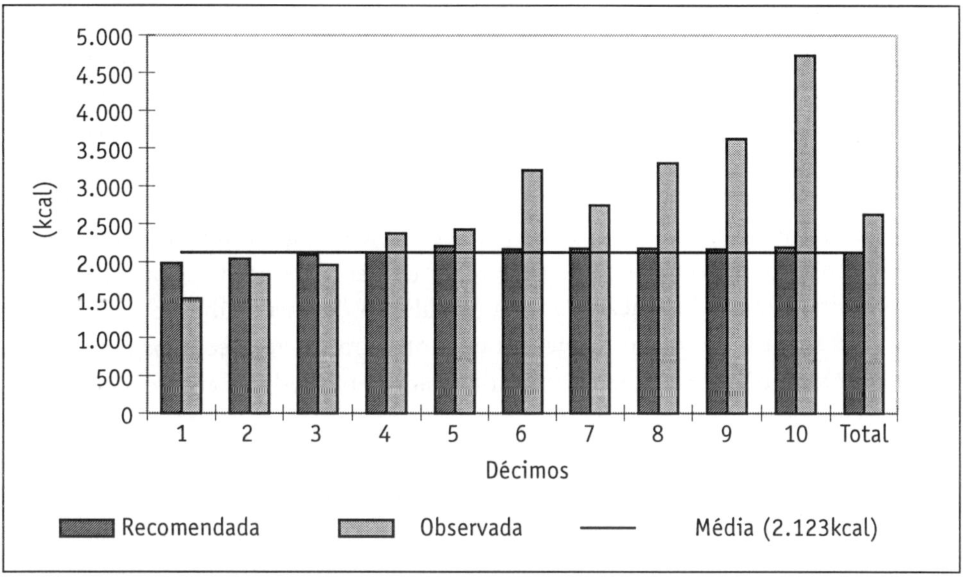

Fonte: IBGE/POF 1987/1988 (tabulações próprias).

No Rio de Janeiro, a ingestão energética recomendada é atendida a partir do quarto décimo da distribuição, significando que, em média, as necessidades nutricionais de 30 a 40% das famílias não são atendidas com base na despesa alimentar realizada. Em outras áreas metropolitanas, as exigências calóricas são supridas para intervalos de despesa corrente mais elevados ou mais baixos, o que depende, essencialmente, do nível de renda da população, ainda que os resultados também sejam afetados pelas características de cada metrópole em termos de preços de alimentos e hábitos alimentares.

---

[28] Esse procedimento com base nos décimos móveis foi proposto por Ricardo Paes e Barros no âmbito da comissão mista IBGE, Ipea e Cepal que avaliou a metodologia a ser adotada para o estabelecimento de linhas de pobreza no Brasil.

A tabela 5 mostra a ingestão média, recomendada e mínima, e o mais baixo décimo da distribuição de renda familiar *per capita* onde esses níveis de consumo energético são atingidos em cada metrópole. Esses dados evidenciam que o uso de cestas alimentares correspondendo à ingestão recomendada levaria a delimitar como pobre uma percentagem muito elevada da população das regiões metropolitanas, especialmente no Nordeste, onde as rendas são mais baixas. Em parte, isso resulta da tendência à uniformização dos hábitos de consumo que vem ocorrendo no país, reduzindo diferenças entre famílias residentes em diferentes regiões metropolitanas ou pertencentes a diferentes classes de rendimento, numa comparação com pesquisas de orçamento familiar anteriores. Essa uniformização implica o encarecimento das dietas básicas devido à emulação, pelos mais pobres, de hábitos de consumo das classes de renda alta, significando o abandono de hábitos alimentares tradicionais, muitas vezes mais eficientes do ponto de vista do custo alimentar. A adoção de linhas de pobreza refletindo esse consumo alimentar de custo relativamente elevado implicaria perda de funcionalidade do parâmetro, tanto para diagnóstico da pobreza como para recomendação de políticas para seu combate. Resultaria na delimitação de uma população demasiadamente heterogênea para caracterização, e muito numerosa em comparação aos recursos disponíveis (financeiros ou não) que possam ser mobilizados em medidas antipobreza.

Tabela 5

Ingestão energética recomendada e mínima, e décimo da distribuição mais baixo no qual ocorre adequação energética

(1987/88)

Região metropolitana	Ingestão média recomendada		Ingestão mínima	
	kcal/dia	Décimos	kcal/dia	Décimos
Belém	2.055	4º	1.740	3º
Fortaleza	2.047	5º	1.735	3º
Recife	2.071	6º	1.750	4º
Salvador	2.043	5º	1.736	2º
Belo Horizonte	2.144	2º	1.796	2º
Rio de Janeiro	2.123	4º	1.778	2º
São Paulo	2.135	3º	1.786	2º
Curitiba	2.120	2º	1.780	2º
Porto Alegre	2.128	4º	1.780	2º
Goiânia	2.091	4º	1.768	1º
Brasília	2.073	3º	1.761	3º

Fonte: Ellwanger (1991) com base na POF/IBGE.

Buscou-se, então, um critério alternativo para a definição da cesta alimentar que respeitasse as preferências do consumidor e garantisse a ingestão energética recomendada. Foi tomada como ponto de partida a cesta alimentar que permitisse atender à chamada "ingestão energética mínima", suficiente apenas para garantir as funções vitais, e cujos parâmetros também são estabelecidos pela FAO. Na metrópole de São Paulo, por exemplo, a ingestão mínima representa 17% de calorias a menos do que as relativas à ingestão recomendada. Naturalmente, a adequação às necessidades mínimas ocorre a um nível de renda mais baixo, ao qual corresponde uma cesta alimentar de custo menor por caloria: quanto menor a renda das famílias, mais concentrada é a sua dieta em alimentos essenciais e de preço mais baixo.

Contudo, seria fora de propósito utilizar essa cesta — que apenas atende às necessidades energéticas mínimas — como base para o estabelecimento da linha de pobreza. Com o objetivo de conciliar esta cesta de custo mais baixo e o atendimento do consumo energético recomendado, optou-se por construir uma "cesta ajustada". Esta toma como ponto de partida a cesta alimentar que atende às necessidades energéticas mínimas em cada região metropolitana. Utilizando as informações da POF, cada cesta é composta de, pelo menos, 100 produtos de consumo alimentar especificados com precisão — 108 produtos, no caso de São Paulo —, que correspondem ao consumo médio diário de alimentos na classe de despesa relevante, isto é, aquela mais baixa onde ocorre adequação em relação à necessidade energética mínima.

Excluíram-se, então, itens alimentares que representassem uma ingestão inferior a uma caloria por dia. No caso da metrópole paulista esse procedimento eliminou 53 itens alimentares da cesta alimentar original. Essas cestas alimentares reduzidas — 55 itens alimentares no caso de São Paulo — tiveram suas quantidades de cada produto ajustadas proporcionalmente de modo a corresponder à ingestão calórica recomendada em cada região metropolitana.

Composição e valor da cesta alimentar: opções

A adoção de um determinado procedimento para o estabelecimento da cesta alimentar é uma escolha do analista, que pode desejar adotar valores mais altos ou mais modestos como linha de indigência. A tabela a seguir ilustra, com dados da POF para a metrópole de São Paulo, três possibilidades de cestas que atendem às necessidades energéticas. As composições variam, o que tem impacto sobre os respectivos valores. A opção adotada — a que resulta da cesta completa que atende às necessidades mínimas, cujas quantidades foram ajustadas para atingir as necessidades recomendadas — permite preservar as escolhas do consumidor e atender às recomendações nutricionais com alguma redução de custo.

Continua

Principais alimentos	Quantidade de produtos por tipo de cesta (g/pessoa/dia)			
	Requerimento mínimo (1.786kcal/dia)	Requerimento recomendado (2.135kcal/dia)		
		Mínimo ajustado	Ajustado com base em 90% cal.*	Observado**
Arroz	119	143	159	131
Açúcar refinado	66	79	88	65
Óleo de soja	27	32	35	33
Pão	56	67	74	76
Feijão	40	48	53	38
Leite de vaca	141	168	186	205
Macarrão	11	13	14	13
Carne bovina de 2ª	21	25	28	25
Farinha de trigo	11	13	14	14
Galinha ou frango	31	37	41	45
Carne suína	10	12	13	19
Margarina vegetal	4	5	6	5
Farinha de mandioca	7	8	9	9
Ovo	18	21	23	19
Biscoito	6	7	8	—
Carne bovina de 1ª	9	11	—	20
Valor (Cz$ out. 1987)***	838,01	1.042,15	793,85	1.188,98

Fontes: POF (microdados). Requerimentos energéticos estimados por Ria Ellwanger (IBGE/DPE).
*Ajuste das quantidades de apenas 15 produtos principais, responsáveis por 90% do aporte calórico da cesta completa.
**Cesta observada no terceiro décimo da distribuição de despesa.
***Valor mensal correspondente às cestas completas.

A composição e as características básicas das cestas ajustadas são apresentadas no anexo 1, onde os principais produtos alimentares aparecem em ordem decrescente de sua contribuição energética. Conforme a metrópole, de 16 a 23 itens correspondem a cerca de 90% do aporte energético e a 70% da despesa com alimentação.

Informações básicas sobre as cestas ajustadas são apresentadas na tabela 6. Rio de Janeiro apresenta o custo mais elevado, embora não muito superior ao de São Paulo. Em Belo Horizonte e Curitiba os custos são os mais baixos. As razões para o ordenamento das metrópoles quanto a esses valores não são óbvias, resultando de determinantes locais diversos de preço por produto e de composição da cesta.

Tabela 6

Principais características das cestas alimentares ajustadas

Região metropolitana	Intervalo de renda* (salário mínimo)	Nº de itens alimentares	Custo (Cz$ out. 1987)	Itens correspondentes a cerca de 90% da ingestão energética		
				Nº	% das calorias	% da despesa alimentar
Belém	menos de 0,5	41	956,85	15	90,2	78,6
Fortaleza	0,56 a 0,75	48	899,54	18	90,8	75,3
Recife	0,75 a 1	57	1.007,55	21	90,4	74,8
Salvador	0,56 a 0,75	68	1.024,12	20	90,5	74,3
Belo Horizonte	0,56 a 0,75	57	830,32	16	90,4	68,0
Rio de Janeiro	0,75 a 1	62	1.054,89	19	90,2	70,5
São Paulo	0,56 a 0,75	55	1.042,15	17	90,6	69,0
Curitiba	0,56 a 0,75	41	830,92	16	90,9	69,2
Porto Alegre	menos de 0,5	43	888,78	15	90,1	74,3
Goiânia	0,76 a 1	54	880,56	16	90,4	72,3
Brasília	0,76 a 1	57	927,10	18	90,2	73,8

Fonte: IBGE/POF (tabulações próprias).
*Renda familiar *per capita* em termos do salário mínimo de outubro de 1987.

Os valores das cestas alimentares ajustadas estão expressos em preços de outubro de 1987, data de referência da POF. Para serem utilizados como linhas de indigência para comparações intertemporais — delimitando como indigentes os indivíduos cuja renda familiar *per capita* é inferior ao valor da cesta alimentar — era necessário expressá-los a preços de setembro de cada ano, mês de referência da Pnad, que é a fonte de informação anual sobre o rendimento das famílias.

Para a atualização dos valores, havia dois procedimentos possíveis, ambos utilizando as informações mensais de preços ao consumidor, coletadas pelo IBGE em cada área metropolitana. O primeiro consistia em utilizar os preços detalhados por produto para valoração das cestas em setembro de cada ano. A alternativa era recorrer a índices de preços relativos à alimentação para atualizar globalmente o valor da cesta. Adotou-se, então, a segunda opção que, além de ser mais simples em termos da necessidade de informações, permite acomodar melhor as substituições de produtos alimentares pelas famílias, substituições essas que ocorrem naturalmente quando há modificações de preços relativos. Assim, contorna-se o inconveniente de adotar uma cesta alimentar de composição fixa, o que é inevitável, já que a pesquisa de consumo se realiza com periodicidade plurianual.

Utilizaram-se, então, para a atualização dos valores das cestas, o INPC-alimentação do IBGE, por região metropolitana. Embora o índice se refira ao consumo das famílias com renda até oito salários mínimos, o que, em média, corresponde a cerca de dois salários mínimos *per capita*, pareceu adequado como indexador do custo de alimentação dos pobres. Na verdade, o comportamento do índice está fortemente atrelado a um conjunto de produtos alimentares básicos, cuja ponderação é também elevada na cesta ajustada. A partir dos valores originais de outubro de 1987, data de referência da POF, a tabela 7 apresenta, como exemplo, os valores para setembro de 1990.

Tabela 7

Cestas alimentares ajustadas a preços de 1987 e 1990

Região metropolitana	Out. 1987 (Cz$)	INPC-alimentação*	Set. 1990 (Cr$)
Belém	956,85	224,965	2.152,58
Fortaleza	899,54	232,458	2.091,05
Recife	1.007,55	266,574	2.685,87
Salvador	1.024,12	265,717	2.721,26
Belo Horizonte	830,38	270,728	2.248,07
Rio de Janeiro	1.054,89	295,516	3.117,37
São Paulo	1.042,15	314,131	3.273,72
Curitiba	830,92	308,444	2.562,92
Porto Alegre	888,78	281,515	2.502,05
Goiânia**	880,56	232,970	2.051,44
Brasília	927,10	232,971	2.159,87

Fonte: IBGE/Sistema Nacional de Índices de Preços ao Consumidor.
*INPC-alimentação/out. 1987 = 1.
**Utilizando o índice de Brasília. Goiânia e Brasília não são metrópoles, mas foram cobertas pela POF.

Estimando o consumo não-alimentar

Ao estabelecer linhas de pobreza, a ênfase conceptual e analítica se concentra, geralmente, na definição das necessidades nutricionais e na estimação do valor das cestas alimentares. Embora, em países do nível de desenvolvimento do Brasil, as demais despesas representem mais da metade do valor total de consumo das famílias, são habitualmente tratadas de maneira muito simplificada.

Na literatura internacional, o procedimento mais comum consiste em adotar a hipótese de que despesa alimentar é um percentual constante da despesa total das famílias ao longo do tempo. Assim, apesar das dificuldades para definir quantidades mínimas para as necessidades não-alimentares, é inevitável estabelecer como ponto de partida um valor para a data de referência, mesmo que de forma mais ou menos arbitrária. A relação despesa alimentar/despesa total — o chamado coeficiente de Engel — passa a desempenhar papel central na atualização dos valores da linha de pobreza em cada período subseqüente. Como, por hipótese, o coeficiente de Engel é constante no médio prazo, a atualização dos valores da linha de pobreza depende, apenas, da atualização do valor da cesta alimentar. Assim, o procedimento simplificado consiste no seguinte:

- estabelecimento do valor da despesa alimentar *DA* no ano-base (DA_0);
- estabelecimento do valor da despesa não-alimentar (DnA_0) no ano-base, de forma mais ou menos arbitrária, o que determina o valor do coeficiente de Engel (*E*) como participação da despesa alimentar na despesa total (*DT*):

$$DT_0 = DA_0 + DnA_0$$
$$E = DA_0 / DT_0$$

  Alternativamente, não se dispondo de informações para estimar a despesa não-alimentar no ano-base, é a despesa total que é determinada a partir de um coeficiente de Engel arbitrário.
- a obtenção do valor da despesa não-alimentar no ano *t* depende apenas da estimação do valor da despesa alimentar atualizada:

$$DnA_t = (1/E - 1)\ DA_t$$

Não existe, entretanto, base teórica que permita considerar o coeficiente de Engel uma constante no médio prazo, como se faz nos estudos sobre pobreza em muitos países. Nas condições econômicas e institucionais brasileiras, é especialmente improvável que essa estabilidade ocorra ou tenha ocorrido, seja pelas rápidas alterações nos hábitos de consumo, seja pelas significativas mudanças de preços relativos, especialmente no período de inflação alta.

Uma vez que se acham disponíveis no Brasil informações detalhadas das despesas das famílias por grupos de despesas e por produtos, é possível utilizar a desagregação das despesas não-alimentares, observadas de fato entre famílias de baixa renda, quando se trata da derivação da linha de pobreza. O procedimento apresentado aqui toma por base a classe de renda das famílias para a qual as necessidades energéticas mínimas foram atingidas, classificando as despesas não-alimentares correspondentes de acordo com as seis categorias de produtos adotadas no Sistema Nacional de Índices de Preços ao Consumidor (SNIPC), além de uma classe residual. Os valores obtidos para a data de referência da POF são apresentados na tabela 8. Vale reiterar que não há garantia que esse consumo seja o mínimo adequado, mas, como já se disse, não há base teórica para determinar o mínimo adequado quando se trata do consumo não-alimentar. A rigor, trata-se de um procedimento para a determinação da despesa não-alimentar que contempla as escolhas de consumo das famílias segundo determinantes locais de natureza cultural e socioeconômica.

Os valores das despesas verificados para o ano-base podem então ser expressos a preços das datas desejadas para análise, utilizando-se a evolução dos índices de preços específicos para cada grupo de despesa e cada metrópole. Os resultados a preços de setembro de 1990, inclusive o valor agregado correspondendo ao conjunto das despesas não-alimentares, são apresentados na tabela 9.

Tabela 8

Valor dos itens não-alimentares por categorias, correspondentes ao intervalo de renda familiar selecionado

(regiões metropolitanas — Cz$ out. 1988)

Região metropolitana	Habitação	Artigos de residência	Vestuário	Transporte/ comunicação	Saúde e cuidados pessoais	Despesas pessoais	Outras*	Total
Belém	157	124	205	119	148	125	81	959
Fortaleza	145	144	213	134	104	162	182	1.084
Recife	169	180	316	237	162	172	220	1.456
Salvador	195	157	317	208	160	193	275	1.505
Belo Horizonte	228	159	199	190	162	190	283	1.411
Rio de Janeiro	223	164	270	223	170	207	219	1.476
São Paulo	368	239	259	308	217	194	229	1.814
Curitiba	219	234	218	153	169	125	253	1.371
Porto Alegre	206	60	113	138	96	95	93	801
Goiânia**	302	225	397	218	215	214	300	1.871
Brasília**	406	257	311	268	200	249	258	1.949

Fonte: IBGE/POF (tabulações próprias).

*Inclui itens investigados pela POF, mas não pelo SNIPC, tais como: despesas com festas, mudanças, tratamento veterinário, despesas trabalhistas, transferências, aumento do ativo e diminuição do passivo. Valores atualizados pelo INPC, segundo categorias.

**Não são metrópoles, mas foram cobertas pela POF.

Tabela 9

Valor dos itens não-alimentares por categorias, correspondentes ao intervalo de renda familiar selecionado

(regiões metropolitanas — Cr$ set. 1990)

Região metropolitana	Habitação	Artigos de residência	Vestuário	Transporte/ comunicação	Saúde e cuidados pessoais	Despesas pessoais	Outras*	Total
Belém	516,01	244,15	469,62	289,32	531,90	413,92	207,99	2.672,91
Fortaleza	476,97	333,03	514,77	447,88	390,67	461,54	488,45	3.113,31
Recife	459,16	426,22	880,97	717,13	590,53	544,03	625,09	4.243,13
Salvador	709,22	432,00	878,70	624,65	694,19	1.025,61	868,13	5.232,50
Belo Horizonte	702,92	401,79	584,39	595,17	565,00	885,17	862,33	4.596,77
Rio de Janeiro	816,06	578,05	879,85	648,64	676,81	885,26	727,36	5.212,03
São Paulo	1.094,95	576,75	854,24	839,39	888,93	640,31	707,01	5.601,58
Curitiba	687,55	774,90	714,67	634,54	607,89	341,93	809,35	4.570,83
Porto Alegre	501,56	171,85	280,08	466,83	348,66	410,45	271,09	2.450,52
Goiânia**	942,75	618,37	1.072,24	1.022,45	782,88	728,76	872,89	6.040,34
Brasília**	1.267,40	706,31	839,97	1.256,95	728,26	847,96	750,68	6.397,53

Fonte: IBGE/POF (tabulações especiais).

*Inclui itens investigados pela POF, mas não pelo SNIPC, tais como: despesas com festas, mudanças, tratamento veterinário, despesas trabalhistas, transferências, aumento do ativo e diminuição do passivo. Valores atualizados pelo INPC, segundo categorias.

**Não são metrópoles, mas foram cobertas pela POF.

As despesas não-alimentares e o coeficiente de Engel

Para que se tenha uma idéia do impacto diferenciado sobre a atualização do valor das despesas não-alimentares do procedimento proposto e daquele que se baseia no coeficiente de Engel constante, são apresentados os dois conjuntos de resultados para 1990 relativos às regiões metropolitanas e os desvios entre eles. Verifica-se que, exceto em São Paulo, todas as estimativas utilizando os coeficientes de Engel são mais baixas, o que se explica, simplesmente, pelo fato de que no período 1987-90, os preços dos alimentos subiram menos do que os demais preços ao consumidor. Nesse caso específico, assumir uma relação constante entre despesas alimentares e despesa global subestima o custo de adquirir, em 1990, a mesma cesta não-alimentar do período de referência. Em última instância, implica subestimar o valor da linha de pobreza e as medidas de incidência de pobreza que dela decorram.

Região metropolitana	Coef. Engel	Despesa alimentar	Despesa não-alimentar		
			Via Engel	Via índice de preços	Desvio (%)
Belém	0,50	2.152,58	2.152,58	2.672,99	-19,47
Fortaleza	0,45	2.091,05	2.555,73	3.113,31	-17,91
Recife	0,41	2.685,87	3.865,03	4.243,31	-8,91
Salvador	0,40	2.721,26	4.081,89	5.232,50	-21,99
Belo Horizonte	0,37	2.248,07	3.827,79	4.596,77	-16,73
Rio de Janeiro	0,42	3.117,37	4.304,94	5.212,03	-17,40
São Paulo	0,36	3.273,72	5.819,95	5.601,58	3,90
Curitiba	0,37	2.562,92	4.363,89	4.570,83	-4,53
Porto Alegre	0,52	2.502,05	2.309,58	2.450,52	-5,75
Goiânia	0,32	2.051,44	4.359,33	6.040,34	-27,83
Brasília	0,32	2.159,87	4.500,33	6.397,53	-29,66

Observa-se, ainda, que os desvios são bastante diferenciados entre metrópoles e, muitas vezes, significativos em relação aos valores das despesas não-alimentares. Isso evidencia que a evolução dos preços relativos sobre o custo de vida dos pobres responde também a determinantes locais que não podem ser levados em conta por um único coeficiente constante. Portanto, havendo informação disponível que permita estabelecer de forma direta o valor das despesas não-alimentares — como, no caso brasileiro, os índices de preços por grupos de produtos —, é recomendável sua utilização como substituto do coeficiente de Engel para a atualização do valor das linhas de pobreza.

As linhas de pobreza para as metrópoles

Uma vez calculados os valores da cesta alimentar e das outras despesas, a linha de pobreza é a soma dos dois valores. A tabela 10 apresenta os valores das linhas de pobreza por região metropolitana, tanto os originais derivados da POF na sua data de referência de outubro de 1987, como os atualizados pelos índices de preços por grupos de produtos para setembro de 1990.[29]

Em primeiro lugar, cabe destacar o fato mais evidente, que é a larga amplitude de valores. O valor obtido para São Paulo, em 1987, é quase 70% superior ao de Porto Alegre no mesmo ano, acentuando-se ainda mais em 1990 (78%) devido a diferenciais na evolução dos preços ao consumidor nas duas metrópoles naquele período. Contudo, cabe observar que os valores surpreendentemente baixos em Porto Alegre resultam de valores baixos da despesa não-alimentar. Valores muito mais altos em São Paulo e Rio de Janeiro parecem sugerir custos crescentes associados à urbanização e ao modo de vida urbano, que afetariam tanto as despesas alimentares como as não-alimentares, a partir de um certo patamar de tamanho demográfico. As duas maiores metrópoles brasileiras, que apresentavam respectivamente 15,4 milhões e 9,8 milhões de habitantes, segundo o censo demográfico de 1991, são qualitativamente diversas da terceira metrópole mais populosa do país, Belo Horizonte, com 3,4 milhões de habitantes.

Tabela 10

Linhas de pobreza segundo as regiões metropolitanas

Região metropolitana	Outubro de 1987 Cz$	Outubro de 1987 Salário mínimo*	Outubro de 1987 Índice**	Setembro de 1990 Cr$	Setembro de 1990 Salário mínimo*	Setembro de 1990 Índice**
Belém	1.915,85	0,73	67,59	4.825,49	0,80	54,42
Fortaleza	1.983,54	0,75	69,44	5.204,37	0,86	58,50
Recife	2.463,55	0,93	86,11	6.928,12	1,14	77,55
Salvador	2.529,12	0,96	88,89	7.953,76	1,31	89,12
Belo Horizonte	2.241,38	0,85	78,70	6.842,84	1,13	76,87
Rio de Janeiro	2.530,89	0,96	88,89	8.329,39	1,38	93,88
São Paulo	2.856,15	1,08	100,00	8.875,29	1,47	100,00
Curitiba	2.201,92	0,83	76,85	7.133,75	1,18	80,27

Continua

[29] Os valores das linhas de indigência e de pobreza para o período 1990-99 são apresentados mais adiante, nas tabelas 12 e 13.

Região metropolitana	Outubro de 1987			Setembro de 1990		
	Cz$	Salário mínimo*	Índice**	Cr$	Salário mínimo*	Índice**
Porto Alegre	1.689,78	0,64	59,26	4.952,58	0,82	55,78
Goiânia	2.571,56	0,97	89,81	8.091,79	1,34	91,16
Brasília	2.858,04	1,08	100,00	8.557,41	1,41	95,92

*O salário mínimo vigente em outubro de 1987 era Cz$2.640 e Cr$6.056,31 em setembro de 1990.
**Índice com São Paulo igual a 100.

Linhas de pobreza relativamente elevadas como as obtidas para Recife e Salvador estão associadas, principalmente, aos custos da cesta alimentar, mas outras despesas também se apresentaram relativamente altas, apesar de seu valor estar, em princípio, em relação direta com o tamanho urbano.

Embora o custo de vida relativamente baixo para os pobres em Curitiba e Fortaleza seja compatível com resultados empíricos anteriores derivados do Endef, é surpreendente a persistência dessa característica em face das mudanças estruturais e institucionais que ocorreram no espaço de tempo que separa as duas pesquisas.

Finalmente, Belém ficou entre as metrópoles onde o custo de vida para os pobres é mais baixo. Na verdade, o fato de apresentar valores baixos para as despesas não-alimentares poderia ser esperado, já que Belém é pequena e, além disso, não apresenta muitas das características funcionais de uma metrópole.[30] No entanto, o baixo custo da cesta alimentar foi, como comentado anteriormente, uma situação nova detectada pela POF, alterando radicalmente o quadro anterior, verificado por ocasião do Endef na década de 1970.

As linhas de pobreza para áreas não-metropolitanas

Ao estabelecer os valores das linhas de pobreza para as regiões metropolitanas, dois conjuntos de informações básicas foram utilizados: estruturas de consumo derivadas da pesquisa sobre orçamento familiar (POF/IBGE) e índices de preços do SNIPC/IBGE, referentes ao período pós-1987, para atualização dos valores anuais.

Como tanto a POF como o SNIPC se referem apenas às regiões metropolitanas, foi necessário recorrer às informações sobre consumo e preços nas áreas não-metropolitanas levantadas pelo Endef. Essa pesquisa se constitui, ainda hoje,[31] o

[30] Por exemplo, sua periferia é pequena e a integração funcional entre núcleo e periferia reconhecidamente incipiente, o que tem impacto direto sobre despesas como habitação e transporte.
[31] A nova POF do IBGE, relativa a 2002/03, terá abrangência nacional, o que permitirá preencher essa importante lacuna quanto à estrutura de consumo e aos preços ao consumidor em áreas não-metropolitanas.

único conjunto de dados de cobertura nacional fornecendo subsídios para a estimativa de linhas de pobreza em áreas não-metropolitanas.

Tendo em vista essas restrições quanto à disponibilidade de dados estatísticos, as soluções possíveis são precárias. A partir das linhas de pobreza para as regiões metropolitanas, aquelas relativas às áreas urbanas e rurais foram obtidas com base nas relações de custo observadas derivadas por Fava (1984) a partir do Endef.

Os resultados obtidos por Fava para cada uma das sete regiões revelavam, como era de se esperar, valores para as linhas de pobreza nas áreas rurais mais baixos que os estimados para as áreas urbanas, os quais, por sua vez, são mais baixos que os relativos às metrópoles regionais. Isso resulta, por um lado, do fato de que as dietas nas áreas rurais têm custo mais baixo porque se relacionam mais diretamente à produção local e dependem proporcionalmente mais da produção para autoconsumo. Por outro lado, a urbanização significa custos adicionais, não apenas em termos das necessidades alimentares, mas também em termos das demais despesas — tais como habitação, transporte, vestuário e lazer — que tendem a se elevar em função da urbanização.

Os coeficientes que relacionam os valores das linhas de pobreza urbanas e rurais às metropolitanas da mesma região são apresentados na tabela 11. Quando existe mais de uma metrópole na mesma região,[32] como é o caso de Fortaleza, Recife e Salvador, no Nordeste, e Curitiba e Porto Alegre, no Sul, recorreu-se ao valor médio das linhas de pobreza metropolitanas. A utilização desses coeficientes para se estabelecer linhas de pobreza em áreas não-metropolitanas pressupõe que as mudanças em termos de estrutura de consumo e de preços ocorridas desde a realização do Endef em cada região foram neutras quanto ao seu efeito sobre o custo de vida dos pobres nos diferentes estratos. Este é um pressuposto forte, que vai de encontro a evidências derivadas das pesquisas de orçamento familiar.

Assim, embora restritas às regiões metropolitanas, as informações da POF revelam uma tendência clara de homogeneização da estrutura de consumo e de preços. Quando se comparam as cestas alimentares por região metropolitana derivadas do Endef e da POF, observa-se uma maior semelhança de composição entre estas últimas, sendo que produtos alimentares de características marcadamente locais ou regionais têm uma participação decrescente, tanto quando se considera a ingestão energética como o valor da despesa. Na verdade, diferenciais de preços por produto se estreitaram de modo a justificar por si mesmos a homogeneização do consumo. Embora a produção de alguns importantes itens alimentares ainda seja localmente concentrada (caso do frango), os diferenciais de preço no varejo entre metrópoles tornaram-se geralmente muito baixos.[33]

---

[32] Ver nota 25.

[33] Em outubro de 1987, o preço médio do frango era Cz$55,5/kg em Belém e Cz$52,3/kg em Curitiba. Os complexos avícolas se concentravam em Santa Catarina e São Paulo, portanto, relativamente próximos de Curitiba e distantes de Belém.

Tabela 11

Derivação das linhas de pobreza para áreas urbanas e rurais — set. 1990

Regiões e estratos	Metrópoles (Cr$)	Coef.*	Urbano e rural (Cr$)	Valor (US$)
Norte				
Belém	4.825,49			63,81
Urbano		0,89	4.294,68	56,79
Nordeste				
Fortaleza	5.204,37			68,82
Recife	6.928,12			91,61
Salvador	7.953,76			105,17
Urbano		0,70	4.686,79	61,97
Rural		0,42	2.812,07	37,18
Rio de Janeiro				
Metrópole	8.329,39			110,14
Urbano		0,62	5.164,22	68,29
Rural		0,45	3.748,22	49,56
São Paulo				
Metrópole	8.875,29			117,36
Urbano		0,63	5.591,43	73,94
Rural		0,40	3.550,12	46,94
Minas Gerais/ Espírito Santo				
Belo Horizonte	6.844,84			90,51
Urbano		0,67	4.586,04	60,64
Rural		0,39	2.669,49	35,30
Sul				
Curitiba	7.133,75			94,33
Porto Alegre	4.952,58			65,49
Urbano		0,75	4.532,37	59,93
Rural		0,50	3.021,58	39,96
Centro-Oeste				
Brasília	8.515,34			112,60
Goiânia	8.091,79			106,99
Urbano**		0,67	6.149,76	81,32
Rural***		0,43	3.479,47	46,01

Fonte: Elaboração com base na POF/IBGE.

*Coeficientes relacionando o valor das linhas de pobreza das áreas não-metropolitanas ao valor das linhas de pobreza das metrópoles regionais (Fava, 1984).

**Relação é derivada de Goiânia.

***Estrato rural da região não foi investigado pelo Endef. O coeficiente foi calculado a partir da média dos coeficientes das demais áreas rurais.

Essa tendência de "nacionalização" dos padrões de consumo e de preços que se verifica nas regiões metropolitanas pode também ter ocorrido nas áreas rurais e nas demais áreas urbanas. A modernização agrícola, que vem se dando principalmente no Centro-Sul, está transformando o modo de vida rural em um modo de vida urbano nas áreas rurais. Além disso, a enorme capilaridade das redes de comunicação contribui para difundir os gostos e modismos adotados nas metrópoles, que se tornam modelos de consumo para todas as áreas e regiões do país.

Se essa homogeneização do consumo realmente ocorreu de forma generalizada no país — e, por enquanto, não existem informações estatísticas para validar ou não tal hipótese —, o uso dos coeficientes de custo derivados do Endef para estimar linhas de pobreza urbanas e rurais implica alguma subestimação desses valores.[34]

Os valores das linhas de indigência e de pobreza para o Brasil (1990-99)

A escolha básica para o estabelecimento de linhas de pobreza para 24 áreas no país consistiu em utilizar o consumo das famílias e os preços ao consumidor, de modo a levar em conta diferenças locais de custo de vida para os pobres. Embora seguindo de perto os procedimentos consagrados na literatura para estabelecer linhas de pobreza quando se dispõem de informações de pesquisa de orçamento familiar, as soluções adotadas aqui foram adaptadas às condições brasileiras em três aspectos principais.

Primeiramente, embora as necessidades nutricionais tenham servido de ponto de partida, dois conjuntos de parâmetros foram utilizados: as necessidades mínimas orientaram a determinação dos padrões de consumo alimentar, enquanto as recomendadas serviram de ponto de referência para o ajustamento das quantidades de cada produto. Portanto, a composição e o valor das cestas alimentares finais resultam de um

---

[34] O uso de coeficientes alternativos, definidos de forma arbitrária e utilizados em outros países, apresentou resultados insatisfatórios no Brasil. Simulações foram feitas com base em linhas de pobreza urbanas e rurais fixadas em, respectivamente, 90 e 75% do valor da linha ou linhas metropolitanas regionalmente relevantes. Os resultados obtidos a partir do uso das linhas de pobreza derivadas dos coeficientes observados no Endef e dos coeficientes referidos acima revelaram diferenças de ordenação das subáreas, no que concerne à incidência de pobreza. Os resultados associados às linhas de pobreza construídas a partir dos coeficientes do Endef refletiram de forma mais adequada as especificidades de desenvolvimento regional no Brasil e seus prováveis impactos sobre a pobreza.

procedimento híbrido. Sua utilização visa obter uma cesta alimentar que concilie a adoção das preferências do consumidor de baixa renda e o atendimento das necessidades nutricionais recomendadas a um custo compatível com a utilização da linha de pobreza como instrumento de mensuração e caracterização da pobreza no Brasil.

Em segundo lugar, os valores das despesas não-alimentares foram atualizados sem recorrer ao coeficiente de Engel. Ao invés de considerar a relação entre despesa alimentar e despesa total como constante ao longo do tempo, cada grupo de despesa teve o valor atualizado ano a ano segundo índices de preços ao consumidor específicos. Isso implica não levar em conta elasticidades-preço cruzadas entre grupos de produtos, as "quantidades" permanecendo constantes, da forma que é habitual considerar quando se trata da cesta alimentar. Essa opção parece especialmente adequada, pelo menos como alternativa à adoção do coeficiente de Engel. Ademais, é conveniente devido ao fato de que, especialmente nas áreas urbanas, certos grupos de despesas como habitação e transporte podem se tornar essenciais e, conseqüentemente, inelásticos a variações de preços no curto prazo. Nesse sentido, havendo informação de preços disponível, não há razão para tratar diferentemente a atualização dos valores das necessidades alimentares e não-alimentares.

Finalmente, em terceiro lugar, como inexistem informações recentes sobre consumo e preços nas áreas não-metropolitanas, não foi possível utilizar para elas o mesmo procedimento de estimação das linhas de pobreza metropolitanas. A alternativa adotada foi recorrer a parâmetros derivados do Endef, que refletem os diferenciais entre valores das linhas de pobreza metropolitanas e não-metropolitanas (urbanas e rurais) em cada região. Esse procedimento visando contornar a insuficiência de informações pode, eventualmente, gerar linhas de pobreza urbanas e rurais com valores mais baixos do que os que seriam obtidos utilizando informação direta atualizada. Apesar de haver indícios sobre a convergência de estruturas de consumo e preços ao consumidor para o conjunto das metrópoles, optou-se por não tentar fazer ajustes nesse sentido ao derivar linhas de pobreza não-metropolitanas, já que não há qualquer evidência empírica disponível.

As tabelas 12 e 13 apresentam, respectivamente, linhas de indigência e de pobreza, calculadas segundo o procedimento descrito para as 24 áreas de análise, detalhamento máximo permitido pela base de dados, ao longo do período 1990-99.[35] Esses serão os valores utilizados daqui em diante quando se tratar de analisar a incidência e as características da pobreza na década de 1990.

[35] Os valores relativos a 2001 encontram-se no posfácio.

Tabela 12

Linhas de indigência, segundo regiões e estratos

(1990-99 — preços correntes)

Regiões e estratos	Set. 1990 Cr$	Set. 1990 SM	Set. 1992 Cr$	Set. 1992 SM	Set. 1993 CR$	Set. 1993 SM	Set. 1995 R$	Set. 1995 SM	Set. 1996 R$	Set. 1996 SM	Set. 1997 R$	Set. 1997 SM	Set. 1998 R$	Set. 1998 SM	Set. 1999 R$	Set. 1999 SM
Norte																
Belém	2.383,29	0,39	119.564,54	0,23	2.383,91	0,25	27,26	0,27	27,18	0,24	25,92	0,22	27,08	0,21	28,11	0,21
Urbano	2.345,98	0,39	117.687,37	0,23	2.346,48	0,24	26,83	0,27	26,75	0,24	25,51	0,21	26,66	0,21	27,67	0,20
Nordeste																
Fortaleza	2.294,18	0,38	127.287,76	0,24	2.502,12	0,26	28,05	0,28	29,03	0,26	28,61	0,24	30,15	0,23	30,23	0,22
Recife	2.734,82	0,45	154.979,32	0,30	3.142,93	0,33	34,95	0,35	36,39	0,32	36,09	0,30	38,16	0,29	39,48	0,29
Salvador	2.625,39	0,43	145.448,28	0,28	3.143,10	0,33	33,54	0,34	35,69	0,32	34,53	0,29	36,20	0,28	36,67	0,27
Urbano	1.924,31	0,32	107.527,64	0,21	2.209,34	0,23	24,27	0,24	25,42	0,23	24,95	0,21	26,27	0,20	26,74	0,20
Rural	1.671,72	0,28	93.413,03	0,18	1.919,33	0,20	21,08	0,21	22,08	0,20	21,67	0,18	22,82	0,18	23,23	0,17
Minas Gerais/ Espírito Santo																
Belo Horizonte	2.333,97	0,39	126.686,39	0,24	2.541,46	0,26	26,42	0,26	28,59	0,26	28,64	0,24	30,22	0,23	31,05	0,23
Urbano	2.011,77	0,33	109.203,67	0,21	2.190,74	0,23	22,77	0,23	24,64	0,22	24,69	0,21	26,05	0,20	26,77	0,20
Rural	1.613,88	0,27	87.603,64	0,17	1.757,42	0,18	18,27	0,18	19,77	0,18	19,81	0,17	20,90	0,16	21,47	0,16
Rio de Janeiro																
Metrópole	2.956,89	0,49	176.719,68	0,34	3.421,49	0,36	36,40	0,36	38,93	0,35	39,21	0,33	41,24	0,32	41,86	0,31
Urbano	2.146,41	0,35	128.280,82	0,25	2.483,66	0,26	26,42	0,26	28,26	0,25	28,46	0,24	29,93	0,23	30,39	0,22
Rural	1.695,18	0,28	101.313,39	0,19	1.961,54	0,20	20,87	0,21	22,32	0,20	22,48	0,19	23,64	0,18	24,00	0,18
São Paulo																
Metrópole	2.888,54	0,48	169.012,68	0,32	3.330,06	0,35	36,31	0,36	38,63	0,34	38,86	0,32	40,02	0,31	41,39	0,30
Urbano	2.357,34	0,39	137.931,25	0,26	2.717,67	0,28	29,63	0,30	31,52	0,28	31,71	0,26	32,66	0,25	33,78	0,25
Rural	1.853,86	0,31	108.472,34	0,21	2.137,24	0,22	23,30	0,23	24,79	0,22	24,94	0,21	25,69	0,20	26,56	0,20

Continua

Regiões e estratos	Set. 1990		Set. 1992		Set. 1993		Set. 1995		Set. 1996		Set. 1997		Set. 1998		Set. 1999	
	Cr$	SM	Cr$	SM	CR$	SM	R$	SM	R$	SM	R$	SM	R$	SM	R$	SM
Sul																
Curitiba	2.172,81	0,36	125.484,48	0,24	2.550,57	0,27	26,93	0,27	28,32	0,25	27,88	0,23	28,93	0,22	29,75	0,22
Porto Alegre	2.421,07	0,40	143.955,58	0,28	2.863,51	0,30	27,63	0,28	29,05	0,26	29,68	0,25	31,33	0,24	33,17	0,24
Urbano	2.078,50	0,34	121.908,16	0,23	2.449,60	0,26	24,69	0,25	25,96	0,23	26,04	0,22	27,26	0,21	28,47	0,21
Rural	1.639,33	0,27	96.149,69	0,18	1.932,01	0,20	19,47	0,19	20,47	0,18	20,54	0,17	21,50	0,17	22,45	0,17
Centro-Oeste																
Brasília	2.536,84	0,42	134.623,43	0,26	2.781,75	0,29	27,86	0,28	29,59	0,26	29,13	0,24	30,99	0,24	31,44	0,23
Goiânia	2.409,49	0,40	130.621,31	0,25	2.704,05	0,28	27,15	0,27	28,56	0,25	28,39	0,24	30,43	0,23	31,09	0,23
Urbano	2.207,57	0,36	113.666,66	0,22	2.353,06	0,24	23,63	0,24	24,85	0,22	24,71	0,21	26,48	0,20	27,05	0,20
Rural	1.661,83	0,27	85.570,02	0,16	1.771,42	0,18	17,79	0,18	18,71	0,17	18,60	0,15	19,94	0,15	20,37	0,15

Fonte: Elaboração própria com base na POF/IBGE e SNIPC/IBGE.

SM = salário mínimo corrente.

Tabela 13

Linhas de pobreza, segundo regiões e estratos

(1990-99 — preços correntes)

Regiões e Estratos	Set. 1990		Ago. 1991		Set. 1992		Set. 1993		Set. 1995		Set. 1996		Set. 1997		Set. 1998		Set. 1999	
	Cr$	SM	Cr$	SM	CR$	SM	R$	SM	R$	SM	R$	SM	R$	SM	R$	SM	R$	SM
Norte																		
Belém	5.400,05	0,89	21.848,14	0,60	311.019,22	0,60	6.186,68	0,64	72,24	0,72	80,54	0,72	81,04	0,68	83,14	0,64	87,73	0,65
Urbano	4.707,22	0,78	19.483,03	0,54	271.115,45	0,52	5.392,93	0,56	62,97	0,63	70,21	0,63	70,64	0,59	72,47	0,56	76,48	0,56
Nordeste																		
Fortaleza	5.457,84	0,90	23.078,95	0,64	330.337,47	0,63	6.507,79	0,68	72,14	0,72	79,78	0,71	81,70	0,68	84,69	0,65	88,58	0,65
Recife	7.679,54	1,27	34.530,36	0,95	461.350,31	0,88	8.967,79	0,93	98,72	0,99	111,97	1,00	114,46	0,95	121,15	0,93	128,78	0,95
Salvador	7.200,02	1,19	28.690,26	0,79	408.973,02	0,78	8.400,93	0,87	92,37	0,92	102,94	0,92	106,07	0,88	109,32	0,84	114,93	0,85

Continua

Regiões e estratos	Set. 1990		Ago. 1991		Set. 1992		Set. 1993		Set. 1995		Set. 1996		Set. 1997		Set. 1998		Set. 1999	
	Cr$	SM	Cr$	SM	Cr$	SM	R$	SM	R$	SM	R$	SM	R$	SM	R$	SM	R$	SM
Urbano	4.783,36	0,79	20.297,85	0,56	282.395,42	0,54	5.615,76	0,58	61,91	0,62	69,31	0,62	71,08	0,59	74,13	0,57	78,15	0,57
Rural	2.885,20	0,48	12.253,07	0,34	170.333,75	0,33	3.387,28	0,35	37,34	0,37	41,81	0,37	42,88	0,36	44,71	0,34	47,14	0,35
Minas Gerais/ Espírito Santo																		
B. Horizonte	6.493,80	1,07	25.440,75	0,70	373.016,86	0,71	7.394,21	0,77	82,11	0,82	95,16	0,85	99,82	0,83	103,37	0,80	109,78	0,81
Urbano	4.365,78	0,72	17.104,38	0,47	250.779,23	0,48	4.971,13	0,52	55,20	0,55	63,98	0,57	67,11	0,56	69,50	0,53	73,81	0,54
Rural	2.584,53	0,43	10.125,89	0,28	148.460,71	0,28	2.942,89	0,31	32,68	0,33	37,87	0,34	39,73	0,33	41,14	0,32	43,69	0,32
Rio de Janeiro																		
Metrópole	7.466,55	1,23	30.487,01	0,84	449.740,34	0,86	9.134,81	0,95	99,21	0,99	113,34	1,01	119,78	1,00	125,85	0,97	130,74	0,96
Urbano	4.645,69	0,77	18.969,62	0,52	279.828,44	0,54	5.683,68	0,59	61,73	0,62	70,52	0,63	74,53	0,62	78,31	0,60	81,35	0,60
Rural	3.391,31	0,56	13.847,80	0,38	204.272,06	0,39	4.149,03	0,43	45,06	0,45	51,48	0,46	54,40	0,45	57,16	0,44	59,38	0,44
São Paulo																		
Metrópole	8.368,78	1,38	36.531,08	1,01	519.964,61	1,00	10.369,32	1,08	119,55	1,20	141,95	1,27	152,51	1,27	156,02	1,20	167,97	1,24
Urbano	5.347,65	0,88	23.343,12	0,65	332.257,39	0,64	6.626,00	0,69	76,39	0,76	90,71	0,81	97,46	0,81	99,70	0,77	107,33	0,79
Rural	3.364,25	0,56	14.684,69	0,41	209.025,77	0,40	4.168,47	0,43	48,06	0,48	57,06	0,51	61,31	0,51	62,72	0,48	67,52	0,50
Sul																		
Curitiba	6.538,40	1,08	25.449,52	0,70	364.165,55	0,70	7.437,07	0,77	80,69	0,81	90,85	0,81	95,04	0,79	98,81	0,76	106,55	0,78
Porto Alegre	5.005,30	0,83	19.890,63	0,55	294.534,41	0,56	5.966,84	0,62	62,28	0,62	69,60	0,62	73,02	0,61	76,75	0,59	83,51	0,61
Urbano	4.334,66	0,72	17.024,86	0,47	247.341,84	0,47	5.033,17	0,52	53,68	0,54	60,25	0,54	63,11	0,53	65,92	0,51	71,37	0,52
Rural	2.922,29	0,48	11.478,88	0,32	166.749,90	0,32	3.393,20	0,35	36,19	0,36	40,62	0,36	42,55	0,35	44,44	0,34	48,11	0,35
Centro-Oeste																		
Brasília	9.194,94	1,52	38.592,68	1,07	514.524,21	0,99	10.356,13	1,08	113,82	1,14	129,98	1,16	135,14	1,13	139,05	1,07	148,81	1,09
Goiânia	9.467,42		36.012,98	1,00	484.635,37	0,93	9.854,47	1,03	106,88	1,07	120,34	1,07	124,93	1,04	129,85	1,00	138,25	1,02
Urbano	7.208,50	1,19	27.421,40	0,76	369.001,37	0,71	7.503,19	0,78	81,38	0,81	91,63	0,82	95,12	0,79	98,87	0,76	105,26	0,77
Rural	4.140,10	0,68	15.748,55	0,44	211.931,05	0,41	4.309,36	0,45	46,74	0,47	52,62	0,47	54,63	0,46	56,78	0,44	60,46	0,44

Fonte: Elaboração própria com base na POF/IBGE e SNIPC/IBGE.

SM = salário mínimo corrente.

Opções metodológicas e valores das linhas de indigência (LIs) e de pobreza (LPs)

O quadro abaixo tem como objetivo ilustrar até que ponto opções metodológicas diversas têm o potencial de afetar os valores das LIs e das LPs, determinando os resultados que venham a ser obtidos sobre a incidência e o perfil da indigência e da pobreza no Brasil. Os dados se referem à metrópole de São Paulo, de modo que não sofreram as inevitáveis restrições quanto à disponibilidade de informações para a estimação de parâmetros relativos às áreas urbanas e rurais não-metropolitanas. Para estilizar a questão, derivaram-se valores para as LIs e as LPs escolhendo, a cada passo, as opções metodológicas extremas entre as apresentadas, isto é, aquelas que contribuem para obter os valores mais altos e mais baixos para a LI e a LP. Os efeitos acumulados de opções extremas quanto à necessidade energética média e à forma de estabelecer a cesta alimentar, que permitem atender a essas necessidades recomendadas, resultam em LIs cujo valor máximo é 50% superior ao mais baixo. Ao incorporar diferenças quanto à relação entre despesas alimentares e não-alimentares no ano-base, a LP mais elevada chega a ter valor 127% superior ao da alternativa mais baixa. Esse diferencial de valor para a LP implicaria obter, com base na Pnad 1987, proporção de pobres para a metrópole de São Paulo de, respectivamente, 11 e 42%. Vale ressaltar que esses diferenciais são atingidos sem levar em conta as opções metodológicas para a atualização dos valores dos parâmetros, expressos aqui a preços do ano-base da pesquisa de orçamento.

Simulação das opções extremas para o estabelecimento de LI e LP
(metrópole de São Paulo — outubro de 1987)

Opções extremas	Necessidades calóricas		Forma de estabelecimento da cesta alimentar		Valor da LI (Cz$ out. 1987)		Forma de determinação da despesa não-alimentar		Valor da LP (Cz$ out. 1987)
Que minimizam os valores	2.135 ↕	→	Ajuste de 90% para 100% do aporte calórico	→	793,85 ↕	→	Engel de 0,50 (arbitrário)	→	1.587,70 ↕
	Desvio 8,3% ↕				Desvio 49,8% ↕				Desvio 126,9% ↕
Que maximizam os valores	2.313	→	Cesta observada	→	1.188,98	→	Engel de 0,33 (observado)		3.602,97

Fonte de dados básicos: POF 1987/88.
Nota: O salário mínimo era de Cz$2.640,00.

Continua

É evidente que, na prática, dificilmente serão feitas opções metodológicas que impliquem, de forma consistente, a obtenção de valores máximos e mínimos para os parâmetros de valor, como esquematizado no exemplo. O importante a destacar aqui é que, em função das muitas possibilidades de escolha metodológica a cada etapa, as LIs e LPs estimadas refletem o consumo observado e o julgamento de valor do analista em proporções variáveis. Como conseqüência, tanto os parâmetros como os resultados obtidos de sua aplicação são únicos, prestando-se para análise em *cross-section* e de evolução temporal da incidência e caracterização da pobreza, tendo como referência as premissas utilizadas no estabelecimento dos parâmetros.

Nesse sentido, resultados sobre indigência e pobreza obtidos a partir do conjunto de parâmetros diversos, obviamente, não são comparáveis. Resultados "mais adequados" para descrever as condições de indigência e de pobreza no Brasil são aqueles que derivam dos parâmetros obtidos de forma mais "sensata", tendo em vista tanto os dados disponíveis, como as hipóteses adotadas para contornar as lacunas de informação. Comparações internacionais são necessariamente precárias, já que afetadas não só por opções metodológicas diversas na construção das LIs e LPs em cada país, como por diferenças nacionais quanto ao detalhamento e à especificação das bases de dados estatísticos.

Capítulo 4

Pobreza no Brasil: a trajetória de longo prazo (1970-99)

Preliminares

Desde 1970, ano-base para a trajetória que será examinada aqui, o país cresceu e se modernizou, a ponto de se situar hoje entre os de renda média em âmbito mundial, exibindo níveis de produto compatíveis com a garantia de condições de vida adequadas para todos. Com o aumento da renda, a incidência de pobreza absoluta declinou, mas se situa em níveis elevados em função da persistência da enorme desigualdade na distribuição de rendimentos (ver capítulo 2).

O objetivo deste capítulo é o de traçar um painel evolutivo da pobreza no país, considerando a trajetória de longo prazo, de 1970 a 1999, especificamente do ponto de vista da insuficiência de renda. Onde a economia é essencialmente monetária, como no Brasil, a pobreza pode ser entendida, pelo menos como ponto de partida, como insuficiência de renda. Como já se discutiu no capítulo 1, o procedimento habitual nesses casos consiste em recorrer à renda das famílias como *proxy* do seu nível de bem-estar, já que a satisfação de necessidades básicas, principalmente, no âmbito do consumo privado, depende da renda monetária. Como a produção para autoconsumo, assim como outras formas de consumo não-monetário, respondem por parcela marginal do consumo global, o atendimento às necessidades de alimentação, vestuário, habitação etc., assim como o bem-estar dele decorrente está diretamente associado à renda.

Com base no valor da renda, são consideradas pobres as pessoas cuja renda familiar *per capita* é inferior à linha de pobreza, valor definido de forma a refletir o custo de atendimento das necessidades básicas em determinado momento e lugar. Para a análise de longo prazo serão utilizadas linhas de pobreza derivadas do Endef, que embora desatualizadas em termos das estruturas de consumo que refletem, são úteis aqui por permitir acompanhar a evolução da pobreza durante um período extenso. A adoção de cestas de consumo mais atualizadas e com valores mais altos — como as derivadas da Pesquisa de Orçamentos Familiares (POF) — seria impraticável, por resultar em proporções de pobres muito elevadas em 1970.[36] A esse respeito vale registrar que as linhas

[36] O procedimento de derivação das linhas de indigência e de pobreza a partir da POF foi descrito no capítulo 3. A análise da evolução da pobreza na década de 1990, objeto dos capítulos 5 e 6, utilizará os parâmetros mais atuais e de valor mais elevado derivados da POF.

de pobreza derivadas da POF foram consideradas inviáveis como parâmetros no início de 1990, pois sua aplicação resultava em incidência de pobreza muito elevada, não operacional para fins de diagnóstico e orientação de política. Naquela ocasião, optou-se, como alternativa, por adotar as linhas de indigência correspondentes derivadas da POF, tanto para obter os indicadores de pobreza para as diferentes áreas brasileiras, como para estabelecer o perfil de pobres no Brasil (World Bank, 1995).

As linhas de pobreza derivadas do Endef

As linhas de pobreza adotadas na análise de longo prazo têm por base aquelas derivadas do Endef por Fava (1984), utilizando um procedimento semelhante ao descrito no capítulo 3.[37] As cestas, expressas originalmente a preços de 1974/75, tiveram seus valores ajustados para as datas de referência dos censos e das pesquisas nacionais por amostra de domicílios (Pnads). Os valores para o ano de 1999 para as áreas metropolitanas são fornecidos com o intuito de ilustrar os desvios em relação às linhas de pobreza derivadas a partir da Pesquisa de Orçamentos Familiares (POF/IBGE), realizada cerca de 10 anos depois. Esses desvios evidenciam mudança de padrão de consumo implicando, de maneira geral, a elevação real do custo de vida dos pobres. A adoção de linhas de indigência e de pobreza de valor progressivamente mais elevado significa incorporar cada vez mais aspectos de pobreza relativa ao parâmetro de renda.

Linhas de pobreza, segundo regiões metropolitanas derivadas do Endef e da POF — R$ set. 1999

Região metropolitana	LP - Endef	LP - POF	Desvio (%)
Belém	89,76	87,73	-2,26
Fortaleza	53,90	88,58	64,33
Recife	70,44	128,78	82,82
Salvador	74,93	114,93	53,38
Belo Horizonte	74,47	109,78	47,42
Rio de Janeiro	102,28	130,74	27,83
São Paulo	114,80	167,97	46,31
Curitiba	59,34	106,55	79,56
Porto Alegre	74,23	83,51	12,50
Brasília	80,11	148,81	85,76
Goiânia	—	138,25	—

O conjunto completo de linhas de indigência e de pobreza derivadas do Endef, expressas a preços de setembro de 1999, é apresentado no anexo 2.

[37] Para a descrição da metodologia utilizada para derivação de linhas de pobreza a partir do Endef, ver Rocha (1988b).

Para estabelecer as trajetórias de incidência de pobreza no longo prazo, de 1970 a 1999, foram utilizadas informações de rendimentos dos censos demográficos de 1970 e 1980, e, para o período posterior, aquelas da Pnad.[38] Como a incidência de pobreza do ponto de vista da renda depende não só do indicador da proporção de pobres, mas também daqueles relativos à intensidade da pobreza e à desigualdade de rendimento entre os pobres, serão apresentadas e discutidas as trajetórias desses indicadores, para o Brasil como um todo, e para os estratos de residência urbano, rural e metropolitano.

Indicadores de pobreza como insuficiência de renda

Estipuladas a distribuição da renda familiar *per capita* e a linha de pobreza para cada área de análise, os indicadores de pobreza como insuficiência de renda apresentados no texto têm como objetivo informar o nível e a evolução de diferentes aspectos relevantes do fenômeno. O índice proposto por Foster, Greer e Thorbecke (1984) tem a vantagem de atender às propriedades desejáveis,[39] sendo ao mesmo tempo de operacionalização relativamente simples. Assim, se as rendas *per capita* forem ordenadas, tais que

$$y_1 \leq y_2 \leq \dots y_q < z < y_q + 1 \leq \dots \leq y_n ,$$

onde z é a linha de pobreza, n é a população total e q o número de pobres, o índice de Foster, Greer e Thorbecke, chamado a seguir de *FGT*, pode ser expresso como:

$$FGT_\alpha = \frac{1}{n}\sum_{i=1}^{q}\left(\frac{z - y_i}{z}\right)^\alpha ; \alpha \geq 0$$

Portanto, o índice considera a intensidade da pobreza, expressa pela medida relativa do hiato de renda para cada um dos indivíduos pobres, $(z - y_i)/z$. Essa razão é potencializada por α, de acordo com a importância que se queira dar à intensidade da pobreza no índice. O somatório dos hiatos potencializados para toda a população pobre é normalizado pelo tamanho da população total.

Cabe notar que, conforme varia o valor α, a medida *FGT* assume características interessantes, a saber:

Continua

[38] A Pnad não realiza coleta na área rural da região Norte, exceto na área rural do estado de Tocantins. Os resultados derivados da Pnad apresentados ao longo do texto para o Brasil, estrato rural e região Norte excluem sempre os daquela subárea.

[39] Para os requerimentos axiomáticos a serem satisfeitos pelas medidas de pobreza enquanto insuficiência de renda, ver Haguenaars, 1986, p. 121-5.

- Quando $\alpha = 0$, a questão da intensidade da pobreza não é levada em consideração e o *FGT* torna-se igual à proporção de pobres na população total (H). Assim:

$$FGT_{\alpha=0} = \frac{q}{n} = H$$

Essa medida simples é o indicador mais conhecido de pobreza, mas pode ser criticada por limitar-se apenas ao número de pobres na população, sem levar em conta quão pobres eles são ou os aspectos ligados à desigualdade de renda entre eles.

- Quando $\alpha = 1$, leva-se em conta simultaneamente a proporção de pobres e a intensidade da pobreza através da razão do hiato de renda, que pode ser expressa alternativamente como

$$I = \frac{z - \bar{y}}{z}$$

onde $\bar{y}$ é a renda média dos pobres. Então

$$FGT_{\alpha=1} = H * I$$

Assim, embora essa medida seja melhor do que as suas componentes isoladamente, ela apresenta a desvantagem de não incorporar a desigualdade de renda entre os pobres, já que considera apenas a sua renda média.

- Quando $\alpha \geq 2$, também os aspectos da desigualdade de renda entre os pobres são levados em conta, já que se potencializam os valores dos hiatos de renda. Naturalmente, quanto maior for o valor de α, maior o peso atribuído ao componente de desigualdade de renda no indicador de pobreza.

Quando $\alpha \geq 2$, o indicador *FGT* considera simultaneamente os três aspectos da pobreza enquanto insuficiência de renda, isto é, a proporção de pobres, o hiato de renda e a desigualdade de renda entre os pobres. O *FGT* para $\alpha = 2$ foi referido no texto como hiato quadrático. Além das vantagens computacionais as quais não cabe aqui explicitar, esse índice sintético enriquece a análise evolutiva da pobreza enquanto insuficiência de renda, especialmente quando índices relativos a cada um dos três aspectos da pobreza apresentam evoluções em direções opostas, o que ocorre freqüentemente.

Uma visão de conjunto do período 1970-99

Utilizando as "cestas de consumo" baseadas no Endef, constantes na sua composição, mas ajustadas para a evolução dos preços ao longo do período 1970-99, obteve-se a trajetória da incidência de pobreza no Brasil do ponto de vista da renda. As tabelas e gráficos que se seguem apresentam os indicadores de proporção de pobres, hiato da renda e hiato quadrático para o período 1970-99. A esse respeito cabem algumas considerações de ordem geral.

Metodologicamente, o período 1970-80 se distingue dos demais porque para ele não se dispõe de informações anuais, mas apenas para os anos extremos com base nos censos demográficos. É importante lembrar ainda que as informações dos censos e das Pnads — estas últimas utilizadas para o período posterior a 1980 — não são rigorosamente comparáveis, já que, pela própria natureza de cada pesquisa, existe a tendência a uma maior subestimação dos rendimentos nos censos do que nas Pnads.[40]

Para o período a partir de 1981-99, são apresentados indicadores de rendimento com base na Pnad para a maioria dos anos. Para o subperíodo 1992-99, é apresentada no capítulo 5 uma trajetória alternativa dos indicadores de pobreza utilizando linhas de pobreza mais atualizadas, derivadas da POF 1987/88, de modo que os resultados nesta seção têm apenas o objetivo de compor o quadro evolutivo de longo prazo.

No que concerne à evolução geral, a proporção de pobres — indicador mais usual e de simples entendimento acerca da pobreza enquanto insuficiência de renda — apresenta uma forte queda entre 1970 e 1980, período do "milagre econômico". Oscila ao longo da década de 1980, em função dos movimentos de expansão e retração econômica típicos do período, o que permitiu, no entanto, alguma redução do indicador. A proporção de pobres para o país como um todo se situa em torno de 30% entre o final da década de 1980 até antes do Plano Real. A estabilização de preços trouxe de imediato, resultados importantes em termos de redução do indicador, que se mantém num novo patamar na segunda metade da década de 1990.

As proporções de pobres segundo estratos de residência mostram uma redução mais acentuada na área rural e uma tendência relativamente menos favorável nas áreas urbanas não-metropolitanas, que, na verdade, incluem uma gama muito diversificada de núcleos, tanto no que concerne às dimensões do ponto de vista demográfico, como no que diz respeito à complexidade das funções urbanas. Os diferenciais da proporção de pobres entre estratos de residência se reduzem no

---

[40] Cabe alertar que também existem problemas de comparabilidade dos censos entre si, já que o detalhamento progressivo dos itens de rendimento e algumas mudanças no processamento de dados têm permitido melhorar a captação dos valores da renda ao longo do tempo.

longo prazo, sendo que o empobrecimento relativo das metrópoles se explica tanto pela evolução menos favorável do indicador de proporção de pobres, como por sua trajetória demográfica. Em contrapartida, a queda significativa da participação das áreas rurais no número de pobres no país nesse intervalo de quase 30 anos — de 51%, em 1970, para 20%, em 1999 —, ocorre tanto pelo declínio mais acentuado da proporção de pobres nessas áreas, como pela urbanização da população brasileira. Em função dessas trajetórias, o número absoluto de pobres no país cai a quase a metade entre 1970 e 1999, de 61,1 milhões em 1970, para 32,9 milhões em 1999.[41] Vale observar que o número de pobres nas metrópoles manteve-se praticamente constante nos anos extremos — 11,5 milhões e 11,2 milhões, respectivamente —, em função do crescimento demográfico e do desempenho adverso da renda nessas áreas no final do período.

O segundo indicador de pobreza enquanto insuficiência de renda, cuja evolução de longo prazo é apresentada na tabela 15 e nos gráficos 4 e 5, a razão do hiato da renda, fornece uma medida de quão pobres são os pobres, isto é, qual o percentual do valor da linha de pobreza que separa a renda média dos pobres daquele parâmetro. No longo prazo, observa-se que, de maneira geral, o comportamento desse indicador acompanha o da proporção, isto é, quando ocorrem oscilações para mais ou para menos, a proporção de pobres e a razão do hiato variam no mesmo sentido. Isso evidencia que a redução ou aumento da pobreza enquanto insuficiência de renda no longo prazo não tem afetado apenas os indivíduos com renda em torno da linha da pobreza, mas aqueles na base da distribuição do rendimento familiar *per capita* de maneira generalizada.

Como no caso da proporção, o diferencial do indicador entre estratos de residência — urbano, rural e metropolitano — se reduz, havendo, inclusive, uma alteração das posições relativas: a área rural, onde no início do período a renda média dos pobres representava cerca de 45% do valor das linhas de pobreza (1 - 0,548 = 0,452), chega ao final do período com a menor razão do hiato, isto é, com rendas dos pobres que se aproximam mais dos valores das linhas de pobreza. Essa evolução favorável da área rural se deve a uma redução do número de famílias completamente alijadas da economia monetária, vivendo da produção de subsistência e praticando o escambo de produtos. No final do período, as razões do hiato nos três estratos se situam em níveis semelhantes, embora seja importante lembrar o uso de linhas de pobreza diferenciadas.

---

[41] Naturalmente, a correção de valores das linhas de pobreza num período de longo prazo apresenta as fragilidades inevitáveis associadas ao uso de índices de preços, especialmente em períodos de inflação alta.

Tabela 14

Proporção, número e participação de pobres na população total

(Brasil e estratos — 1970 e 1980-99)

	1970	1980	1981	1983	1985	1986	1987	1988	1989	1990	1992	1993	1995	1996	1997	1998	1999
Brasil	0,684	0,353	0,346	0,412	0,350	0,237	0,283	0,292	0,299	0,303	0,306	0,304	0,206	0,214	0,209	0,202	0,211
Número (mil)	61.138	41.297	41.053	51.190	46.116	31.847	37.260	39.178	40.938	41.970	43.027	43.277	30.438	31.994	31.756	30.973	32.892
Participação (%)	100,00	100,00	100,00	100,00	100,00	100,00	100,00	100,00	100,00	100,00	100,00	100,00	100,00	100,00	100,00	100,00	100,00
Brasil metropolitano	0,532	0,272	0,295	0,384	0,335	0,234	0,261	0,253	0,285	0,289	0,312	0,323	0,201	0,210	0,214	0,213	0,237
Número (mil)	11.478	9.069	10.829	15.123	14.014	10.051	10.565	10.286	11.925	12.261	13.524	14.156	9.084	9.513	9.947	9.887	11.245
Participação (%)	18,77	21,96	26,38	29,54	30,39	31,56	28,35	26,26	29,13	29,21	31,43	32,71	29,84	29,73	31,32	31,92	34,19
Brasil urbano	0,653	0,327	0,319	0,385	0,313	0,210	0,253	0,274	0,272	0,268	0,278	0,270	0,192	0,196	0,189	0,183	0,190
Número (mil)	18.179	14.830	15.596	19.883	17.269	11.874	15.085	16.903	17.347	17.483	19.033	18.835	14.065	14.726	14.445	14.162	14.935
Participação (%)	29,73	35,91	37,99	38,84	37,45	37,29	40,48	43,14	42,37	41,65	44,23	43,52	46,21	46,03	45,49	45,72	45,41
Brasil rural	0,786	0,456	0,442	0,487	0,427	0,284	0,367	0,379	0,372	0,393	0,367	0,356	0,247	0,267	0,252	0,235	0,226
Número (mil)	31.481	17.398	14.629	16.185	14.833	9.922	11.610	11.938	11.666	12.227	10.471	10.286	7.289	7.755	7.364	6.924	6.713
Participação (%)	51,49	42,13	35,63	31,62	32,15	31,15	31,16	30,60	28,50	29,13	24,33	23,77	23,95	24,24	23,19	22,35	20,41

Gráfico 2
Participação dos estratos no Brasil

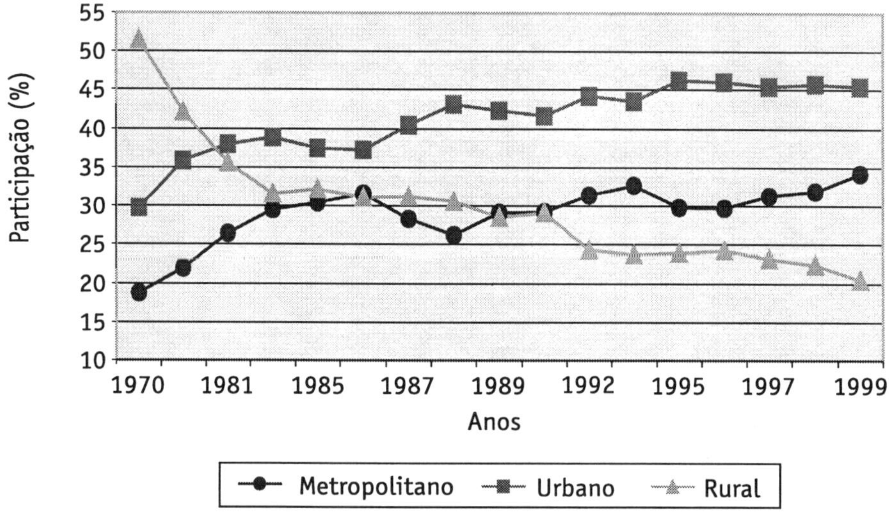

Gráfico 3
Proporção de pobres no Brasil

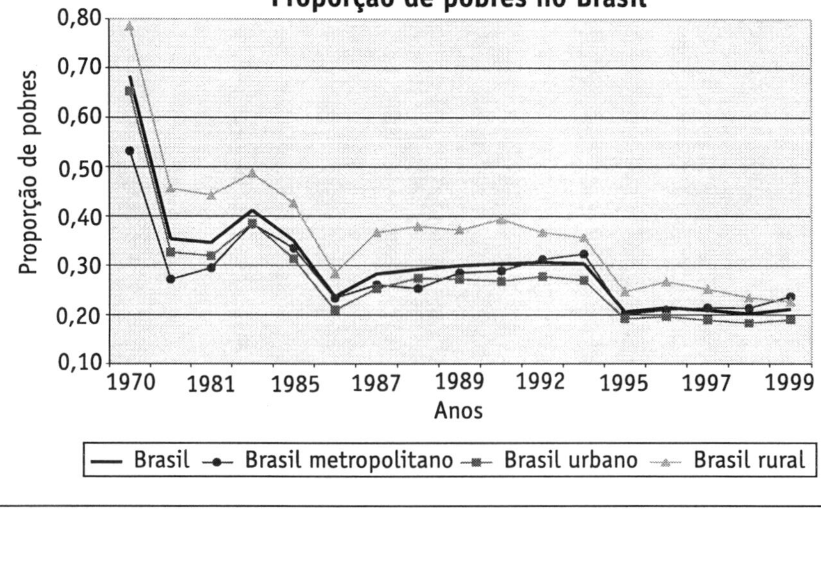

Tabela 15

Razão do hiato e participação da renda por estrato

(Brasil — 1970 e 1980-99)

	1970	1980	1981	1983	1985	1986	1987	1988	1989	1990	1992	1993	1995	1996	1997	1998	1999
Brasil	0,534	0,427	0,413	0,423	0,403	0,376	0,403	0,417	0,421	0,421	0,451	0,443	0,434	0,443	0,445	0,435	0,436
Participação (%)	100,00	100,00	100,00	100,00	100,00	100,00	100,00	100,00	100,00	100,00	100,00	100,00	100,00	100,00	100,00	100,00	100,00
Brasil metropolitano	0,497	0,388	0,417	0,437	0,414	0,379	0,393	0,409	0,410	0,423	0,435	0,433	0,427	0,435	0,443	0,450	0,439
Participação (%)	17,47	19,97	26,63	30,50	31,22	31,84	27,64	25,74	28,37	29,33	30,28	31,98	29,37	29,20	31,17	33,02	34,42
Brasil urbano	0,534	0,426	0,413	0,424	0,401	0,374	0,405	0,417	0,421	0,419	0,451	0,439	0,438	0,448	0,448	0,436	0,443
Participação (%)	29,73	35,79	38,02	38,89	37,27	37,10	40,66	43,23	42,35	41,43	44,20	43,17	46,62	46,49	45,86	45,80	46,08
Brasil rural	0,548	0,449	0,409	0,410	0,395	0,375	0,410	0,422	0,433	0,423	0,473	0,463	0,435	0,445	0,441	0,413	0,417
Participação (%)	52,80	44,24	35,35	30,60	31,51	31,06	31,69	31,02	29,28	29,24	25,52	24,84	24,01	24,31	22,97	21,19	19,50

Gráfico 4
Participação dos estratos no Brasil

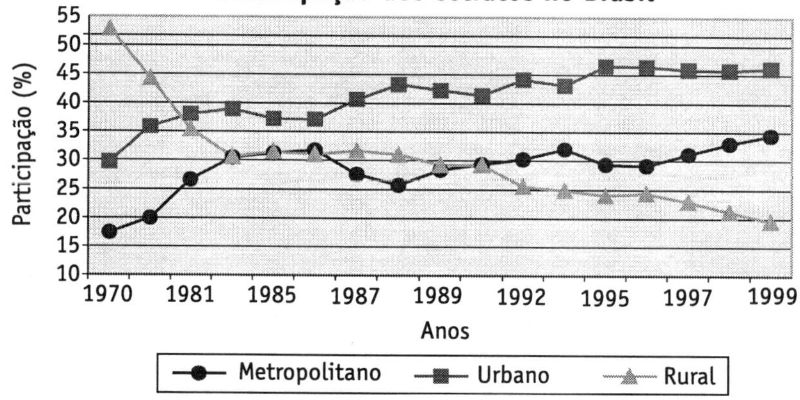

Gráfico 5
Hiato da renda do Brasil

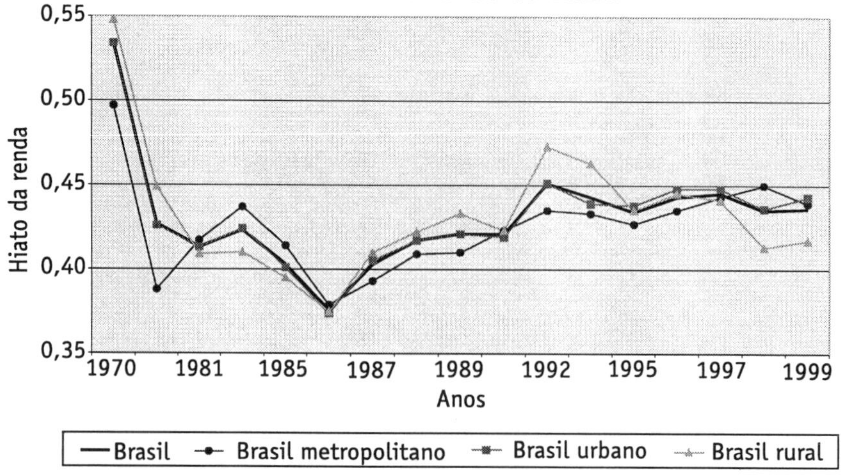

Tabela 16

Razão do hiato quadrático e participação na renda por estratos

(Brasil — 1970 e 1980-99)

	1970	1980	1981	1983	1985	1986	1987	1988	1989	1990	1992	1993	1995	1996	1997	1998	1999
Brasil	0,238	0,088	0,082	0,100	0,079	0,049	0,065	0,071	0,074	0,076	0,088	0,084	0,058	0,063	0,061	0,058	0,060
Participação (%)	100,00	100,00	100,00	100,00	100,00	100,00	100,00	100,00	100,00	100,00	100,00	100,00	100,00	100,00	100,00	100,00	100,00
Brasil metropolitano	0,165	0,059	0,073	0,100	0,079	0,049	0,058	0,061	0,068	0,073	0,084	0,086	0,055	0,060	0,063	0,064	0,067
Participação (%)	16,77	18,96	27,57	31,54	31,71	32,08	27,46	25,83	28,13	29,68	29,59	31,60	29,21	28,88	31,43	33,61	34,08
Brasil urbano	0,230	0,082	0,075	0,094	0,070	0,043	0,059	0,067	0,068	0,067	0,080	0,074	0,054	0,058	0,056	0,053	0,056
Participação (%)	30,20	35,93	37,93	39,01	37,28	37,20	40,96	43,25	42,53	41,58	44,47	43,27	46,92	46,59	46,16	46,22	46,98
Brasil rural	0,282	0,122	0,101	0,110	0,093	0,058	0,086	0,093	0,095	0,097	0,112	0,104	0,069	0,079	0,072	0,061	0,060
Participação (%)	53,02	45,11	34,50	29,45	31,01	30,71	31,61	30,91	29,34	28,74	25,94	25,13	23,87	24,53	22,40	20,17	18,94

Gráfico 6
Participação dos estratos no Brasil

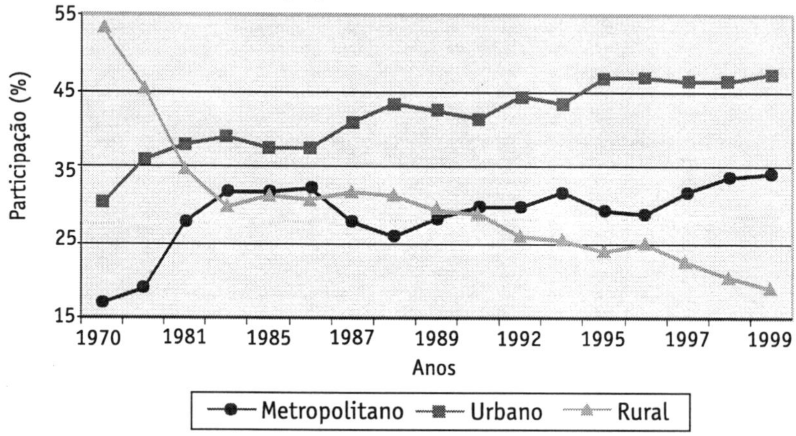

Gráfico 7
Hiato quadrático do Brasil

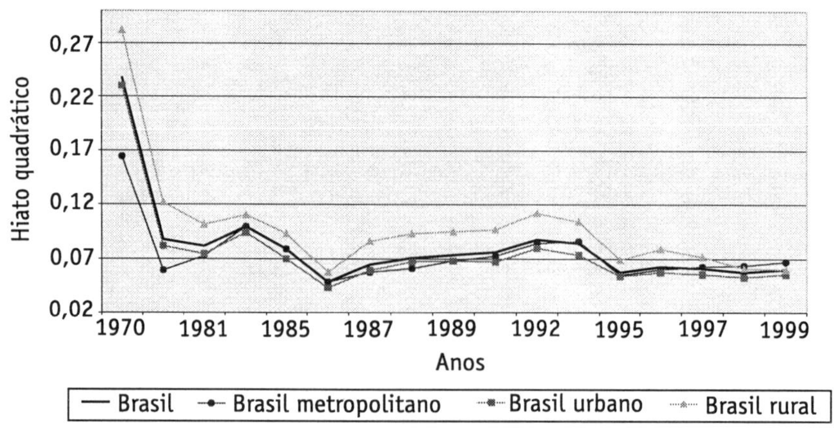

Finalmente, o hiato quadrático — indicador sintético que leva em conta, além da proporção e do hiato, o componente de desigualdade de renda entre os pobres — declina mais fortemente do que os dois outros indicadores no longo prazo (tabela 16 e gráficos 6 e 7). Isso é um bom resultado, significando que, em função da redução da freqüência de rendas zero e daquelas de valor muito baixo, pelo menos entre os pobres a desigualdade de renda vem diminuindo.

Nordeste, a região mais pobre

Um dos traços característicos da pobreza brasileira são as fortes diferenças regionais, com o Nordeste situando-se, reconhecidamente, na posição mais desfavorável. O percentual de pobres que se verifica na região no início do período atinge quase 87% da população da região, sendo que na área rural chega a 90%. No Nordeste como no Brasil, o aumento da renda nestes quase 30 anos resultou no declínio significativo da proporção de pobres entre 1970 e 1999. Essencialmente, as trajetórias de longo prazo da proporção de pobres mostram oscilações no mesmo sentido, no Nordeste e no Brasil. No entanto, existem diferenças na intensidade dessas oscilações, o que se reflete na participação da região no número total de pobres no Brasil (ver anexo 3).

Considerando, globalmente, Nordeste *versus* Brasil, depois de atingir a situação mais adversa no início da década de 1980 — quando os pobres nordestinos chegaram a representar 49,17% dos pobres brasileiros, em 1980 —[42] a participação do Nordeste no número de pobres do país oscila, chegando, em 1999, em condição ligeiramente menos favorável (40,23%) do que no início do período (38,54%, em 1970). De fato, tal resultado é um pouco mais adverso do que aparenta à primeira vista, já que a participação do Nordeste na população brasileira declina de 30,4%, em 1970, para 28,9%, em 1999. Nesse sentido, o progresso realizado na redução das desigualdades regionais no longo prazo foi nulo quando se considera esse indicador de pobreza. É importante destacar ainda o forte crescimento da participação do Nordeste na pobreza rural brasileira, que passa de 45,8%, em 1970, para 68,17%, em 1999. Assim, a pobreza rural nordestina se apresenta, em 1999, como o núcleo "duro" da pobreza no Brasil.

Continua

[42] Os dados de 1980 referem-se ao censo, e os de 1981 à Pnad; não sendo rigorosamente comparáveis quanto aos valores absolutos e às características da distribuição das rendas captadas.

Proporção e número de pobres no Nordeste, e participação da região no Brasil, segundo estratos — 1970 e 1999

	1970	1999
Nordeste total		
Proporção	0,867	0,294
Nº de pobres (mil)	23.562	13.233
Participação do Nordeste no Brasil (%)	38,54	40,23
Nordeste metropolitano		
Proporção	0,760	0,329
Nº de pobres (mil)	2.543	2.758
Participação do Nordeste no Brasil (%)	22,16	24,52
Nordeste urbano		
Proporção	0,845	0,285
Nº de pobres (mil)	6.602	5.899
Participação do Nordeste no Brasil (%)	36,32	39,50
Nordeste rural		
Proporção	0,901	0,288
Nº de pobres (mil)	6.602	5.899
Participação do Nordeste no Brasil (%)	45,80	68,17

O declínio da pobreza no período do "milagre brasileiro"

A década de 1970 marca o período do chamado "milagre brasileiro", quando o PIB apresentou uma taxa média de crescimento de 8,6% ao ano em termos reais, tendo havido substancial aumento da renda para todas as classes de rendimento. Dessa forma, não é surpreendente que a redução da pobreza absoluta tenha sido tão significativa. Para o país como um todo, a proporção de pobres caiu à metade, de 68% em 1970 para 35% em 1980, tendo ocorrido decréscimos da incidência de pobreza de forma sistemática em todas as regiões e estratos, independentemente de suas características específicas. O número de indivíduos com renda familiar *per capita* inferior às linhas de pobreza específicas declinou de 61,1 milhões, em 1970, para 41,3 milhões, em 1980, apesar de o crescimento da população ainda ter se situado no patamar elevado de 2,5% ao ano.

No entanto, o rápido crescimento da renda teve efeitos concentradores bem conhecidos. Por um lado, houve aumento da desigualdade de rendimento entre os indivíduos: o coeficiente de Gini passou de 0,56 em 1970 para 0,59 em 1980 (Bonelli & Ramos, 1993). Quando se utiliza o crivo pobres *versus* não-pobres, o aumento da desigualdade entre os dois grupos também fica evidente pela evolução das respectivas rendas familiares *per capita* médias. A dos não-pobres, que equivalia a 2,83 vezes a dos pobres, em 1970, passa a 5,20 vezes, em 1980. Por outro lado, houve claramente um aumento da desigualdade regional no que concerne à repartição da pobreza, já que foram as regiões mais desenvolvidas, onde se concentravam as atividades líderes do crescimento econômico, as que mais se beneficiaram da redução da pobreza no país.

Os dados da tabela 17 permitem observar que, embora a redução do número de pobres tenha ocorrido em todas as regiões e estratos, ela se deu de forma mais acentuada no Sudeste, em São Paulo, no Sul e no estrato rural. O efeito regional observado revela uma potencialização localizada do crescimento econômico, já que tanto São Paulo como todo o Sudeste tiveram reduzidas suas participações no PIB nacional e no da indústria, setor mais dinâmico no período.[43] Nesse sentido, a desconcentração industrial dos anos 1970 não foi capaz de reduzir a participação de pobres nas regiões menos desenvolvidas em geral, e no Nordeste, em particular. No que se refere à redução da participação da pobreza rural, ela se deve em parte à urbanização acelerada — a população rural se reduziu de 44 para 32% da população brasileira na década —, e, em parte, à modernização agrícola no Centro-Sul. No entanto, não houve mudanças passíveis de afetar as causas da pobreza rural onde ela é mais crítica. O Nordeste aumentou sua participação na pobreza rural brasileira de 46%, em 1970, para 61%, em 1980. Cabe observar que os resultados relativos ao Nordeste rural em 1980 estão afetados adversamente pela seca iniciada em 1979 e que perdurou até 1982.

Tabela 17

Número e participação de pobres, segundo regiões e estratos

(1970 e 1980)

Brasil, regiões e estratos	1970 mil	1970 %	1980 mil	1980 %
Norte/Centro-Oeste	6.028	9,86	5.091	12,33
Nordeste	23.562	38,54	20.305	49,17
Sudeste, exceto São Paulo	13.424	21,96	7.315	17,71
São Paulo	8.742	14,30	4.302	10,42
Sul	9.382	15,35	4.284	10,37

Continua

[43] A participação de São Paulo e de todo o Sudeste no PIB reduziu-se de, respectivamente, 39 e 65%, em 1970, para 37 e 62%, em 1980. A queda de participação no produto industrial foi mais acentuada, passando de 56 e 79%, em 1970, para 47 e 69%, em 1980 (IBGE, *Contas Nacionais*).

Brasil, regiões e estratos	1970		1980	
	mil	%	mil	%
Metropolitano	11.478	18,77	9.069	21,96
Urbano	18.179	29,73	14.830	35,91
Rural	31.481	51,49	17.397	42,13
Brasil	61.138	100,00	41.297	100,00

Fonte: IBGE, Censo Demográfico — 1970 e 1980 (tabulações próprias).

Há, portanto, evidências de que, apesar da queda generalizada dos índices de pobreza, ocorreu o agravamento da desigualdade regional no que concerne à repartição do número de pobres. Dito de outra forma, as maiores reduções de pobreza absoluta em termos do número de pobres durante a década se deram nas áreas onde a incidência de pobreza já era menor em 1970. Assim, a desigualdade crescente se manifesta não somente entre ricos e pobres em cada área, mas também entre áreas no que concerne à repartição do número de pobres no país, tendo como parâmetro de referência a repartição da população total.

Os dados da tabela 18 evidenciam a situação particular do Nordeste quanto à participação no número de pobres do Brasil e sua evolução no período 1970-80. Nos anos extremos, a região apresenta uma maior participação no número de pobres do que corresponderia à sua importância demográfica, ao contrário do que ocorre no Sudeste/Sul. O contingente populacional envolvido, assim como os desvios, são mais importantes do que os que se verificam no Norte/Centro-Oeste, ainda caracteristicamente regiões de fronteira.

Como resultado da evolução da década do "milagre", o Nordeste — que respondia por 39% dos pobres brasileiros, em 1970 — ingressou nos anos 1980 com praticamente a metade deles vivendo na região. No extremo oposto, São Paulo, pólo nacional do desenvolvimento, reduziu sua participação no número total de pobres, de 14 para 10%. Isso ocorreu apesar do atrativo que São Paulo representa junto aos migrantes e, conseqüentemente, da sua forte expansão demográfica no período. A taxa de crescimento demográfico do estado de São Paulo foi relativamente elevada na década, 3,4% ao ano, bem superior à taxa de 2,2% ao ano verificada no Nordeste. Fica claro, portanto, que o dinamismo econômico foi o fator determinante para os resultados favoráveis de São Paulo, permitindo absorver os contingentes de migrantes pobres, originários preponderantemente do Nordeste, e, ainda assim, reduzir a incidência de pobreza.

Tabela 18

Participação no número de pobres e na população, segundo regiões e estratos

(1970 e 1980)

Brasil, regiões e estratos	1970 Participação (%) Pobres	1970 Participação (%) População*	1970 Desvio	1980 Participação (%) Pobres	1980 Participação (%) População*	1980 Desvio
Norte/Centro-Oeste	9,86	9,31	0,55	12,33	11,29	1,04
Nordeste	38,54	30,37	8,17	49,17	29,25	19,92
Nordeste rural	23,58	17,90	5,68	25,55	17,90	10,98
Sudeste (exceto São Paulo)	21,96	23,63	-1,67	17,71	22,43	-4,71
São Paulo	14,30	18,88	-4,59	10,42	21,04	-10,62
Sul	15,35	17,81	-2,46	10,37	15,99	-5,62
Metropolitano	18,77	24,10	-5,33	21,96	28,57	-6,60
Urbano	29,73	31,14	-1,41	35,91	38,79	-2,88
Rural	51,49	44,75	6,74	42,13	32,65	9,48
Brasil	100,00	100,00		100,00	100,00	—

Fonte: IBGE, Censo Demográfico — 1970 e 1980 (tabulações especiais).

*Corresponde ao total de pobres e não-pobres, excluindo, portanto, os indivíduos em famílias sem informação de renda.

Os casos extremos de São Paulo e do Nordeste bem tipificam o que ocorreu na década, reforçando a dualidade regional no que concerne à pobreza. Por um lado, em um período de forte urbanização, o Nordeste foi a região que menos se "desruralizou", o que esteve relacionado com menores avanços na modernização agrícola e nenhuma alteração no quadro agrário. No final da década de 1970, o Nordeste rural aparece como a área de maior concentração de pobreza no Brasil. Por outro lado, em nível nacional e em função da urbanização, aumentou a contribuição das áreas urbanas e metropolitanas para a pobreza do país, sendo o desempenho das metrópoles relativamente melhor do que o das urbanas não-metropolitanas.[44] O Nordeste acompanha esta tendência nacional, com o estrato urbano

[44] Para os resultados completos por estratos, ver as tabelas e gráficos na seção "Uma visão de conjunto do período 1970-99", neste capítulo.

não-metropolitano apresentando a evolução mais adversa. Em todos os casos, o Nordeste mostra os piores resultados, aumentando, em conseqüência, sua participação no número de pobres no país.

A comparação da proporção de pobres para os dois anos de referência permite examinar o resultado de tendências distintas quanto à evolução demográfica e de número de pobres para subáreas de análise (tabela 19).

Tabela 19

Proporção de pobres (%), segundo regiões e estratos — 1970 e 1980

Brasil, regiões e estratos	1970	1980
Norte/Centro-Oeste	72,49	38,6
Nordeste	86,70	59,4
Sudeste (exceto São Paulo)	63,50	27,9
São Paulo	51,80	17,5
Sul	58,90	22,9
Metropolitano	53,20	27,2
Urbano	65,30	32,7
Rural	78,60	45,6
Brasil	68,40	35,3

Fonte: IBGE, Censo Demográfico — 1970 e 1980 (tabulações especiais).

Em relação à razão do hiato, os resultados obtidos para 1970 e 1980 (tabela 20) mostram que, também em relação a esse indicador, houve melhoria acentuada no período, com declínio da intensidade da pobreza em todas as regiões e estratos. Os pobres nordestinos não só são mais numerosos em relação à população da respectiva área, como são também "mais intensamente pobres", de modo que o Nordeste apresenta, tanto em 1970 como em 1980, os piores indicadores de hiato da renda.

Ainda em relação ao hiato, mais especificamente ao seu valor absoluto, é interessante verificar como o agregado evolui em relação à renda dos não-pobres (tabela 21). Em outras palavras, que parcela da renda dos não-pobres corresponderia ao valor necessário para elevar a renda *per capita* de todos os pobres ao nível da linha de pobreza relevante. Em 1970, para o país como um todo, o valor do hiato correspondia a 36% da renda dos não-pobres. Assim, seria necessário o equivalente a pouco mais de um terço da renda dos não-pobres para eliminar a pobreza do ponto de vista da renda, trazendo o rendimento *per capita* de todos os pobres ao nível da linha de pobreza. Naquele ano, a ocorrência de valores superiores a 100% no Nordeste[45] e no estrato rural caracteriza uma situação "africana" de pobreza generalizada, que nem toda a renda dos não-pobres das áreas específicas seria capaz de remediar.[46] Em 1980, em contrapartida, a relação se reduz drasticamente, situando-se em pouco mais de 5% para o país como um todo, resultado tanto da redução da proporção de pobres e da razão do hiato, como do aumento da renda dos não-pobres. Observa-se, ainda, nos casos extremos de Nordeste e São Paulo, um aumento da amplitude relativa dos indicadores entre 1970 e 1980, significando desigualdade crescente entre essas áreas quanto a componentes de pobreza absoluta (número e hiato da renda dos pobres) e relativa (proporção de pobres e renda dos não-pobres).

Tabela 20

Razão do hiato e participação, segundo regiões e estratos — 1970 e 1980

Brasil, regiões e estratos	1970		1980	
	Razão	Participação (%)	Razão	Participação (%)
Norte/Centro-Oeste	0,51	9,44	0,42	12,03
Nordeste	0,62	44,85	0,48	55,42
Sudeste (exceto São Paulo)	0,51	20,87	0,38	15,64
São Paulo	0,45	12,01	0,33	8,03
Sul	0,45	12,83	0,37	8,88
Metropolitano	0,50	17,61	0,39	19,84
Urbano	0,53	29,96	0,43	35,55
Rural	0,55	53,22	0,45	43,95
Brasil	0,53	100,00	0,43	100,00

Fonte: IBGE, Censo Demográfico — 1970 e 1980.

45 No Nordeste rural, o hiato absoluto correspondia a 338,2% ou mais de três vezes a renda total dos não-pobres.

46 É importante considerar que, devido à truncagem do valor das rendas mais elevadas no Censo Demográfico de 1970, o hiato absoluto como percentual da renda dos não-pobres incorpora alguma superestimação naquele ano.

Tabela 21

Hiato absoluto em relação à renda dos não-pobres (%), segundo regiões e estratos

(1970 e 1980)

Brasil, regiões e estratos	1970	1980
Norte/Centro-Oeste	58,7	7,6
Nordeste	156,9	22,4
Sudeste	25,1	3,2
São Paulo	15,9	1,7
Sul	22,1	2,4
Metropolitano	18,8	3,3
Urbano	38,2	5,3
Rural	105,8	13,0
Brasil	36,1	5,3

Fonte: IBGE, Censo Demográfico — 1970 e 1980.

Os valores da razão do hiato para 1980 evidenciam que a problemática da pobreza absoluta no Brasil se modificou radicalmente ao longo de apenas uma década. De fato, não caberia mais qualificar como pobre o país onde o hiato da renda corresponde a apenas 5,3% da renda dos não-pobres. Indicadores como os do Sudeste, de São Paulo e do Sul caracterizavam a pobreza absoluta, em 1980, essencialmente como uma questão distributiva e de gestão de política social. Fica evidente também que a concentração de pobreza no Nordeste demandava uma mobilização nacional para financiamento e implantação de políticas antipobreza nessa região.

Nenhum dos dois indicadores de pobreza básicos examinados até agora — a proporção de pobres e a razão do hiato — é capaz de captar o grau de desigualdade de rendimento entre os pobres como um dos aspectos relevantes da pobreza. O indicador sintético expresso pelo hiato quadrático, que leva em conta as três dimensões da pobreza enquanto insuficiência de renda, reduziu-se em função do declínio da proporção e do hiato (tabela 22), mas a desigualdade entre os pobres aumentou, tal como aconteceu com a desigualdade de renda entre as pessoas em geral. Nesse sentido, é possível afirmar que o componente de desigualdade entre os pobres teve papel desfavorável no contexto, em geral positivo, da evolução da pobreza absoluta entre 1970 e 1980.

Tabela 22

Hiato quadrático e participação, segundo regiões e estratos — 1970 e 1980

Brasil, regiões e estratos	1970 Hiato	1970 Participação (%)	1980 Hiato	1980 Participação (%)
Norte/Centro-Oeste	0,23	9,31	0,09	11,29
Nordeste	0,38	30,37	0,18	29,25
Sudeste	0,20	23,63	0,06	22,43
São Paulo	0,13	18,88	0,03	21,04
Sul	0,15	17,81	0,04	15,99
Metropolitano	0,16	24,10	0,06	28,57
Urbano	0,23	31,14	0,08	38,79
Rural	0,28	44,75	0,12	32,65
Brasil	0,24	100,00	0,09	100,00

Fonte: IBGE, Censo Demográfico — 1970 e 1980.

O período 1981-90

Trata-se do período marcado por fortes oscilações da conjuntura econômica, interrompendo a trajetória de crescimento do produto que ocorreu de forma sustentada desde 1947, ano em que se iniciaram os registros de contabilidade social no Brasil. Os ciclos de curto prazo, que caracterizaram a economia brasileira na década de 1980, deixaram como herança a mais baixa taxa de crescimento econômico verificada no pós-guerra — a renda *per capita* ficou praticamente estável entre 1981 e 1990 —, e os resultados só não foram piores devido à redução do ritmo de crescimento populacional. Embora desde a década de 1970 já houvesse consenso de que o crescimento econômico em si não é necessariamente capaz de reduzir a pobreza e, muito menos, a desigualdade de renda, é interessante observar como ao longo da década os movimentos de *stop and go* da economia afetaram o quinhão dos mais pobres.

Utilizando os dados da Pnad para 1981 e 1990, verifica-se que o número de pobres no país pouco se alterou. No entanto, a proporção de pobres reduziu-se de 34 para 30%, em parte em função dos resultados relativamente mais favoráveis para o Nordeste, cuja participação no número total de pobres no país declinou sensivelmente (tabelas 10 e 11). A respeito desses resultados, que contrariaram a sensação de empobrecimento da nação após a "década perdida", cabem dois comentários.

Tabela 23

Número e proporção de pobres, segundo regiões e estratos — 1981 e 1990

Brasil, regiões e estratos	1981		1990	
	Nº (mil)	Proporção (%)	Nº (mil)	Proporção (%)
Norte	1.541	47,88	2.220	43,24
Nordeste	20.119	56,52	18.903	45,83
Minas Gerais/Espírito Santo	4.575	29,21	5.075	28,46
Rio de Janeiro	2.938	25,55	3.803	30,49
São Paulo	5.019	19,55	5.129	16,84
Sul	4.108	21,36	4.357	20,13
Centro-Oeste	2.754	35,09	2.483	24,94
Metropolitano	10.829	29,47	12.261	28,86
Urbano	15.596	31,91	17.483	26,85
Rural	14.629	44,17	12.227	39,26
Brasil	41.053	34,58	41.970	30,25

Fonte: Pnad (tabulações especiais).

O primeiro é que, em função da data em que a pesquisa domiciliar foi a campo em 1981, a redução da proporção de pobres no período deve ter sido mais acentuada do que mostram os resultados, já que existe alguma subestimação do número de pobres em 1981. A coleta tardia da Pnad, após o reajuste do salário mínimo naquele ano, resulta em captar rendas mais elevadas, reduzindo em alguma medida os indicadores de pobreza. Inversamente, o fato de que em 1981 o Nordeste se encontrasse em período de seca contribuiu para tornar os resultados da região para 1990 comparativamente mais favoráveis. Quanto a este segundo efeito, vale observar que os resultados comparados da proporção de pobres no país em 1981 e em 1990 mostram uma redução, mesmo quando se exclui a região Nordeste: 25,2% em 1981 e 23,6% em 1990.

O segundo comentário é que a sensação de empobrecimento, na época tão alardeada, pode ser em parte imputada ao estancamento do processo de melhoria da renda e de forte mobilidade social, que vinha ocorrendo simultaneamente com a urbanização e a modernização do país. O impacto do *stop and go* da economia, especialmente acentuado sobre os estratos urbanos e metropolitanos das regiões

Tabela 24

Participação no número de pobres e na população total, segundo regiões e estratos — 1981 e 1990

Brasil, regiões e estratos	1981 Participação (%) Pobres	1981 Participação (%) População*	1981 Desvio	1990 Participação (%) Pobres	1990 Participação (%) População*	1990 Desvio
Norte	3,75	2,71	1,04	5,29	3,70	1,59
Nordeste	49,01	29,98	19,03	45,04	29,73	15,31
Minas Gerais/ Espírito Santo	11,14	13,19	-2,05	12,09	12,85	-0,76
Rio de Janeiro	7,16	9,69	-2,53	9,06	8,99	0,07
São Paulo	12,22	21,62	-9,40	12,22	21,95	-9,73
Sul	10,01	16,20	-6,19	10,38	15,60	-5,22
Centro-Oeste	6,71	6,61	0,10	5,92	7,18	-1,26
Metropolitano	26,38	30,94	-4,57	29,21	30,62	-1,41
Urbano	37,99	41,16	-3,17	41,65	46,93	-5,28
Rural	35,63	27,89	7,74	29,13	22,45	6,68
Brasil	100,00	100,00	—	100,00	100,00	—

Fonte: Pnad (tabulações especiais).

*Corresponde ao total de pobres e não-pobres, excluindo, portanto, indivíduos em famílias sem informação de renda.

mais dinâmicas do país, afetou a todos de forma direta ou indireta, tanto devido ao comportamento da renda, como pela clara redução do investimento público na área social.

Esses resultados globais envolvem situações locais diferenciadas. A situação de pobreza no Rio de Janeiro e no Centro-Oeste claramente se deteriorou ao longo da década. No primeiro caso, esse fato esteve associado ao esvaziamento econômico do estado. No segundo, à atratividade da nova fronteira agrícola, causando forte imigração. O Nordeste, embora permaneça com as proporções de pobres mais elevadas do país, apresenta o melhor desempenho regional na redução da pobreza no período. Levando em conta explicitamente as evoluções populacionais diferenciadas (tabela 23), o Nordeste reduziu a participação na pobreza brasileira, estreitando o diferencial entre as participações na população total e no número de pobres do país.

Tabela 25

Razão do hiato e participação, segundo regiões e estratos
1981 e 1990

Brasil, regiões e estratos	1981 Razão	1981 Participação (%)	1990 Razão	1990 Participação(%)
Norte	0,427	3,89	0,459	5,77
Nordeste	0,446	52,99	0,447	47,80
Minas Gerais/Espírito Santo	0,372	10,05	0,391	11,24
Rio de Janeiro	0,398	6,91	0,399	8,58
São Paulo	0,368	10,91	0,387	11,25
Sul	0,359	8,71	0,393	9,69
Centro-Oeste	0,403	6,55	0,404	5,67
Metropolitano	0,417	26,63	0,423	29,33
Urbano	0,413	38,02	0,419	41,43
Rural	0,409	35,35	0,423	29,24
Brasil	0,413	100,00	0,421	100,00

Fonte: Pnad (tabulações especiais).

A estagnação da renda na década não permitiu melhoria da razão do hiato da renda, que aumentou ligeiramente no período, significando que os pobres tiveram sua renda média um pouco reduzida em relação ao valor da linha de pobreza (tabela 25). Assim, se em 1981 a renda média dos pobres correspondia a 59% do valor da linha de pobreza, passou a corresponder a 58% em 1990. Os resultados menos adversos ocorreram no Nordeste, que teve sua participação na razão do hiato do Brasil diminuída no período, o que foi determinado em grande parte pela melhoria da renda rural. Os resultados relativos ao hiato quadrático variam em função do comportamento da proporção e do hiato em cada região, mas o declínio observado para o resultado nacional reflete apenas a redução da proporção, já que a desigualdade entre os pobres se agrava, embora apenas ligeiramente (tabela 26).

As poucas alterações nos indicadores para os anos extremos mascaram a principal característica da década, as oscilações econômicas de curto prazo, afetando o nível de renda e a incidência de pobreza. A esse respeito cabe comentar o ocorrido em 1983 e 1986, respectivamente, o ano mais crítico e o mais favorável do período.

Tabela 26

Hiato quadrático, segundo regiões — 1981 e 1990

Brasil, regiões e estratos	1981 Razão	1981 Participação (%)	1990 Razão	1990 Participação (%)
Norte	0,118	3,90	0,120	5,89
Nordeste	0,147	53,88	0,123	48,40
Minas Gerais/ Espírito Santo	0,059	9,45	0,063	10,72
Rio de Janeiro	0,060	7,09	0,070	8,30
São Paulo	0,042	11,00	0,039	11,46
Sul	0,042	8,33	0,047	9,66
Centro-Oeste	0,079	6,35	0,059	5,58
Metropolitano	0,073	27,57	0,073	29,68
Urbano	0,075	37,93	0,067	41,58
Rural	0,101	34,50	0,097	28,74
Brasil	0,082	100,00	0,076	100,00

Fonte: Pnad (tabulações especiais).

Em 1983, ano em que ocorreu pela segunda vez queda do produto real nacional, o ajuste recessivo teve efeito evidente sobre a proporção de pobres, que atingiu o nível mais elevado da década, 41,2% (ver tabela 14 e gráfico 3). O efeito da recessão aparece amortecido no Nordeste a proporção de pobres passa de 56,5%, em 1981, para 57,2%, em 1983 —, o que se deve a duas razões. Por um lado, o fim da seca, que tinha afetado adversamente os resultados de 1981. Por outro, o próprio subdesenvolvimento econômico da região, que resulta em menor propagação dos efeitos de crises centradas no núcleo dinâmico da economia, como foi o caso do início da década de 1980. Assim, em 1983, a participação do Nordeste na pobreza do país diminui, pois o impacto adverso se dá de forma mais acentuada nas regiões e áreas modernizadas, onde é mais rápido o ajuste das unidades produtivas em termos de composição da produção, mudança tecnológica e racionalização de custos de modo geral, afetando diretamente a renda da mão-de-obra menos qualificada. Nas regiões/áreas menos desenvolvidas, o empobrecimento devido à crise recessiva tende a ser essencialmente reflexo, resultado da perda de dinamismo em nível nacional, além de amortecido pelas características de inserção da população no mercado de trabalho. Nesse sentido, os pobres nordestinos, principalmente o grande contingente de pobres rurais vinculados a atividades de quase subsistência, foram menos afetados pela crise de 1983.

Em 1986, a implementação do programa de estabilização monetária — o Plano Cruzado — teve efeitos importantes sobre os índices de pobreza daquele ano, seja pela estabilização em si, que tende a permitir maiores ganhos de renda na base da distribuição de rendimentos, seja por medidas associadas ao programa, como o abono salarial e o reajuste do salário mínimo acima das perdas inflacionárias. Como conseqüência, a proporção de pobres que já vinha declinando em função da retomada do nível de atividade desde 1984 caiu mais fortemente, de 35%, em 1985, para 23,7%, em 1986, no país como um todo. No entanto, da mesma forma que o impacto da crise econômica de 1983 foi atenuado no Nordeste, o mesmo ocorreu nesse período de expansão econômica, o que levou a um aumento da participação do Nordeste na pobreza brasileira em 1996 (tabela 27).

Tabela 27

Efeitos atenuados das flutuações conjunturais de 1983 e 1986 sobre a incidência de pobreza no Nordeste

Brasil e Nordeste	Proporção de pobres		
	1981	1983	1986
Nordeste	0,565	0,572	0,368
Brasil	0,345	0,412	0,237
Participação do Nordeste no Brasil (%)	56,52	41,08	45,86

Fonte: Pnad (tabulações especiais).

Os efeitos do Plano Cruzado sobre os preços e sobre a renda foram de curta duração, de modo que já em 1987 os ganhos em termos de redução da pobreza tinham sido em boa parte revertidos. A proporção de pobres se agrava de forma moderada, mas contínua, no final da década, se estabilizando em 30% entre 1989 e 1992. De novo, são as áreas modernas do Centro-Sul, em particular São Paulo, as mais atingidas pela reestruturação do setor industrial.

Finalmente, cabe ressaltar que a pobreza tornou-se crescentemente urbana no período. Em 1990, mais de 2/3 dos pobres brasileiros viviam em áreas urbanas (metropolitanas e não-metropolitanas). A pobreza metropolitana aumenta e a participação das metrópoles primazes — São Paulo e Rio de Janeiro — no número de pobres do país passa de 13,2%, em 1981, para 15,46%, em 1990. No Nordeste, entretanto, os pobres rurais ainda representavam 42% dos pobres em 1990. No final do subperíodo estão claramente caracterizados dois pólos críticos da pobreza brasileira, a pobreza rural nordestina e a das metrópoles primazes do Rio de Janeiro e de São Paulo. A especificidade de que se reveste a pobreza em cada um desses dois pólos evidencia a complexidade da problemática no Brasil.

Pobreza metropolitana e a repartição dos pobres entre núcleo e periferia

Quando, ao final da década de 1960, foram definidas e delimitadas as regiões metropolitanas brasileiras, o objetivo era o de criar unidades espaciais que pudessem ser entendidas na especificidade de suas funções urbanas e monitoradas com atenção especial devido à sua crescente importância populacional, socioeconômica e política. Essa mobilização em torno da questão metropolitana se deu quando o crescimento demográfico brasileiro atingia o seu ápice na década de 1970, a que correspondeu também o ritmo mais forte de metropolização. O conjunto das metrópoles, que concentravam 17% da população brasileira em 1950, já era responsável por 29%, em 1980.

Ao forte crescimento populacional também correspondeu o empobrecimento relativo, uma vez que parte dos grandes contingentes de migrantes afluindo às metrópoles era formada por pobres rurais, os quais se transformavam em pobres metropolitanos. Em conseqüência, falou-se de "metropolização da pobreza" (Tolosa, 1991), na medida em que parcela crescente dos pobres brasileiros passava a se concentrar nas metrópoles.

Embora o crescimento demográfico metropolitano tenha se atenuado na década 1980-91, mantendo estável a participação das metrópoles no total da população brasileira, o acompanhamento do que ocorre nas metrópoles brasileiras, em particular no que concerne à pobreza, manteve-se relevante. Por um lado envolvia, em 1990, um contingente de pobres de mais de 12 milhões de pessoas, sujeitas a limitações bem específicas da sua condição de vida. Assim, numa economia essencialmente monetária, as famílias mais pobres metropolitanas pouco podem recorrer à autoprodução e aos rendimentos *in natura* para prover a sua subsistência, o que é agravado por vínculos sociais (especialmente, familiares) mais tênues do que em áreas rurais e em centros urbanos menores. Ademais, a alta densidade populacional exige boa infra-estrutura urbana — transporte e saneamento básico, sobretudo —, fazendo com que a ocorrência de carências nesse particular torne as condições de vida dos mais pobres especialmente adversas. A maior exposição dos indivíduos aos meios de comunicação, a maior heterogeneidade cultural e os contrastes de riqueza, renda e poder geram inconformismo com o *status quo* de pobreza e desigualdade, potencialmente desestabilizador do sistema socioeconômico e político.

Os dados apresentados na tabela A permitem algumas constatações. A primeira é que existe — da mesma forma que para o país como um todo — um padrão regional relativo à incidência de pobreza metropolitana no Brasil. A proporção de pobres é mais elevada no Norte e no Nordeste, reduzindo-se, paulatinamente, em direção ao Sul do país. Essa proporção é explosiva nas metrópoles nordestinas no início da década devido a um fenômeno climático de alcance regional, a seca.

Continua

Tabela A

Proporção de pobres (%), segundo regiões metropolitanas — 1981 e 1990

Região metropolitana	1981	1990
Belém	50,9	43,2
Fortaleza	54,0	41,3
Recife	55,6	47,4
Salvador	43,1	38,0
Belo Horizonte	31,3	29,6
Rio de Janeiro	27,2	32,2
São Paulo	22,0	21,6
Curitiba	17,4	12,2
Porto Alegre	17,9	20,9
Total	29,1	28,9

Fonte: Pnad (tabulações especiais).

A segunda observação concerne à virtual estabilidade da proporção de pobres em torno de 29%, o que revela que não houve agravamento da pobreza metropolitana como um todo ao longo da década, pelo menos, quando a proporção de pobres é tomada como indicador. Apesar de algumas alterações de *ranking*, a metrópole onde ocorre a maior incidência de pobreza continuou a ser Recife, mantendo-se Curitiba na posição mais favorável. A evolução perversa do Rio de Janeiro é especialmente digna de nota, tendo afetado os resultados globais devido à sua importância demográfica como segunda metrópole primaz.

Por último, cabe chamar a atenção para o fato de que as informações disponíveis não permitem associar a evolução da pobreza metropolitana ao crescimento populacional. Para ilustrar esse ponto, basta lembrar que uma das metrópoles que mais cresceu ao longo da década, Curitiba (3,02% ao ano), continuou apresentando a menor incidência de pobreza. Por outro lado, no Rio de Janeiro, cujo crescimento demográfico foi inferior à evolução vegetativa da população brasileira na década (1,93% ao ano), verificou-se um alarmante agravamento da pobreza.

A proporção de pobres calculada quando cada metrópole é subdividida entre município-núcleo e o conjunto de municípios da periferia permite melhor espacializar a pobreza, além de evidenciar aspectos interessantes da dinâmica metropolitana no Brasil (tabela B).

Continua

Tabela B

Proporção de pobres (%), segundo regiões metropolitanas, núcleo e periferia, exceto Belém — 1990

Região metropolitana	Total	Núcleo	Periferia
Recife	48	42	54
Fortaleza	41	38	53
Salvador	39	36	59
Rio de Janeiro	33	25	41
Belo Horizonte	29	23	39
São Paulo	22	21	25
Porto Alegre	21	15	24
Curitiba	12	6	21

Fonte: Rocha & Tolosa (1993).

Como é do conhecimento geral e propalado na literatura internacional como característica das metrópoles do Terceiro Mundo, a proporção de pobres é sistematicamente mais elevada nas periferias que nos núcleos. Nas metrópoles nordestinas, a proporção média mais elevada implica proporções superiores a 50% de pobres na periferia. As duas metrópoles primazes apresentam situações bem diferenciadas a esse respeito, sendo que os elevados 41% na periferia do Rio de Janeiro decorrem, possivelmente, da periferização combinada ao empobrecimento da metrópole como um todo durante a década de 1980. Curitiba revela uma proporção de pobres na periferia não muito distante da observada em São Paulo e em Porto Alegre, o que implica, conseqüentemente, grande diferença nas proporções obtidas para o núcleo e para a periferia.

Quanto maior o desvio relativo entre as proporções nas duas subáreas, mais marcante a periferização da pobreza, entendida não necessariamente como um processo, mas como um padrão de repartição da pobreza entre as duas subáreas da metrópole. Uma forma alternativa de visualizar esse fenômeno é considerar de que modo o número total de pobres de cada metrópole se distribui entre núcleo e periferia, em confronto com a população total (tabela C). Além de evidenciar a importância populacional do núcleo, predominante na maioria das metrópoles, tal procedimento torna patente a existência de situações bem diferenciadas quanto à repartição da pobreza entre núcleo e periferia.

Continua

Tabela C

Repartição da população total e da população pobre entre núcleo e periferia (%), segundo regiões metropolitanas — exceto Belém 1990

Região metropolitana	% da população total no núcleo	% do total de pobres no núcleo	Desvio (%)
Salvador	84,8	77,3	9,7
Fortaleza	79,0	73,6	7,3
São Paulo	63,7	60,2	5,8
Belo Horizonte	63,5	51,1	24,3
Curitiba	62,2	33,8	84,0
Rio de Janeiro	61,7	39,2	31,9
Recife	46,4	40,1	15,7
Porto Alegre	43,8	32,6	34,3

Fonte: Rocha & Tolosa (1993).

O grau de periferização da pobreza parece associar-se ao que pode ser denominado "ciclo de vida" das metrópoles, caracterizado por fases distintas do desenvolvimento produtivo e da dinâmica urbana. Na primeira fase, na qual se situam as metrópoles nordestinas, ocorre maior incidência de pobreza — ou seja, maior proporção de pobres na população total — mas há menor desigualdade na repartição da subpopulação pobre entre núcleo e periferia: a periferização é, pois, incipiente. O desenvolvimento econômico e urbano da metrópole acarreta adensamento da ocupação do núcleo, elevação dos valores mobiliários e a conseqüente expulsão dos pobres para a periferia. Nessa segunda fase, há crescente periferização da pobreza, em descompasso com a repartição da população total entre núcleo e periferia. Na terceira fase, a progressiva saturação do núcleo induz a realocação na periferia de atividades nobres e dinâmicas, evitando deseconomias de aglomeração, o que estimula o movimento da população na mesma direção. Em conseqüência, a periferia deixa de ser o local dos pobres e volta a haver uma equalização da repartição dos pobres entre núcleo e periferia, acompanhando a repartição da população total entre as duas subáreas. Esse estágio, já atingido por São Paulo, evoluiu freqüentemente, em metrópoles do Primeiro Mundo, para a suburbanização, concomitante à decadência do núcleo.

O período 1992-99

O período é marcado pela forte queda da incidência de pobreza, devida ao sucesso do plano de estabilização de 1994, o Plano Real. As tendências evolutivas serão apenas esboçadas aqui para compor o painel de longo prazo, já que o período, analisado com mais detalhe tendo por base linhas de pobreza atualizadas, é objeto específico do capítulo 5.

A proporção de pobres se reduz de forma drástica de 30 para 20% entre 1993 e 1995 no Brasil, resultado do seu declínio generalizado em todas as regiões e estratos do país (tabela 14).[47] Além da queda acentuada da proporção de pobres, como resultado da estabilização, é interessante notar também a redução da razão do hiato, evidenciando que o seu impacto não se deu apenas sobre aqueles com renda próxima à linha de pobreza, mas para todo o espectro de pobres (tabela 15). Na verdade, os dados de 1995, quando comparados aos de 1993, mostram ganhos mais fortes na base da distribuição: foi de 100% o aumento da renda real das pessoas que se situavam no décimo mais baixo da distribuição de rendimentos. Os efeitos positivos imediatos sobre o número de pobres são mais marcantes nas áreas metropolitanas, que reduzem sensivelmente sua participação na pobreza nacional, logo após a estabilização em 1995. À inflexão pronunciada inicial de todos os indicadores de pobreza, segue-se sua estabilização no novo patamar, o que encobre pelo menos duas evoluções distintas, a piora relativa dos indicadores nas áreas metropolitanas e a melhoria relativa nas áreas rurais.

Gráfico 8

Evolução da proporção de pobres no Brasil, com base em linhas de pobreza derivadas do Endef e da POF

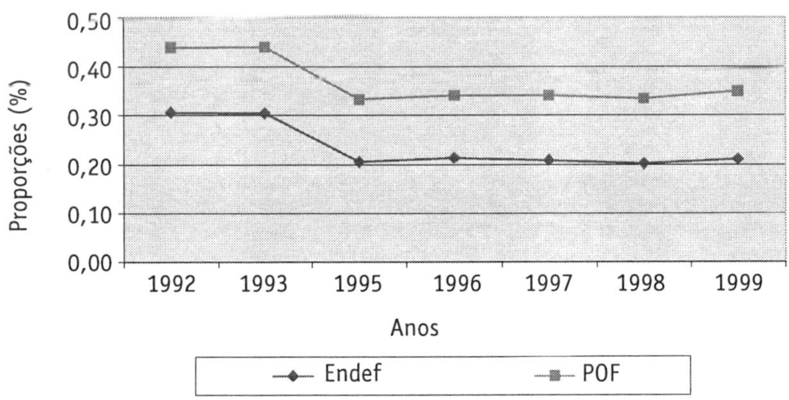

[47] Cabe lembrar que, excepcionalmente, a Pnad não foi realizada em 1994, de modo que comparações nacionais sobre os efeitos da estabilização são feitas com base nas informações de 1993 e 1995. Para estimativas com base na PME, limitada a seis regiões metropolitanas cobertas pela pesquisa, ver Rocha (1996b).

Essas tendências evolutivas são robustas para linhas de pobreza baseadas em estruturas de consumo mais recentes, derivadas da POF. Os valores dessas linhas são, naturalmente, mais elevados do que os daquelas derivadas do Endef, já que incorporam as escolhas das famílias pobres frente a novos bens e serviços, influenciadas pelo efeito demonstração do consumo dos grupos de renda mais alta.[48] O gráfico 8 apresenta a evolução da proporção de pobres no Brasil com base nos dois conjuntos de parâmetros.

[48] O anexo 3 apresenta os valores das linhas de indigência e de pobreza derivados com base na estrutura de consumo do Endef para 1999. Para uma descrição detalhada da construção das linhas de pobreza derivadas da POF, ver capítulo 3.

Capítulo 5

Pobreza no Brasil: a década de 1990 vista de perto

Inflação, estabilização e pobreza

No que concerne à renda — e de modo especial, à pobreza, do ponto de vista da renda —, o início da década de 1990 dá continuidade à estagnação verificada no final da de 1980. Os sucessivos planos de combate à inflação fracassaram, mas criavam, cada vez mais, turbulências macroeconômicas que contribuíram, junto com a inflação, para desestimular o investimento e desorganizar a produção. Entre 1989 e 1993, o PIB *per capita* declinou em 5%,[49] de modo que o fato de a proporção de pobres ter se mantido estável no período em torno de 44% resultou, como já vinha ocorrendo na década de 1980, de estratégias das famílias[50] e de mecanismos de políticas públicas. Estes permitiram amortecer os efeitos da crise econômica sobre o valor da renda familiar *per capita* para as famílias situadas na base da distribuição de renda.

No final do ano de 1993, apesar da inflação alta, já havia indícios inequívocos de retomada do nível de atividade econômica — naquele ano, o PIB cresceu quase 5% —, o que poderia vir a reduzir os níveis então observados de incidência de pobreza. No entanto, foi o Plano Real que estabeleceu uma fronteira clara quando se trata de analisar a evolução da pobreza ao longo da década. Seus efeitos marcaram profundamente a sociedade e a economia brasileira nos seus múltiplos aspectos, causando, de imediato, uma significativa queda da incidência de pobreza. Os indicadores[51] apresentados nas tabelas 28, 29 e 30 fornecem um quadro geral da evolução da pobreza enquanto insuficiência de renda no período 1992-99, a partir do que é possível destacar dois fatos básicos. Por um lado, o papel central desem-

[49] A preços de 2000, o PIB *per capita* passou de R$3.377, em 1989, para R$3.197, em 1993 (Ipeadata).

[50] Trata-se, por exemplo, da redução da taxa de natalidade e do aumento da taxa de participação no mercado de trabalho, fatores que estão de certa maneira interligados.

[51] Sobre a definição teórica dos indicadores, ver box no capítulo 4. O conjunto completo de indicadores por unidade da Federação e estrato urbano, rural e metropolitano para 1992 e 1999 é apresentado nos anexos 4 e 5, respectivamente. Os anexos 6 e 7 apresentam os mesmos indicadores relativos à indigência.

penhado pela estabilização como fronteira entre dois patamares distintos de incidência de pobreza no Brasil. Por outro, a redução da participação da pobreza rural no país, seja devido à queda sustentada da incidência de pobreza nessa área, seja devido aos avanços da urbanização.

Neste capítulo são utilizadas linhas de pobreza derivadas da Pesquisa de Orçamentos Familiares (POF), construídas conforme metodologia descrita no capítulo 3.

A crise do início da década e a estabilidade da pobreza no período 1990-93

Os dados relativos à proporção de pobres no período 1990-93 (tabela 31)[52] mostra que para o país como um todo, o indicador se manteve praticamente estável em 44%, o que correspondia a pouco mais de 62,5 milhões de indivíduos pobres naquele último ano. Essa estabilidade encobre, porém, tendências diversas segundo estratos de residência. Assim, a proporção de pobres nas áreas rurais se reduziu, o que, além de dar continuidade a uma tendência de longo prazo, pode ter sido influenciado positivamente pela evolução do produto agrícola, que apresentou aumentos em 1991 (+2,8%) e em 1992 (+5,4%), justamente, quando os demais

Tabela 28

Proporção e número de pobres
Brasil, segundo estratos — 1990-99

Brasil	1990	1992	1993	1995	1996	1997	1998	1999
Total — proporção	0,442	0,440	0,441	0,332	0,341	0,341	0,334	0,349
Nº (mil)	61.313	61.607	62.593	49.053	50.940	51.836	51.282	54.440
Participação no Brasil (%)	100,00	100,00	100,00	100,00	100,00	100,00	100,00	100,00
Metropol. — proporção	0,414	0,443	0,451	0,312	0,327	0,332	0,337	0,369
Nº (mil)	17.579	19.203	19.764	14.102	14.882	15.436	15.679	17.484
Participação no Brasil (%)	28,67	31,17	31,58	28,75	29,22	29,78	30,57	32,12
Urbano — proporção	0,400	0,402	0,404	0,312	0,315	0,313	0,301	0,318
Nº (mil)	26.049	27.425	28.024	22.816	23.567	23.896	23.362	25.016
Participação no Brasil (%)	42,48	44,52	44,77	46,51	46,27	46,10	45,56	45,95
Rural — proporção	0,568	0,527	0,516	0,415	0,434	0,428	0,416	0,403
Nº (mil)	26.049	27.425	28.024	22.816	23.567	23.896	23.362	25.016
Participação no Brasil (%)	28,85	24,31	23,65	24,74	24,52	24,12	23,87	21,93

[52] Em 1991, ano censitário, não foi realizada a Pnad.

Gráfico 9
Participação dos estratos no Brasil

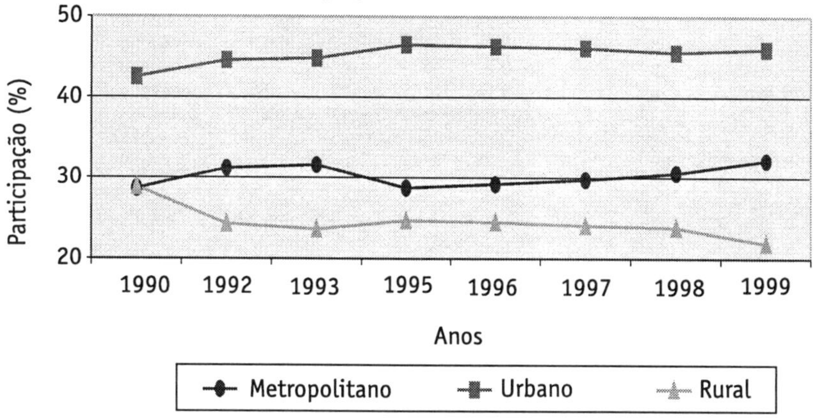

Gráfico 10
Proporção de pobres no Brasil

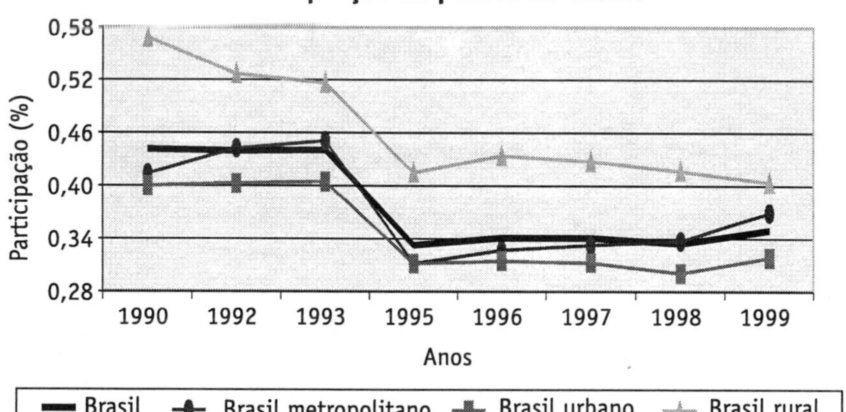

Tabela 29

Razão do hiato da renda
Brasil, segundo estratos — 1990-99

Brasil	1990	1992	1993	1995	1996	1997	1998	1999
Total	0,465	0,481	0,471	0,446	0,455	0,453	0,445	0,447
Participação no Brasil (%)	100,00	100,00	100,00	100,00	100,00	100,00	100,00	100,00
Metropolitano	0,457	0,465	0,469	0,443	0,444	0,454	0,453	0,456
Participação no Brasil (%)	28,14	30,15	31,40	28,55	28,48	29,90	31,09	32,72
Urbano	0,458	0,475	0,455	0,438	0,452	0,445	0,438	0,441
Participação no Brasil (%)	41,81	43,96	43,21	45,75	45,99	45,30	44,85	45,26
Rural	0,485	0,512	0,506	0,463	0,474	0,465	0,449	0,449
Participação no Brasil (%)	30,05	25,89	25,39	25,70	25,52	24,80	24,05	22,02

Gráfico 11

Participação dos estratos no Brasil

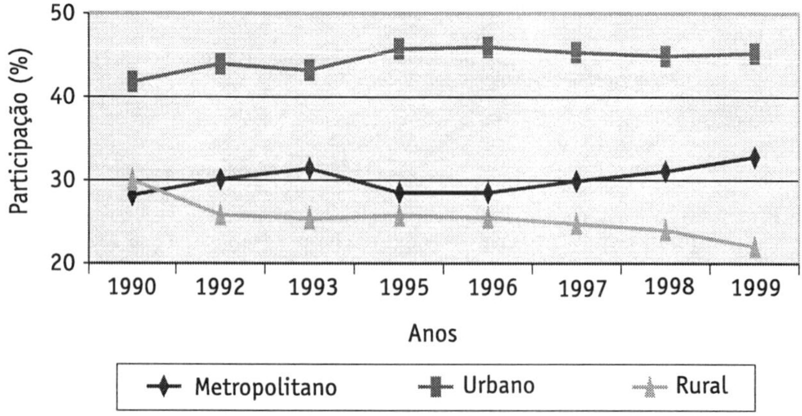

Gráfico 12

Hiato da renda no Brasil

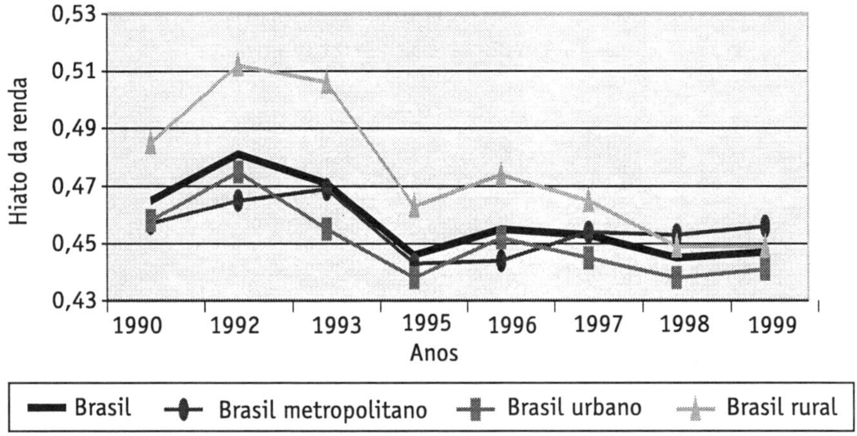

Tabela 30

Razão do hiato quadrático*
Brasil, segundo estratos — 1990-99

Brasil	1990	1992	1993	1995	1996	1997	1998	1999
Total	0,206	0,135	0,131	0,092	0,098	0,097	0,093	0,097
Participação no Brasil (%)	100,00	100,00	100,00	100,00	100,00	100,00	100,00	100,00
Metropolitano	0,189	0,129	0,132	0,085	0,091	0,095	0,097	0,106
Participação no Brasil (%)	28,14	29,49	31,06	28,45	28,21	30,05	31,70	32,98
Urbano	0,183	0,121	0,114	0,084	0,090	0,087	0,082	0,088
Participação no Brasil (%)	41,81	43,70	42,67	45,69	45,80	45,12	44,81	45,42
Rural	0,275	0,178	0,171	0,120	0,132	0,126	0,114	0,110
Participação no Brasil (%)	30,05	26,81	26,27	25,86	25,98	24,83	23,49	21,60

*Índice sintético proposto por Foster, Greer e Thorbecke (1984).

Gráfico 13

Participação dos estratos no Brasil

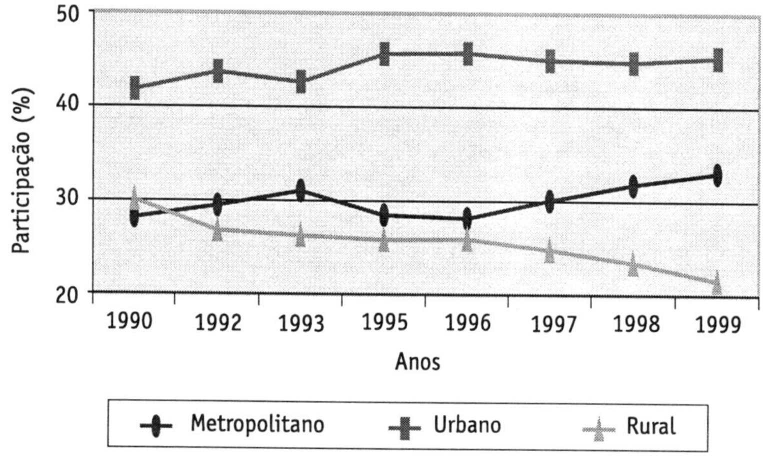

Gráfico 14

Hiato quadrático do Brasil

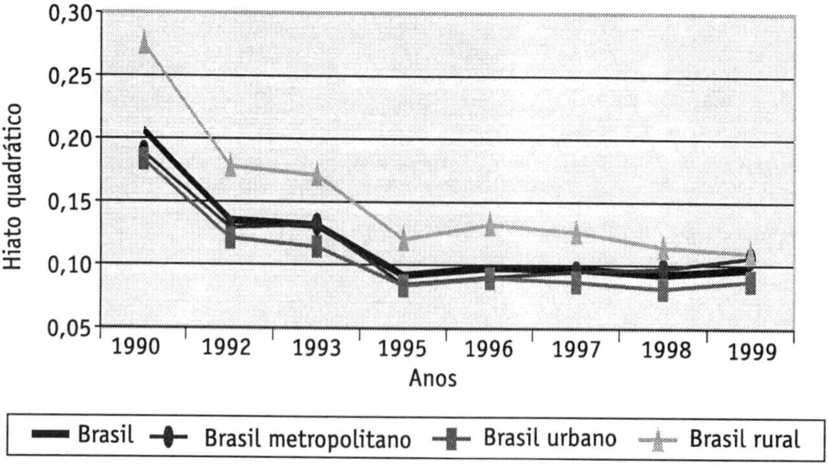

setores da atividade econômica se retraíam, levando à queda do PIB nacional, o qual atingiu um mínimo em 1992. A esse respeito, é sintomático que em 1993, quando ocorreu queda do produto agrícola (-1,2%), a pobreza rural continuou diminuindo, devido ao seu comportamento no Sul e no Centro-Oeste. Isso parece evidenciar que a modernização agrícola nessas áreas teve efeito favorável sobre a pobreza rural, seja pela incorporação dos pobres em atividades mais rentáveis, inclusive atividades não-agrícolas nas áreas rurais, seja expulsando-os para áreas urbanas.[53] Em nível nacional, as melhorias nas áreas rurais do Centro-Oeste e no Sul no período 1990-93 foram parcialmente neutralizadas pela manutenção da elevada proporção de pobres no Nordeste rural nos três anos, já que os pobres rurais nordestinos têm peso ponderável, representando, em 1993, 69% dos pobres rurais do país.

Tabela 31

Número e proporção de pobres, segundo estratos e subáreas selecionadas 1990-93

Estratos e subáreas selecionadas	1990		1992		1993	
	Nº (mil)	%	Nº (mil)	%	Nº (mil)	%
Rural	17.686	56,8	14.979	52,7	14.804	51,6
Nordeste	11.271	69,4	9.745	66,9	10.148	67,9
Minas Gerais/ Espírito Santo	2.207	48,9	1.906	44,2	1.750	41,6
Sul	2.210	39,6	1.671	31,6	1.299	25,4
Centro-Oeste	1.171	58,7	875	51,0	714	41,4
Metropolitano	17.579	41,4	19.203	44,3	19.764	45,1
São Paulo	4.965	33,6	6.546	43,1	6.474	41,9
Urbano	26.049	40,0	27.425	40,2	28.024	40,3
Minas Gerais/ Espírito Santo	3.782	37,6	3.634	34,5	3.690	34,8
São Paulo	2.868	21,3	3.666	25,7	3.849	26,7
Sul	2.950	26,3	2.416	20,7	2.712	22,6
Brasil	61.313	44,2	61.607	44,0	62.593	44,1

Fonte: IBGE/Pnad, 1990-93 (tabulações especiais).

[53] A ocorrência eventual de migração dos pobres das áreas rurais para as urbanas não-metropolitanas do Sul e do Centro-Oeste não resultou em aumento da pobreza nestas últimas.

Concomitantemente à melhoria da proporção de pobres nas áreas rurais, ocorreu agravamento nas metrópoles, o que é compatível com a natureza da crise recessiva. Como esperado, o impacto adverso mais intenso se deu na metrópole de São Paulo, ponto focal da reestruturação produtiva na indústria. A proporção de pobres na metrópole paulista evoluiu de 34% em 1990 para 43% em 1992, reduzindo-se já um pouco em 1993, em função da retomada. O impacto da crise no estrato urbano foi mais acentuado também em São Paulo, cuja proporção de pobres passa de 21% em 1990 — um dos resultados regionais mais favoráveis naquele ano —, para 27% em 1993. Essa sensibilidade à crise do estrato urbano paulista é reveladora do elevado grau de integração produtiva entre a metrópole e seu entorno urbano, resultando na maior difusão no estado dos impactos adversos sobre a renda.

Enquanto a proporção de pobres para o país manteve-se estável durante a crise, o indicador do hiato da renda revelou o agravamento da intensidade da pobreza entre 1990 e 1992, e alguma melhora em 1993. Há, porém, algumas diferenças do comportamento do indicador por estrato, especialmente quando se consideram de forma simultânea as evoluções da proporção e do hiato. O fato de os dois indicadores aumentarem simultaneamente, como ocorre nas metrópoles entre 1990 e 1992, reflete a agudeza da crise naquelas áreas. Uma situação menos crítica seria revelada com a ocorrência de movimentos em direções inversas dos dois indicadores de pobreza, isto é, a incorporação de novos indivíduos ao contingente de pobres (aumento da proporção de pobres) tendo o efeito de elevar a renda média dos pobres (redução do hiato da renda), ou vice-versa. Quanto ao hiato quadrático, o resultado obtido revela uma mudança significativa, uma redução da desigualdade entre os pobres em todos os estratos, o que acaba por compensar os resultados adversos dos dois outros indicadores sobre esse índice sintético de pobreza (tabela 32).

Tabela 32

Razão do hiato e hiato quadrático, segundo estratos — 1990-93

Estratos	1990		1992		1993	
	Hiato (%)	Hiato quadrático	Hiato (%)	Hiato quadrático	Hiato (%)	Hiato quadrático
Metropolitano	45,65	0,1889	46,55	0,1287	46,87	0,1321
Urbano	45,77	0,1831	47,52	0,1211	45,50	0,1145
Rural	48,46	0,2753	51,24	0,1785	50,61	0,1705
Brasil	46,51	0,2055	48,12	0,1351	47,14	0,1313

Fonte: IBGE/Pnad, 1990-93 (tabulações especiais).

A evolução dos indicadores de pobreza como insuficiência de renda conduzem a algumas constatações relativas aos efeitos da crise do início da década sobre a incidência de pobreza absoluta, inclusive, quanto a impactos espaciais diferenciados.

A primeira constatação é a de que a crise recessiva do início da década, que atingiu seu ponto crítico entre o final de 1992 e o início de 1993, não repercutiu sobre os índices de pobreza de forma generalizada, como muitas vezes sugeriram os debates relativos à reestruturação produtiva e suas repercussões sobre o mercado de trabalho. Como se viu, em nível nacional, os indicadores de pobreza não apresentaram agravamento entre 1990 e 1993, com as situações adversas tendo um caráter espacial bem definido. Nesse sentido, a crise do início dos anos 1990 tem características diversas daquela do início da década de 1980, quando houve aumento da incidência de pobreza em todas as regiões e estratos de forma generalizada.[54]

A segunda constatação se relaciona aos efeitos espacialmente diferenciados da crise recessiva sobre a pobreza. As regiões metropolitanas foram mais afetadas, e São Paulo, enquanto metrópole primaz, a mais duramente atingida. Em contrapartida, os indicadores mostram que a crise parece não ter tido impacto significativo sobre a área rural do Nordeste, onde os níveis de pobreza são mais críticos e a relação com o que ocorre em nível nacional na economia de mercado menos direta.

Cabe observar, ainda, que algumas áreas demonstraram ter dinamismo próprio, capaz de garantir uma tendência sustentada de redução da pobreza durante todo o período 1990-93; isso, em última instância, viabilizou a estabilidade da proporção de pobres em 44% em nível nacional, apesar da recessão. Trata-se das áreas rurais de Minas Gerais/Espírito Santo, Sul e Centro-Oeste, onde se verificou um forte declínio da proporção de pobres (tabela 31), concomitante a melhorias também na razão do hiato e no hiato quadrático. O fato de o efeito da crise recessiva ter ficado essencialmente limitado às áreas metropolitanas dessas regiões foi determinante para que apresentassem um bom desempenho no que tange à redução da pobreza absoluta no período, afetando os resultados globais para o país, em particular no que se refere à redução das desigualdades entre os pobres.

---

[54] A esse respeito, ver o capítulo 4.

O Plano Real e a redução da pobreza

Depois de diversas tentativas de controle da alta de preços, o Plano Real, de julho de 1994, foi bem-sucedido, reduzindo a inflação que atingia 48% ao mês em junho de 1994, à taxa anual de 22% em 1995, que declinou de forma contínua até o final de 1998. A estabilização trouxe também mudanças favoráveis no nível de atividade econômica e de renda no país. Essas mudanças foram muito bem-vindas, pois, durante um longo período anterior (1981-93), o resultado tinha sido um crescimento médio do produto de apenas 1,07% ao ano. Não se trata aqui de discutir as características do plano,[55] mas apenas de destacar os fatores que contribuíram para a forte redução da pobreza absoluta no período imediatamente posterior à sua introdução, patamar onde praticamente tinha se estabilizado até a desvalorização de 1999.

Os dados relativos a 1995[56] revelam mudanças significativas no que diz respeito ao aumento do nível de renda e à melhoria da distribuição do rendimento em relação ao verificado em 1993. O rendimento médio das pessoas de 10 anos e mais apresentou um ganho em termos reais de 28% entre 1993 e 1995. No entanto, esses ganhos se deram de maneira acentuada na base da distribuição, em detrimento das faixas de renda mais elevadas (gráfico 15). No décimo mais baixo da distribuição, o rendimento médio real teve um desempenho excepcional, dobrando o valor no período, de R$24, em 1993, para R$48, em 1995 (preços de setembro de 1995). No segundo décimo da distribuição, os ganhos também foram importantes, apresentando um aumento de 47%, no mesmo período. Essa evolução favorável dos rendimentos na base da distribuição se explica por três fatores básicos.

O primeiro fator é o que se convencionou chamar de âncora verde, em referência ao comportamento moderado dos preços alimentares; isto favoreceu aos mais pobres, devido à ponderação maior dos produtos do grupo alimentação na

[55] Diferentemente dos planos anteriores, o Plano Real não recorreu a controle de preços, mas introduziu de forma astuciosa uma moeda indexada de transição. A respeito, ver Baer (1996).

[56] Devido a problemas institucionais, a Pnad não foi realizada em 1994, o que obriga que, hoje, sejam utilizados os resultados de 1993 e 1995 para a avaliação do impacto do Plano Real. Os dados das Pnads de 1992, 1993 e 1995 só foram disponibilizados no final de 1996. Em função dessa lacuna estatística num momento crucial para o acompanhamento dos efeitos do Plano Real, foram utilizadas, em 1995, as informações disponíveis da Pesquisa Mensal do Emprego (PME/IBGE). Estas evidenciavam de forma inequívoca um sólido processo de criação de empregos e de ganhos significativos da renda do trabalho após o Plano Real, nas seis regiões metropolitanas onde se realiza o inquérito (ver Rocha, 1996b), já permitindo inferir os impactos positivos do Plano Real para a redução da pobreza, pelo menos no estrato metropolitano.

estrutura de despesa dessas famílias. Assim, enquanto entre dezembro de 1993 e dezembro de 1994 as variações do INPC geral e do INPC-alimentação foram de, respectivamente, 929 e 997%, no ano seguinte[57] a tendência se inverte, com os preços dos alimentos aumentando bem menos (8,4%) do que o conjunto de preços ao consumidor (22%).

Gráfico 15

Variação percentual do rendimento médio das pessoas de 10 anos e mais ao longo da distribuição de rendimento — Brasil, 1993-95

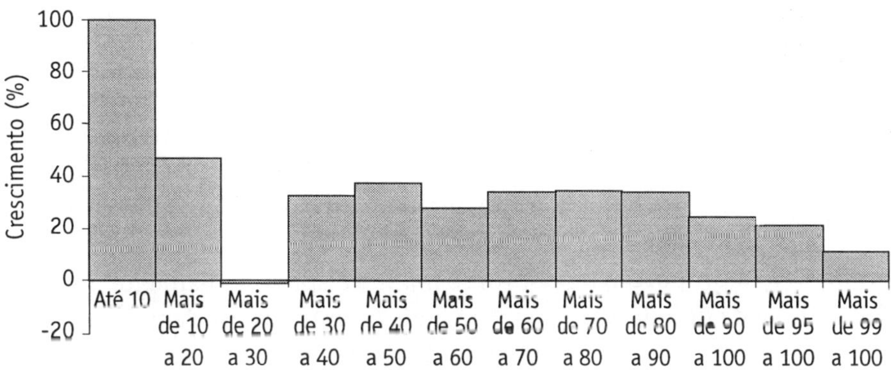

Fonte: IBGE/Pnad.

O segundo fator que contribuiu para a mais acentuada melhoria da renda na base da distribuição foi a elevação relativamente maior dos preços dos *non-tradeables*. Contrariamente ao que ocorreu em relação aos bens produzidos pelos setores primário e secundário, em face da demanda crescente, os preços dos *non-tradeables* não foram postos em xeque pela possibilidade de importação substitutiva, viabilizada pela abertura econômica. Assim, o aumento desses preços acabou por afetar positivamente o rendimento dos trabalhadores dos setores de comércio e serviços, em particular daqueles recebendo rendimentos baixos, beneficiados mais intensamente pelo "efeito riqueza" associado ao estancamento do processo inflacionário.

Finalmente, como terceiro fator, há o aumento do salário mínimo em 42% em maio de 1995. Por um lado, é forçoso reconhecer que seu efeito sobre os ren-

[57] Entre dezembro de 1994 e dezembro de 1995.

dimentos médios do trabalho foram amortecidos,[58] na medida em que esses rendimentos já vinham aumentando espontaneamente e de forma sustentada em função do aquecimento da economia que se iniciou com a implementação do Plano Real. Por outro lado, o impacto do aumento do salário mínimo sobre os benefícios previdenciários e assistenciais teve um papel decisivo no aumento dos rendimentos na base da distribuição.[59]

A elevação dos rendimentos, em geral, e na base da distribuição, em particular, resultou em efeitos diretos sobre a redução da pobreza absoluta. A proporção de pobres passou de 44% (62,6 milhões de pessoas), em 1993, para a 33,3% (49 milhões de pessoas), em 1995. O fenômeno foi geral, afetando todos os estratos de residência e regiões (tabela 33). Examinando a série de longo prazo (capítulo 4, tabela 14), verifica-se que o resultado obtido para 1995 é o melhor de todo o período 1970-99, sendo que a proporção de pobres é inferior até mesmo à verificada em 1986, quando houve o impacto positivo do Plano Cruzado. Mas, enquanto as melhorias dos rendimentos e de sua distribuição após o Plano Cruzado tiveram pouca duração — a proporção de pobres se elevou com a retomada da inflação, de modo que, em 1987, já se situava em um patamar bem mais alto —, depois de 1995 a proporção de pobres se manteve aproximadamente no mesmo nível até o final da década. Como se verá mais adiante, apesar de todos os percalços do final dos anos 1990, a proporção de pobres em 1999 ainda se mantinha em níveis significativamente mais baixos do que aqueles anteriores ao Plano Real.

Cabe observar ainda que, apesar da queda significativa da proporção de pobres, também se reduziu em geral a razão do hiato. Assim, mesmo aqueles que permaneceram pobres depois da estabilização tiveram sua renda aumentada, o que só não ocorre nas regiões onde as proporções eram as mais baixas no país, Sul e Centro-Oeste. O hiato quadrático declinou não só em função do comportamento dos outros dois, que são seus componentes, mas da própria queda da desigualdade entre os pobres.

Embora entre 1993 e 1995 tenha se verificado uma redução generalizada da pobreza, essa ocorreu com intensidade localmente diferenciada. A redução da pro-

---

[58] A variação do rendimento médio do trabalho entre abril e maio de 1995 foi de apenas 2% nas metrópoles onde se realiza a PME. Mesmo para os trabalhadores menos qualificados, o impacto do aumento do salário mínimo foi relativamente pequeno quando considerado o percentual do reajuste: 8% para trabalhadores com menos de quatro anos de escolaridade e 7% para aqueles com cinco a oito anos de escolaridade.

[59] Para o impacto do salário mínimo, ver Néri e Barros (1996).

Tabela 33

Proporção de pobres, razão do hiato e hiato quadrático
Brasil, regiões e estratos — 1993 e 1995

Regiões e estratos	Proporção (%)		Razão do hiato		Hiato quadrático	
	1993	1995	1993	1995	1993	1995
Norte urbano	47,46	38,49	0,45	0,45	0,13	0,11
Nordeste	63,96	52,05	0,54	0,47	0,23	0,15
Minas Gerais/ Espírito Santo	38,54	27,82	0,43	0,40	0,10	0,07
Rio de Janeiro	43,52	28,50	0,44	0,42	0,11	0,07
São Paulo	34,16	22,01	0,41	0,42	0,08	0,06
Sul	24,49	17,85	0,38	0,41	0,05	0,04
Centro-Oeste	47,11	37,44	0,45	0,43	0,12	0,10
Metropolitano	45,12	31,16	0,47	0,44	0,13	0,08
Urbano	40,35	31,20	0,45	0,44	0,11	0,08
Rural	51,56	41,51	0,51	0,46	0,17	0,12
Brasil	44,09	33,23	0,47	0,45	0,13	0,09

Fonte: IBGE/Pnad (tabulações especiais).

porção de pobres nas metrópoles esteve diretamente relacionada à retomada do nível de atividade e aos impactos da estabilização sobre os rendimentos mais baixos, particularmente nas ocupações do setor terciário (comércio e serviços). Devido a uma conjunção de fatores macroeconômicos e locais/setoriais, os indicadores para as metrópoles mostram não só uma melhoria em relação a 1993, mas também em relação a 1990.

Em nível regional, a evolução menos favorável ocorreu no Norte, onde os ganhos após a estabilização foram suficientes apenas para retornar ao nível de incidência de pobreza verificado no início da década.[60] Essa evolução resulta, em parte, de um fenômeno estrutural, o forte crescimento demográfico devido à atração que a região exerce sobre os migrantes, apesar da evidente falta de dinamismo econômico para absorver esses contingentes populacionais. Na outra re-

[60] A proporção de pobres no Norte urbano era de 38,38% em 1990.

gião de fronteira de recursos, o Centro-Oeste, ocorreu fenômeno inverso, isto é, redução da pobreza devido ao dinamismo econômico e à modernização produtiva, ambos associados ao desenvolvimento de complexos agroindustriais. As duas regiões tiveram participação crescente na pobreza brasileira, embora tal participação se mantenha pequena em função do reduzido peso demográfico dessas regiões no âmbito nacional.

Tabela 34

Número de pobres e participação no número total de pobres no país Brasil, regiões e estratos — 1993 e 1995

Regiões e estratos	1993 Nº de pobres (mil)	1993 Participação (%)	1995 Nº de pobres (mil)	1995 Participação (%)
Norte urbano	2.997	4,79	2.613	5,33
Nordeste	26.153	41,78	22.331	45,52
Minas Gerais/ Espírito Santo	7.054	11,27	5.272	10,75
Rio de Janeiro	5.494	8,78	3.704	7,55
São Paulo	10.937	17,47	7.247	14,77
Sul	5.440	8,69	4.087	8,33
Centro-Oeste	4.519	7,22	3.800	7,75
Metropolitano	19.764	31,58	14.102	28,75
Urbano	28.024	44,77	22.816	46,51
Rural	14.804	23,65	12.136	24,74
Brasil	62.593	100,00	49.053	100,00

Fonte: IBGE/Pnad (tabulações especiais).

Apesar de os efeitos da redução da pobreza terem se difundido amplamente pelo país, ocorreu alguma alteração na repartição dos pobres entre as áreas metropolitana, urbana e rural, em relação a 1993. A participação das metrópoles no número de pobres no Brasil se reduziu, enquanto a participação das áreas urbanas não-metropolitanas e rurais apresentou movimento oposto. Cabe observar que a participação das áreas rurais apresentou redução significativa em relação a 1990 (29%), seja pela mais intensa redução da incidência de pobreza nessas áreas, ocorrida no início da década, seja devido ao avanço sustentado da urbanização.

No Nordeste, houve redução na incidência de pobreza não somente em relação a 1993, como foi norma geral, como também em comparação a 1990. Entretanto, os índices de pobreza da região merecem destaque por duas razões. Por um lado, porque continuavam relativamente elevados no contexto nacional, e isso apesar das melhorias mais acentuadas na área rural. Por outro, porque a pobreza nordestina correspondia a um contingente populacional de 22,3 milhões de pessoas, o equivalente a 45,5% dos pobres brasileiros em 1995 (tabela 34).[61]

O período 1996-99: o esgotamento dos efeitos distributivos do plano de estabilização

Como se viu na seção anterior, o plano de estabilização afetou de forma positiva e mais acentuada os rendimentos mais baixos. O efeito combinado da liberação do comércio exterior, da boa safra agrícola e da alta dos preços dos *non-tradeables*, possibilitando ganhos reais para a mão-de-obra menos qualificada, conduziu a uma forte redução da proporção de pobres. Assim, o declínio da pobreza, importante por si mesmo, foi o resultado de uma combinação favorável de fatores, já que o objetivo do Plano Real estava centrado na estabilização de preços.

Gráfico 16

Proporção de pobres para valores da linha de pobreza entre 1/4 e dois salários mínimos *per capita*
Brasil — 1993, 1995 e 1996

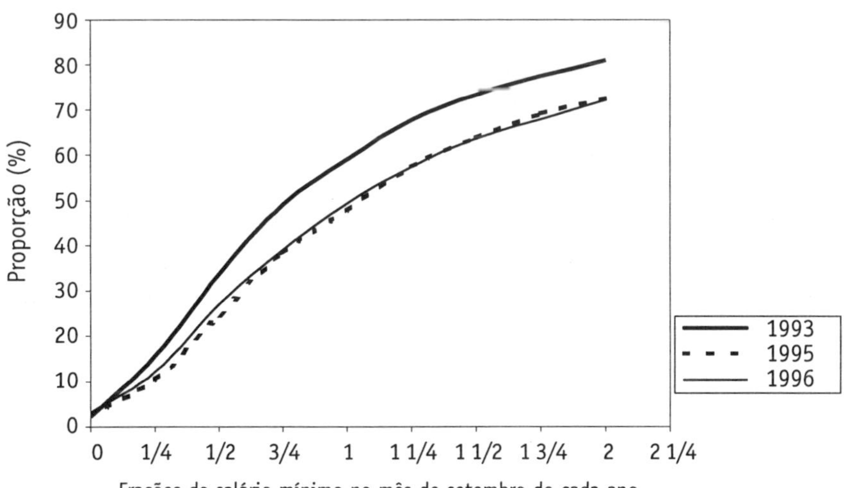

[61] Sobre a evolução da pobreza no Nordeste no período 1992-99, ver a seção "Pobreza e desigualdade regional: o caso do Nordeste".

As evidências disponíveis sobre o nível e a distribuição do rendimento no Brasil em 1996 já indicavam que a redução da pobreza absoluta ocorrida após o plano de estabilização tinha se esgotado, com a proporção de pobres encontrando um novo patamar de resistência em torno de 34%. A esse respeito é importante destacar que, tanto os resultados relativos à importante redução da pobreza entre 1993 e 1995 como sua estabilidade no novo patamar não estão associados ao conjunto específico de linhas de pobreza utilizado nesta análise, mas são consistentes em relação a qualquer valor de linha de pobreza arbitrado num intervalo realista. As proporções de pobres, que correspondem a linhas de pobreza assumindo valores entre ¼ e dois salários mínimos para a renda familiar *per capita*, são praticamente coincidentes nos anos de 1995 e 1996 (gráfico 16). Isso confirma que os efeitos redistributivos do Plano Real, em nível nacional, já tinham se esgotado em setembro de 1996 e que a proporção de pobres se estabilizava num novo patamar.

Os dados anuais para o período 1996-99 permitem verificar que a incidência de pobreza no Brasil, medida pela proporção de pobres, reduzida drasticamente com a estabilização, se manteve em torno de 34%, com pequenas oscilações no período (tabela 35). Entretanto, isso encobre evoluções regionais bem diferenciadas, isto é, reduções sustentadas da pobreza absoluta nas zonas rurais, acompanhadas de deterioração nas metrópoles, especialmente São Paulo, que sofre forte impacto dos ajustes no sistema produtivo e no mercado de trabalho.

Tabela 35

Proporção de pobres no Brasil, segundo regiões e estratos — 1996-99

Regiões e estratos	Proporção de pobres (%)			
	1996	1997	1998	1999
Norte urbano	39,57	39,61	39,87	39,65
Nordeste	53,13	52,86	50,35	50,90
Minas Gerais/Espírito Santo	28,21	27,50	28,76	28,62
Rio de Janeiro	29,16	28,86	28,55	27,88
São Paulo	24,17	25,22	25,11	29,35
Sul	17,59	18,12	17,76	19,71
Centro-Oeste	37,71	34,62	34,56	37,43
Metropolitano	32,65	33,18	33,74	36,88
Urbano	31,46	31,30	30,14	31,78
Rural	43,42	42,84	41,60	40,25
Brasil	34,13	34,09	33,43	34,95

Fonte: IBGE/Pnad (tabulações especiais).

A impossibilidade de a pobreza absoluta continuar a se reduzir após 1995 esteve ligada à situação macroeconômica delicada, que resultava de uma taxa de câmbio sobrevalorizada e de déficits públicos crescentes. As crises asiática e russa encontraram o país em situação vulnerável. Como resultado, já em 1998, o crescimento do PIB foi praticamente nulo (-0,12%), o que significa que o país voltou a perder terreno no que concerne à evolução do produto *per capita* (-1,45%). O mais grave, porém, é que os efeitos da queda da atividade não são neutros, mas afetam os pobres de forma mais direta. A evolução observada revela que as perdas em termos de postos de trabalho e de rendimentos recaíram sobre os indivíduos com menor escolaridade, tendo por si só um efeito provável de aumento da pobreza absoluta e da desigualdade. Assim, embora os efeitos desfavoráveis da forte desvalorização de janeiro de 1999 tenham se situado muito aquém dos esperados inicialmente, o crescimento econômico de 1% naquele ano significou novo declínio da renda *per capita*. O impacto adverso da desvalorização cambial, que ocorreu de forma mais acentuada nas metrópoles, expandiu-se das metrópoles para as áreas urbanas, levando a um agravamento maior da incidência de pobreza naquele ano, quando a proporção de pobres no país praticamente atingiu 35%.

Tabela 36

Razão do hiato e hiato quadrático, segundo regiões e estratos — 1996 e 1999

Regiões e estratos	Razão do hiato 1996	Razão do hiato 1999	Hiato quadrático 1996	Hiato quadrático 1999
Norte urbano	0,465	0,457	0,117	0,116
Nordeste	0,493	0,473	0,169	0,151
Minas Gerais/Espírito Santo	0,417	0,425	0,071	0,076
Rio de Janeiro	0,416	0,417	0,075	0,070
São Paulo	0,412	0,430	0,061	0,078
Sul	0,419	0,426	0,048	0,054
Centro-Oeste	0,442	0,425	0,104	0,097
Metropolitano	0,444	0,456	0,091	0,106
Urbano	0,452	0,441	0,090	0,088
Rural	0,474	0,449	0,132	0,110
Brasil	0,455	0,447	0,098	0,097

Fonte: IBGE/Pnad (tabulações especiais).

É importante observar que o confronto entre os resultados para 1996 e 1999 mostra uma virtual estabilidade no país não só da proporção de pobres — indicador mais sensível a flutuações —, mas também da razão do hiato e do hiato quadrático, este último levando em conta as três dimensões da pobreza enquanto insuficiência de renda (tabela 36). Ocorrem, porém, diferenças espaciais importantes, com o agravamento da pobreza nas metrópoles determinado em boa medida pela deterioração da renda na metrópole paulista (ver box a seguir).

O empobrecimento das metrópoles no período pós-estabilização

Enquanto os ganhos de rendimento e de redução da pobreza por ocasião da estabilização foram mais acentuados no estrato metropolitano, as sucessivas crises econômicas também o atingiram mais diretamente. O resultado relativamente adverso do estrato metropolitano após 1995 resulta de evoluções de intensidade e sentido diferenciados nas nove metrópoles. Entretanto, devido ao elevado peso relativo da metrópole paulista, tem sido afetado desfavoravelmente pelo seu forte ajuste produtivo e aumento da incidência de pobreza após 1995 (tabela A). Em contrapartida, Salvador e Fortaleza têm apresentado evolução moderada, mas sustentada, de redução da pobreza no período pós-Real, a partir de proporções muito elevadas, típicas das metrópoles do Norte-Nordeste. Os dados relativos a Recife devem ser analisados com cuidado, na medida em que a metrópole *de fato* claramente ultrapassou os limites oficiais da região metropolitana. Assim, os resultados que mostram a estabilidade da pobreza no período pós-Real e o agravamento apenas em 1999 ignoram a evolução ocorrida no entorno da metrópole. Curitiba e Porto Alegre apresentam oscilações anuais da proporção de pobres, mas com tendência ascendente. Seus indicadores de pobreza são os mais baixos no conjunto das regiões metropolitanas, como tem ocorrido desde 1990, cabendo observar o distanciamento crescente entre Curitiba e São Paulo, que apresentavam proporções de pobres bem próximas em 1990.[62]

Naturalmente, a evolução da pobreza em geral, e da metropolitana em particular, está estreitamente vinculada à dinâmica produtiva e a seus efeitos sobre o comportamento do mercado de trabalho. No entanto, o que ocorre nas metrópoles tem maior visibilidade nacional, o que, em espaços sem fronteiras, resulta em movimentos populacionais que acabam por afetar a incidência de pobreza. Nesse sentido, é interessante examinar alguns aspectos da dinâmica populacional das metrópoles no período pós-Real e especular a respeito de seus rebatimentos sobre variáveis de mercado de trabalho, de modo a considerar uma vertente de fatores explicativos da evolução da pobreza recente nessas áreas.

Continua

[62] A proporção de pobres em 1990 era de 32,8% e 33,6% em Curitiba e São Paulo, respectivamente.

Tabela A

Evolução da proporção de pobres nas metrópoles — 1995-99 (%)

Metrópoles	1995	1996	1997	1998	1999 Prop. (%)	1999 Pobres (mil)	1999 Part. (%)
Belém	29,81	36,66	35,56	35,45	37,50	355	2,03
Fortaleza	46,02	46,21	45,42	44,43	47,90	1.286	7,36
Recife	57,01	56,25	57,79	57,65	59,60	1.797	10,28
Salvador	50,82	50,69	48,59	45,46	50,23	1.354	7,74
Belo Horizonte	31,31	33,31	29,71	35,12	35,15	1.367	7,82
Rio de Janeiro	29,31	31,04	30,40	29,75	29,19	2.912	16,66
São Paulo	26,89	29,68	32,09	32,96	38,96	6.423	36,74
Curitiba	19,94	17,37	21,17	21,98	25,71	638	3,65
Porto Alegre	14,07	15,11	14,43	15,55	17,86	590	3,37
Brasília	33,10	36,48	32,81	36,04	39,39	761	4,35
Total	31,16	32,65	33,18	33,74	36,87	17.483	100,00

Fonte: IBGE/Pnad (tabulações especiais).

Entre as seis metrópoles investigadas pela Pesquisa Mensal de Emprego (PME/IBGE), Belo Horizonte e Salvador foram as que tiveram maior crescimento da população em idade de trabalhar (PIT, 15 anos e mais) no período. Esse contingente cresceu a taxas médias anuais de 3,3 e 3,1% respectivamente, ritmo bastante superior ao verificado nas demais metrópoles, o que indica a atratividade populacional maior de Belo Horizonte e Salvador (tabela B). Essa atratividade parece justificada, na medida em que, em ambos os casos, ocorreu criação relativamente forte de postos de trabalho, em média 1,8% ao ano, enquanto a taxa média para as metrópoles investigadas se situou em 1,1% ao ano. Em ambos os casos, porém, o dinamismo do mercado de trabalho foi incapaz de absorver totalmente o crescimento da população economicamente ativa (PEA), o que resultou em aumento forte da taxa de desemprego, como em todas as metrópoles.

Em Salvador, onde a taxa de desemprego já era a mais elevada entre as seis metrópoles, em 1994 (5,82%), a atratividade da metrópole contribuiu para que conservasse essa posição, chegando a 9,34% em dezembro de 1999. Contudo, é importante destacar que essa evolução ocorreu concomitantemente à redução da incidência de pobreza. Isso se explica em parte pela melhoria do rendimento médio (+10,2%), que, combinado ao aumento do número de ocupados, levou ao acréscimo de 19% da massa salarial em Salvador no período de cinco anos.

Continua

Tabela B

Evolução demográfica e da ocupação entre 1994 e 1999

(variação % ao ano da PIT, PEA, pessoal ocupado e desocupado)

	PIT	PEA	Ocupados	Desocupados
Recife	2,20	1,93	1,42	11,80
Salvador	3,14	2,49	1,71	12,66
Belo Horizonte	3,31	2,74	1,87	22,48
Rio de Janeiro	1,45	0,53	0,15	11,49
São Paulo	2,53	2,03	1,41	14,79
Porto Alegre	2,41	2,01	1,29	18,99
Total	2,26	1,69	1,11	14,99

Fonte: IBGE/PME dez. 1994, dez. 1999.
Obs.: População em idade de trabalhar (15 anos ou mais).

Em Belo Horizonte, a atratividade populacional maior teve respaldo no fato de ter sido a metrópole a se beneficiar mais diretamente da reestruturação produtiva e da realocação industrial, iniciadas bem antes da entrada em vigor do plano de estabilização, o que já vinha permitindo ganhos relativos em termos de criação de postos de trabalho e aumento do rendimento médio anteriormente. Com um bom desempenho na expansão da ocupação imediatamente após o Plano Real, ultrapassado apenas por São Paulo, Belo Horizonte foi a metrópole que mais sofreu com a inflexão da renda a partir de 1997. No final de 1999, já se observava redução do rendimento médio e um aumento apenas modesto da massa salarial em relação a dezembro de 1994.

As duas principais metrópoles, Rio de Janeiro e São Paulo, apresentam situações bem distintas no que concerne às dinâmicas demográfica e econômica, assim como aos seus impactos sobre a incidência de pobreza. No Rio de Janeiro, ocorreram taxas de crescimento bem modestas para as variáveis demográficas e de mercado de trabalho analisadas. Além da população de 15 anos aumentar apenas 1,4% ao ano, ela apresenta o maior diferencial em relação à PEA, que cresce à taxa de 0,5% ao ano, exercendo, portanto, pouca pressão sobre o mercado de trabalho. Assim, embora praticamente não haja criação de novos postos de trabalho — o crescimento da população ocupada foi de apenas 0,15% ao ano —, a taxa de desemprego se mantém como a menor entre as verificadas nas regiões metropolitanas. Essa estagnação não tem significado empobrecimento, mas virtual estabilidade do indicador de proporção de pobres. Isso se justifica, sob o ângulo do mercado de trabalho, pelo fato de que o sistema produtivo do Rio de Janeiro é relativamente pouco especializado, com alta concentração de atividades terciárias para trabalhadores não-qualificados, às quais

Continua

está associado rendimento médio baixo. Assim, a nova onda de modernização produtiva no período pós-Real, que significou redução de postos de trabalho paralelamente à queda dos rendimentos, afetou de forma relativamente mais moderada os contingentes de trabalhadores pouco qualificados do Rio de Janeiro, entre os quais se situam muitos dos pobres. Entre 1995 e 1999,[63] a massa salarial para os trabalhadores com menos de quatro anos de escolaridade caiu 19% no Rio de Janeiro, uma queda forte, mas bem mais moderada do que a verificada em São Paulo no mesmo período (32%) (Rocha, 2000a). A combinação da baixa atratividade demográfica, concentração de aposentados e características de mercado de trabalho mais tradicional permitiu que, diante de uma conjuntura geralmente adversa, não ocorresse empobrecimento no Rio de Janeiro no período.

São Paulo, apesar da intensidade do ajuste produtivo e do ritmo conseqüentemente moderado de criação de postos de trabalho, continua a atrair população. O contingente demográfico com 15 anos e mais apresentou uma média anual de crescimento de 2,5% ao ano (tabela B). Como a PEA cresce a taxas relativamente elevadas, em face de uma evolução moderada da ocupação, a taxa de desemprego também cresce e a situação se torna crítica em função do tamanho absoluto do contingente de desempregados — mais de 500 mil trabalhadores em dezembro de 1999. O agravamento da incidência de pobreza não é surpreendente, na medida em que há uma demanda crescente por postos de trabalho, enquanto mecanismos de reestruturação excluem do mercado os trabalhadores menos qualificados, tanto pela extinção de postos que requerem pouca qualificação como pela criação de novos postos que necessitam de trabalhadores mais qualificados. A esse respeito é importante destacar a permanente atratividade de São Paulo aos migrantes mais pobres, que se deve em parte a três fatores. O primeiro é o fato de que as fortes ondas de migração do passado resultaram na criação de amplas redes de solidariedade que dão apoio aos recém-chegados. Por outro lado, considerada a disponibilidade de infra-estrutura urbana e a universalização de acesso aos serviços públicos básicos, as condições de vida na metrópole em São Paulo, mesmo para os pobres, são certamente superiores às que se verificam nas regiões menos desenvolvidas do país. Finalmente, vale a pena lembrar que, para a mão-de-obra menos qualificada[64] que permanece ocupada, o rendimento médio em São Paulo era, em novembro de 1999, 51% superior ao verificado nas demais metrópoles, isto é, persiste uma vantagem relativa muito atraente da metrópole paulista, mesmo considerando o declínio contínuo do rendimento médio que vem ocorrendo desde 1996 e os diferenciais de custo de vida entre metrópoles.

---

[63] De outubro de 1995 a outubro de 1999.

[64] Pessoas ocupadas com menos de quatro anos de escolaridade.

A situação recente

O monitoramento do que ocorre nacionalmente em termos de evolução da renda e de pobreza depende dos dados da Pnad, devido à sua abrangência territorial e à amplitude das questões investigadas. Contudo, informações derivadas da PME/IBGE referentes ao funcionamento do mercado de trabalho em áreas metropolitanas fornecem, no intervalo de realização das Pnads, subsídios interessantes para estudos sobre pobreza, por duas razões.

A primeira é que as seis áreas metropolitanas onde se realiza a PME concentram 43,61 milhões de habitantes — ou 25,68% da população brasileira — o que evidencia sua relevância demográfica.[65] Ademais, constituem-se em pólos que pela sua importância econômica, social e política sinalizam de maneira mais imediata as mudanças estruturais e conjunturais, assim como as tendências produtivas que costumam se manifestar de forma defasada e abrandada nas demais áreas urbanas do país.

A segunda razão de interesse pelos dados da PME é que a forma de inserção dos indivíduos no mercado de trabalho tem importância fundamental, pelo fato de que o rendimento do trabalho — presente ou diferido por mecanismos de poupança e seguridade — constitui-se na forma socialmente desejada de os indivíduos atenderem às suas necessidades, evitando a pobreza. Mecanismos sociais compensatórios são normalmente encarados como proteção excepcional, quando a inserção via mercado de trabalho não ocorre adequadamente. Nesse sentido, é relevante investigar como dificuldades de inserção dos indivíduos no mercado de trabalho ou a evolução do rendimento do trabalho tendem a afetar a incidência de pobreza.

Como já visto na seção anterior, os indicadores de pobreza de 1999, baseados em dados de rendimento de setembro daquele ano, captaram o início da retomada econômica pós-desvalorização cambial, cujas evidências já eram claras nas áreas metropolitanas desde meados daquele ano. Entre setembro de 1999 até a crise energética de 2001, verificou-se nas metrópoles uma forte retomada da ocupação — 739 mil postos de trabalho criados, significando um crescimento de 4,5% da ocupação no período.[66] Sobre o rendimento médio, o efeito positivo da retomada foi mantê-lo praticamente estagnado (tabela 37), interrompendo a tendência declinante verificada desde 1997. Posteriormente, foi possível constatar que o crescimento econômico no período foi um fenômeno nacional — o PIB aumen-

---

[65] A população nas nove metrópoles era de 51,34 milhões de habitantes — ou 30,24% da população brasileira — quando da realização do recenseamento de 2000.

[66] Período de setembro de 1999 a março de 2001.

tou em 4,1%, em 2000 —, portanto, não limitado às áreas metropolitanas; de modo que é possível que tenha havido naquele momento reversão do agravamento da incidência de pobreza no país verificado em 1999.[67] É importante destacar que, no que concerne ao mercado de trabalho metropolitano, mesmo durante a retomada de 2000, se manteve a tendência de redução dos postos de trabalho para os trabalhadores com menos de quatro anos de escolaridade, os quais perderam 2,6% dos postos de trabalho que detinham no ano anterior (ver box "Menos trabalho para os pouco qualificados").

Tabela 37

Evolução recente da ocupação e do rendimento nas metrópoles

	Ocupados		Rendimento médio		Rendimento total	
Data	Nº (mil)	Índice	R$*	Índice	R$ milhões*	Índice
Setembro 1999	16.518	100,0	825,48	100,00	13.635,35	100,00
Setembro 2000	17.362	105,1	833,30	100,95	14.467,71	106,10
Abril 2001	17.254	104,5	817,37	99,02	14.102,80	103,43
Setembro 2001	17.416	105,4	789,53	95,64	13.750,22	100,84
Abril 2002	17.564	106,3	784,33	95,01	13.776,07	101,03

Fonte: IBGE/PME.
*R$ a preços de abril de 2000.

Os eventos adversos de 2001 relativos a energia, crise argentina e conjuntura econômica internacional interromperam a retomada, afetando, particularmente, o rendimento médio. Como resultado, estagnou o rendimento total do trabalho nas metrópoles, o que tende a potencializar a evolução adversa relativa à inserção no mercado dos trabalhadores com menor escolaridade, contribuindo para o agravamento da pobreza metropolitana. Como pobreza é medida a partir da renda familiar, parte do efeito sobre a pobreza da exclusão do mercado de trabalho de indivíduos com baixa qualificação é compensada pela composição por idade e nível educacional dos indivíduos no interior de cada família.

No que concerne às relações entre mercado de trabalho e pobreza, cabe observar que a exclusão do mercado de trabalho de indivíduos com nenhuma ou pouca qualificação é um aspecto definitivo da evolução que se observa nas me-

[67] Em 2000, a Pnad não foi realizada devido ao censo demográfico. Desse modo, até que os dados do censo estejam disponíveis, as evidências sobre o comportamento da renda das famílias naquele ano estão limitadas às informações da PME.

trópoles brasileiras, que se mantêm mesmo em períodos de expansão econômica, como no ano 2000. Esse fenômeno tende a ocorrer nas demais áreas do país, embora com intensidade e velocidade diversas.

Aos mais vulneráveis, para os quais a renda do grupo familiar não é capaz de neutralizar o alijamento do mercado de trabalho, evitar a pobreza do ponto de vista da renda depende, essencialmente, de benefícios previdenciários e de políticas compensatórias por parte do poder público. Dessas políticas depende também um amplo contingente de pobres "estruturais", entre os quais se incluem — em função dos baixos rendimentos na base da distribuição — mesmo aqueles que participam normalmente no mercado de trabalho.

Menos trabalho para os pouco qualificados

Dados desagregados segundo o nível de escolarização do trabalhador evidenciam que o mercado de trabalho vem rapidamente se especializando, exigindo trabalhadores com maior nível de qualificação (gráfico). Como conseqüência, é drasticamente reduzido o número de ocupados de menor qualificação nas metrópoles consideradas — o que significou menos 1,3 milhão de postos de trabalho ocupados por trabalhadores com menos de quatro anos de escolaridade no período de cinco anos entre o segundo semestre de 1994 e o segundo semestre de 1999. Ao mesmo tempo, houve um ligeiro aumento do número de postos de trabalho ocupados por trabalhadores com quatro a oito anos de estudo, enquanto cresce de forma mais acentuada o daqueles com mais de oito anos de estudo. Essa mudança na composição da demanda por mão-de-obra repercutiu, necessariamente, sobre a evolução dos rendimentos médios segundo níveis de escolaridade. O rendimento médio dos trabalhadores menos qualificados, que tinha apresentado os maiores ganhos logo após a estabilização, atingiu seu melhor nível já no segundo semestre de 1996, enquanto o rendimento médio dos trabalhadores com nove anos de estudo ou mais continuou se elevando por mais um ano, e tanto mais quanto maior o nível de escolarização.

As condições de inserção no mercado de trabalho para o contingente de trabalhadores com menos de quatro anos de estudo se deterioraram, particularmente devido aos efeitos combinados da perda de postos de trabalho — que se verifica desde antes da estabilização de preços — e do rendimento médio, que começa a declinar precocemente. No segundo semestre de 1999, seu rendimento total do trabalho já tinha caído 13% desde o pico de 1996, e a tendência é certamente adversa (ver tabela).

É certo que o nível de escolaridade da população brasileira vem se elevando, e, desse modo, não só é esperada como desejável a redução da participação dos indivíduos com baixo nível de escolaridade entre os ocupados. O que se quer chamar a atenção aqui é para a exclusão desses trabalhadores do mercado de trabalho nas metrópoles. A demanda por essa mão-de-obra está se reduzindo bem mais rapidamente do que a participação

Continua

desses indivíduos na população em idade de trabalhar.[68] Quanto maior o desequilíbrio entre oferta e demanda, maior a probabilidade de que o ajuste no mercado de trabalho tenha impactos negativos sobre a incidência de pobreza.

Evolução do número de trabalhadores ocupados, segundo o nível de escolaridade — jan. 1994 a jul. 2000

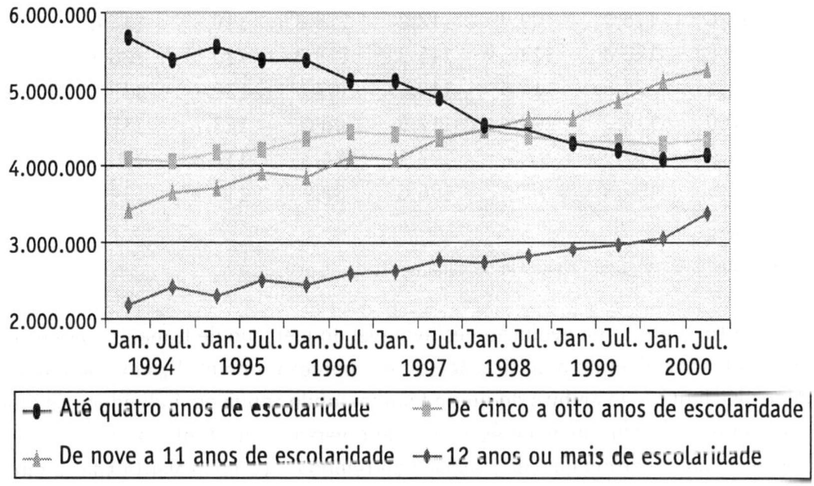

Fonte: IBGE/PME.

Evolução do rendimento do trabalho, segundo nível de escolaridade do trabalhador — 1994-2000

	Rendimento médio mensal real (R$ maio 2000)				Rendimento total real (R$ milhões maio 2000)			
Ano*	Até 4 anos	5 a 8 anos	9 a 11 anos	12 anos ou mais	Até 4 anos	5 a 8 anos	9 a 11 anos	12 anos ou mais
1994	334,57	401,12	656,70	1.581,66	1.858,4	1.681,8	2.440,8	3.817,1
1995	397,54	465,69	721,76	1.774,64	2.151,7	2.010,4	2.781,4	4.413,5
1996	424,16	484,36	743,89	1.823,20	2.196,5	2.194,3	3.093,5	4.897,6
1997	415,31	487,64	752,58	1.890,92	1.998,3	2.181,6	3.301,3	5.312,1
1998	401,50	460,75	705,09	1.858,37	1.784,5	2.081,0	3.250,4	5.318,3
1999	371,96	432,76	642,85	1.694,12	1.566,5	1.896,7	3.182,2	5.093,3
2000	373,44	429,30	625,72	1.686,04	1.539,8	1.906,1	3.397,6	5.563,7

Continua

[68] O desvio entre as participações dos indivíduos com menos de quatro anos de escolaridade na população ocupada (37%) e na PIT (41,9%), que era de 4,8% em janeiro de 1994, passou a 6,6% em janeiro de 2000.

	Nº índice (jul.-dez. 1994 = 100)							
	Rendimento médio mensal real (R$ maio 2000)				Rendimento total real (R$ milhões maio 2000)			
Ano*	Até 4 anos	5 a 8 anos	9 a11 anos	12 anos ou mais	Até 4 anos	5 a 8 anos	9 a 11 anos	12 anos ou mais
1995	118,8	116,1	109,9	112,2	115,8	119,5	114,0	115,6
1996	126,8	120,8	113,3	115,3	118,2	130,5	126,7	128,3
1997	124,1	121,6	114,6	119,6	107,5	129,7	135,3	139,2
1998	120,0	114,9	107,4	117,5	96,0	123,7	133,2	139,3
1999	111,2	107,9	97,9	107,1	84,3	112,8	130,4	133,4
2000	111,6	107,0	95,3	106,6	82,9	113,3	139,2	145,8

Fonte: IBGE/PME.
*Refere-se à média do segundo semestre de cada ano.

No entanto, o efeito da evolução desfavorável do mercado de trabalho para os trabalhadores de menor nível de qualificação sobre a pobreza é neutralizado, em parte, pela dinâmica distributiva no âmbito do grupo familiar, onde convivem indivíduos de diferentes faixas etárias e com níveis de escolaridade diversos. Entretanto, acentuadas evoluções adversas que ocorrem em curto espaço de tempo — como as verificadas a partir de 1997 —, têm impacto necessariamente adverso sobre a pobreza. Nesse sentido, o agravamento da pobreza metropolitana que vem ocorrendo de forma sustentada desde 1995 deve estar em parte associado ao rápido processo de exclusão do mercado de trabalho da mão-de-obra menos qualificada.

A esse respeito é importante lembrar ainda que as taxas crescentes de desemprego que se verificaram no período tiveram certamente papel marginal sobre a incidência de pobreza. Estudos realizados visando investigar o impacto do desemprego através da simulação da situação de pleno emprego (Ramos, 1999) mostraram que atribuir os rendimentos de trabalho a todos os desempregados a partir de suas características pessoais reduziria apenas marginalmente a pobreza. Isso se explica, essencialmente, pelo fato de que desempregados não são os indivíduos mais pobres, mas situam-se entre o segundo e o sexto décimo da distribuição de rendimento.

O agravamento da pobreza metropolitana poderá ocorrer simultaneamente à desigualdade crescente da distribuição dos rendimentos. É ilustrativo que, com a retomada da atividade econômica após a desvalorização, tenha aumentado fortemente a demanda por trabalhadores mais qualificados. Entre maio de 1999 e maio de 2000, foram criados 150 mil postos de trabalho para aqueles com 12 anos ou mais de escolarização, cujo rendimento médio é 4,5 vezes superior ao dos trabalhadores com até quatro anos de estudo. Como resultado, o rendimento total para os trabalhadores com 12 anos de escolaridade ou mais voltou a crescer, apresentando os maiores ganhos acumulados no perío-

Continua

do 1994-2000, enquanto declinava sem cessar o rendimento daqueles com menos de quatro anos de escolaridade, o que tem implicações distributivas claramente adversas.

Na verdade, a reestruturação produtiva em curso tem o efeito de alijar do mercado de trabalho a mão-de-obra menos qualificada, o que vem ocorrendo desde o final da década de 1980. Apesar de essa tendência poder ser acentuada ou amortecida pelas características da conjuntura econômica, a exclusão do mercado de trabalho de indivíduos com nenhuma ou pouca qualificação é um aspecto definitivo da evolução observada nas metrópoles brasileiras e que ocorrerá, inevitavelmente, embora em intensidade e velocidade diversas, nas demais áreas do país.

O que mudou?

Apesar da redução da incidência da pobreza do ponto de vista da renda entre 1992 e 1999, para o que a estabilização econômica de 1994 foi determinante, as principais características estruturais da pobreza no país se mantêm. A pobreza no Brasil tem um forte componente regional, uma vez que sua incidência, quaisquer que sejam os indicadores utilizados, é mais elevada no Norte e Nordeste, reduzindo-se em direção ao Sul. O Nordeste permanece como a região mais pobre do país, não só porque os indicadores de insuficiência de renda são mais adversos, como pelo contingente populacional envolvido, 22 milhões de pessoas (ver "Pobreza e desigualdade regional: o caso do Nordeste", na página 136).[69] Por outro lado, apresenta-se sensivelmente mais alta nas áreas rurais, embora em São Paulo e no Rio de Janeiro, as regiões mais urbanizadas do país, a pobreza seja um fenômeno essencialmente metropolitano. Para o conjunto do país, embora a proporção de pobres se mantenha ainda muito mais elevada em áreas rurais (40%), os pobres urbanos são largamente a maioria, correspondendo a 78% dos pobres brasileiros em 1999.

[69] Para um diagnóstico recente do Nordeste e recomendações para uma política de desenvolvimento da região, ver Albuquerque (2002).

Pobreza e desigualdade regional: o caso do Nordeste

O Nordeste inicia a década com proporção de pobres da ordem de 64% da população, o que corresponde a 42% dos pobres brasileiros em 1992. Com a implantação do Plano Real, embora a região, como todo o país, tenha se beneficiado do aumento da renda, os ganhos realizados não alteraram de forma significativa sua posição relativa no contexto nacional. Em relação ao número de pobres, a situação do Nordeste claramente se deteriorou, com sua participação no país passando de 42%, em 1993, para 45%, em 1995. O impacto foi neutro em relação ao hiato da renda, com a participação da região em relação ao país ficando praticamente estável (0,477, em 1993, e 0,486, em 1995). Entretanto, a menor desigualdade entre os pobres permitiu alguma redução da participação do Nordeste quando se considera o hiato quadrático. Na construção desse índice a melhoria distributiva compensou o agravamento em relação ao número de pobres e ao hiato da renda. Em síntese, pode-se afirmar que o efeito da estabilização na redução da pobreza não permitiu um estreitamento do diferencial de incidência de pobreza do ponto de vista da renda entre o Nordeste e o restante do país em todas as dimensões, como seria desejável (tabela 38).

Tabela 38

Indicadores de pobreza e participação do Nordeste no Brasil
1993 e 1995

Indicadores	1993		1995	
	Nordeste	Brasil	Nordeste	Brasil
Proporção (%)	63,96	44,09	52,05	33,23
Participação (%)	41,78	100,00	45,52	100,00
Razão do hiato	0,538	0,471	0,476	0,446
Participação (%)	47,71	100,00	48,58	100,00
Hiato quadrático	0,23	0,13	0,15	0,09
Participação (%)	50,69	100,00	49,15	100,00

Fonte: Pnad (tabulações especiais).

O inverso ocorre a seguir, passado o primeiro impacto do Plano Real. A partir de 1996, o Nordeste tende a reduzir sua participação na pobreza nacional. Por um lado, porque seus estratos urbano e metropolitano sofrem menos intensamente a segunda rodada do processo de reestruturação produtiva, que ocorre de forma drástica nas áreas centrais, São Paulo em particular. Por outro lado, porque se verificam melhorias de renda no estrato rural nordestino, associadas à crescente cobertura de benefícios previdenciários e assistenciais. A esse respeito é importante destacar que, por ocasião da seca iniciada em 1998, houve um volume significativo de transferências emergenciais de renda para a região.[70] Nesse sentido, os indicadores relativos a 1999 na área rural e, provavelmente, em alguma medida também na área urbana (aquela que se convencionou denominar "rurbana") devem ter sido afetados favoravelmente por essas transferências.

Apesar da melhoria relativa do Nordeste na fase final do período, o resultado em relação à desigualdade regional da pobreza é menos favorável quando se tem como referência os anos extremos 1992 e 1999. Houve redução da pobreza na região, mas, como a evolução foi semelhante à brasileira, não ocorreu estreitamento da desvantagem do Nordeste no âmbito nacional como seria desejável. A tabela 39 mostra que a incidência de pobreza é muito elevada no Nordeste, tanto no início do período, como mesmo após os efeitos da estabilização e das melhorias que se seguiram, correspondendo a 51% da população em 1999. Note-se que a proporção de pobres no Recife é mais elevada do que na área rural, em ambos os anos, tendo apresentado também uma evolução mais adversa no período. Em contrapartida, a área rural nordestina apresentou a evolução mais favorável no que se refere ao indicador.

Tabela 39

Número e proporção de pobres
Nordeste e resto do país — 1992 e 1999

Nordeste e resto do país	1992		1999	
	Pobres (mil)	Proporção (%)	Pobres (mil)	Proporção (%)
Nordeste	25.615	63,87	22.879	50,90
Fortaleza	1.349	58,12	1.286	47,90
Recife	1.937	68,61	1.797	59,62
Salvador	1.354	56.07	1.354	50,23
Urbano	11.229	62,47	10.218	49,44
Rural	9.745	66,89	8.225	51,77
Resto do país	35.992	36,03	31.560	28,47
Brasil	61.607	44,00	54.440	34,95

Fonte: Pnad (tabulações especiais).

[70] O Programa Emergencial de Frentes Produtivas, implantado em junho de 1998, teve como objetivo prestar assistência às populações atingidas pela seca através do pagamento mensal de cerca de R$80 por mês e por trabalhador, aproximadamente 60% do valor do salário mínimo em 1998. Tendo o programa pago quase 1,2 milhão de benefícios entre agosto e dezembro de 1998, representou um aporte significativo de renda para o Nordeste. Em quatro estados o valor das transferências correspondeu a mais de 10% da renda rural total do mês de setembro de 1998: 19% no Ceará, 14,7% em Pernambuco, 13,4% na Paraíba, 11,8% no Piauí e no Rio Grande do Norte (Rocha, 2000c).

A estabilidade da participação do Nordeste no número de pobres do país, em torno de 42%, ocorre em claro descompasso com a sua participação na população brasileira (28%). De qualquer modo, essa estabilidade se deu graças à redução mais acentuada na área rural, já que, como no restante do país, houve agravamento nas áreas urbanas e metropolitanas (tabela 40). É importante observar que a participação da população rural e do número de pobres rurais nordestinos se manteve praticamente estável, em desacordo com o ritmo de urbanização do resto do país.

Tabela 40

Participação na população total e dos pobres
Nordeste e resto do país — 1992 e 1999

Nordeste e resto do país	1992			1999		
	Participação (%)		Desvio	Participação (%)		Desvio
	Pobres	Total*		Pobres	Total*	
Nordeste	41,58	28,65	12,93	42,03	28,85	13,17
Fortaleza	2,19	1,66	0,53	2,36	1,72	0,64
Recife	3,14	2,02	1,13	3,30	1,93	1,37
Salvador	2,20	1,73	0,47	2,49	1,73	0,76
Urbano	18,23	12,84	5,39	18,77	13,27	5,50
Rural	15,82	10,41	5,41	15,11	10,20	4,91
Resto do país	58,42	71,35	-12,93	57,97	71,15	-13,18
Brasil	100,00	100,00	—	100,00	100,00	—

Fonte: Pnad (tabulações especiais).
*Pobres + não-pobres.

Quanto ao hiato da renda (tabela 41), os resultados nordestinos mais favoráveis ocorreram na área rural, enquanto em Salvador o desempenho evolutivo foi fraco, seguindo de perto a tendência predominante nas áreas metropolitanas. Cabe lembrar que esses resultados são fortemente influenciados pela relação entre o salário mínimo, que determina o valor-base dos benefícios previdenciários e assistenciais, e o valor da linha de pobreza específica calculada para cada subárea. Apesar da evolução francamente favorável do indicador ocorrida no Nordeste em relação à razão do hiato, sua participação no resultado nacional se mantém em torno de 42%, já que é também influenciada pela participação da região no número de pobres.

Finalmente, o hiato quadrático, que leva em conta não só a proporção de pobres e a razão do hiato, mas também o componente de desigualdade entre os pobres, mostra também um declínio acentuado ao longo do período, bem como a estabilidade da participação do Nordeste no país. Cabe destacar que a vantagem do Nordeste em relação ao componente de desigualdade entre os pobres se mantém, que é o que justifica a sua participação nacional de 29% em relação a esse indicador, bem abaixo da participação regional, em torno de 42%, observada em relação ao número e razão do hiato (tabelas 42 e 41).

Tabela 41

Razão do hiato e participação
Nordeste e resto do país — 1992 e 1999

Nordeste e resto do país	1992		1999	
	Razão	Participação (%)	Razão	Participação (%)
Nordeste	0,5347	41,58	0,4726	42,03
Fortaleza	0,4967	2,19	0,4687	2,36
Recife	0,5773	3,14	0,5279	3,30
Salvador	0,5026	2,20	0,4941	2,49
Urbano	0,5251	18,23	0,4714	18,77
Rural	0,5471	15,82	0,4590	15,11
Resto do país	0,4431	58,42	0,4289	57,97
Brasil	0,4812	100,00	0,4472	100,00

Fonte: Pnad (tabulações especiais).

Apesar da melhoria relativa do Nordeste após 1996, as tendências que se verificam ao longo do período 1992-99 são essencialmente as mesmas para a região e para o país. Por um lado ocorre alguma metropolização da pobreza, a partir de patamares muito distintos no Nordeste e no país. Entre 1992 e 1999, a participação da pobreza metropolitana passa de 31 para 32% no país e de 18 para 19% no Nordeste. Por outro lado, mantém-se a desruralização da pobreza como fenômeno nacional de longo prazo. Contudo, enquanto os pobres rurais no Brasil têm sua participação reduzida de 28,8%, em 1992, para 21,9%, em 1999, no Nordeste esse recuo é muito mais moderado, de 38%, em 1992, para 37%, em 1999. As características físicas de boa parte da área rural da região, a imutabilidade da estrutura agrária, a modernização agrícola tardia e lenta — que se dá freqüentemente em novos espaços, afetando apenas marginalmente as relações de produção nas áreas de ocupação tradicional — são algumas das razões da persistência da elevada incidência de pobreza rural no Nordeste.

Tabela 42

Hiato quadrático e participação
Nordeste e resto do país — 1992 e 1999

Nordeste e resto do país	1992		1999	
	Hiato	Participação (%)	Hiato	Participação (%)
Nordeste	0,2297	28,65	0,1505	28,85
Fortaleza	0,1845	1,66	0,1399	1,72
Recife	0,2735	2,02	0,2076	1,93
Salvador	0,1845	1,73	0,1624	1,73
Urbano	0,2189	12,84	0,1467	13,27
Rural	0,2493	10,41	0,1445	10,20
Resto do país	0,0971	71,35	0,0758	71,15
Brasil	0,1351	100,00	0,0974	100,00

Fonte: Pnad (tabulações especiais).

A tabela 43 permite verificar como essa evolução global da região se refletiu nos estados, através dos resultados comparados quanto à posição relativa de cada um no que concerne à participação no número de pobres no Nordeste.[71]

Verifica-se que o ordenamento dos estados praticamente não se altera, com exceção da inversão de posição de Rio Grande do Norte e de Alagoas. A melhoria mais significativa ocorreu na Paraíba, o que não foi suficiente, no entanto, para alterar a sua posição. Fica patente que, em relação à pobreza do ponto de vista da insuficiência de renda, não houve evoluções significativamente diferenciadas por estado no período. Mesmo considerando a proporção de pobres, indicador mais sensível a oscilações, todos os estados tiveram declínio significativo da incidência da pobreza, mas em intensidade semelhante, aliás, ao ocorrido em relação à região Nordeste no contexto do país como um todo.

[71] Como de ano para ano e de uma unidade da Federação para outra varia o número de pessoas não consideradas para efeito de análise devido à falta de informação sobre a renda familiar, optou-se nesta tabela por derivar as participações de cada unidade da Federação a partir do número de pobres obtidos como resultado da proporção de pobres aplicada à população residente em cada estado. Evita-se assim distorções no resultado associadas à variação no número de indivíduos com informação de renda *missing*.

Tabela 43

Participação no número de pobres no Nordeste,* segundo estados — 1992 e 1999

Estados	1992		1999		Desvio (%)
	Part. (%)	*Ranking*	Part. (%)	*Ranking*	1992-99
Maranhão	11,15	4	12,19	4	1,03
Piauí	6,73	6	6,27	6	-0,47
Ceará	15,98	3	16,08	3	0,10
Rio Grande do Norte	5,39	7	4,70	8	-0,69
Paraíba	7,61	5	6,30	5	-1,31
Pernambuco	17,39	2	18,11	2	0,72
Alagoas	5,10	(8)	5,97	(7)	0,87
Sergipe	3,03	(9)	3,31	(9)	0,28
Bahia	27,46	(1)	27,11	(1)	-0,35
Nordeste	100,00		100,00		

Fonte: Pnad (tabulações especiais).

Capítulo 6

Quem são e como vivem os pobres no Brasil?

A pobreza para além da insuficiência de renda

Os dois capítulos anteriores tiveram como objetivo descrever a evolução da pobreza, respectivamente, no longo prazo e na última década, considerando a abordagem da renda — isto é, delimitando como pobres os indivíduos com renda familiar *per capita* abaixo de parâmetros de valor — as linhas de pobreza —, que variam a cada ano, conforme a região e o local de residência. Os indicadores referiram-se sempre à renda como variável única para definir pobreza, apresentando como resultado o número e a proporção de pobres na população, a medida de intensidade de sua pobreza do ponto de vista da renda e o indicador sintético que também leva em consideração o grau de desigualdade de renda entre os pobres.

O objetivo deste capítulo é, delimitada a subpopulação pobre com base no critério de renda, caracterizar o seu perfil.[72] Isso permite evidenciar as especificidades do fenômeno no Brasil, o que é essencial quando se trata de compreender a pobreza e estabelecer políticas para enfrentar o problema. O perfil dos pobres tem a função, ainda, de considerar aspectos do seu bem-estar não diretamente vinculados à renda — como o acesso a serviços básicos —, o que permite inferir diferenciais quanto à condição de vida dos pobres de forma multifacetada, portanto, de forma mais fiel ao conceito de pobreza enquanto síndrome de carências diversas, como visto no capítulo 1.

[72] Naturalmente, às diferentes linhas de pobreza correspondem não só diferentes indicadores de pobreza enquanto insuficiência de renda, mas também diferentes perfis dos pobres. As características básicas da pobreza são robustas a diferenças nas definições de linhas de pobreza. Ver sobre perfis dos pobres no Brasil, Tolosa (1978), Rocha e Villela (1990), Jatobá (1993), World Bank (1995), Ferreira, Lanjouw e Néri (1999) e Rocha (2001b).

Pobres e não-pobres em 1999

O perfil dos pobres poderia, isoladamente, deixar pouco evidente sua especificidade, de modo que, do ponto de vista analítico, pareceu mais proveitoso fornecer os indicadores selecionados também para os não-pobres, facilitando assim a comparação entre as duas subpopulações. Além da participação de pobres e de não-pobres, as tabelas apresentam também a proporção de pobres por categoria de cada variável considerada. Os resultados consolidados para o país estão necessariamente afetados pelo elevado peso relativo da pobreza nordestina no âmbito nacional, assim como pelo fato de que a pobreza no Brasil, aliás, como a sua população, é preponderantemente urbana.[73]

A repartição das duas populações por gênero é semelhante, com uma ligeira desvantagem para as mulheres entre os pobres (tabela 44). A distribuição por idade, no entanto, deixa patente uma das conhecidas características da pobreza brasileira, o fato de que esta afeta, principalmente, as crianças, já que a proporção de pobres declina com a idade. Esse fato está ligado a diversos fatores, desde a própria presença da criança, que implica despesas adicionais — mas não pode contribuir com renda adicional para a família — até características do ciclo de vida da família, que prejudicam o rendimento do trabalho e mesmo a inserção do casal de pais no mercado de trabalho. Há que destacar, porém, que esses resultados refletem os efeitos de políticas públicas, que, de longa data, têm priorizado o atendimento aos idosos — via mecanismos previdenciários e de transferências de renda de cunho assistencial. O perfil da pobreza por idade revela que os idosos estão sub-representados entre os pobres, o que pode ser visualizado de forma mais dramática com as informações de proporção de pobres por idade. Na faixa etária até quatro anos, 54,5% das crianças são pobres;[74] no limite etário oposto, pessoas de 60 anos e mais, pouco menos de 16% são pobres, o que é inferior à metade da proporção de pobres observada para a população brasileira como um todo. Do ponto de vista da política social, a incidência de pobreza por idade indica a necessidade de criar mecanismos de proteção voltados especificamente para as crianças pobres.

---

[73] Para a participação dos pobres brasileiros segundo regiões e estratos de residência (urbano, rural e metropolitano), ver capítulos 4 e 5.

[74] Explicando o indicador de proporção por categoria do perfil, como apresentado nas tabelas 44, 45 e 46: 54,5% de todas as crianças brasileiras de menos de quatro anos pertencem a famílias pobres, isto é, nas quais a renda familiar *per capita* é inferior à linha de pobreza.

Tabela 44

Perfil pobres *versus* não-pobres (pessoas)
Brasil, 1999

		Pobres		Não-pobres		Proporção de pobres
Variáveis	Categorias	Nº (mil)	Part. (%)	Nº (mil)	Part. (%)	(%)*
Gênero	Masculino	26.221	48,2	50.132	49,5	34,3
	Feminino	28.219	51,8	51.216	50,5	35,5
Idade	0 a 4	7.944	14,6	6.627	6,6	54,5
	5 a 7	4.657	8,6	4.429	4,4	51,3
	8 a 9	2.938	5,4	3.074	3,0	48,9
	10 a 14	7.589	13,9	8.959	8,8	45,9
	15 a 19	6.186	11,4	10.301	10,2	37,5
	20 a 29	8.226	15,1	17.578	17,3	31,9
	30 a 59	14.658	26,9	38.538	38,0	27,6
	60 e mais	2.235	4,1	11.831	11,7	15,9
Cor ou raça	Indígena	134	0,2	115	0,1	53,8
	Branca	20.611	37,9	63.759	62,9	24,4
	Preta	3.848	7,1	4.557	4,5	45,8
	Amarela	93	0,2	600	0,6	13,4
	Parda	29.751	54,6	32.304	31,9	47,9
Analfabetismo						
10 a 19 anos	Alfabetizados	12.676	32,6	18.800	21,6	40,3
	Analfabetos	1.092	2,8	459	0,5	70,4
20 anos e mais	Alfabetizados	18.993	48,9	60.110	68,9	24,0
	Analfabetos	6.117	15,7	7.828	9,0	43,9
Freqüência à escola (7 a 14 anos)	Só freqüentam a escola	6.045	79,7	7.774	86,8	43,7
	Só trabalham	120	1,6	108	1,2	52,5
	Trabalham e estudam	1.083	14,3	883	9,9	55,1
	Não trabalham nem estudam	333	4,4	186	2,1	64,1
	Nunca freqüentaram a escola	5.609	27,1	8.159	13,9	40,7
Escolaridade (25 anos de idade ou mais)	1 a 4 anos	8.786	42,5	19.812	33,8	30,7
	5 a 8 anos	4.422	21,4	11.670	20,0	27,5
	9 a 11 anos	1.666	8,0	11.635	19,9	12,5
	12 e mais	143	0,7	6.796	11,6	2,1
	Sem informação	65	0,3	473,9	0,8	12,1

Fonte: IBGE/Pnad (tabulações a partir de microdados).

*Proporção de pobres em relação ao total de indivíduos pobres mais não-pobres em cada categoria.

Os indicadores de cor e raça evidenciam a conhecida prevalência, entre os pobres, de indivíduos de cor preta e parda, segundo a própria classificação do informante. Entre as categorias consideradas, são os amarelos que apresentam a mais baixa proporção de pobres.

Os indicadores de educação fornecem evidências da correlação entre baixo nível educacional e pobreza. Embora a taxa de analfabetismo esteja tendendo a zero rapidamente, o que pode ser constatado pelos diferenciais da taxa entre os indivíduos de 10 a 19 anos, ou de mais de 20 anos, pobreza ainda está associada a elevadas taxas de analfabetismo, uma vez que, entre os analfabetos, 70,4% são pobres. Apesar da quase universalização da freqüência à escola para as crianças na faixa de 7 a 14 anos, observa-se que um percentual bem maior de crianças pobres do que de não-pobres não freqüenta a escola (6,0% *versus* 3,3%). Ademais, independentemente da qualidade da escola e da aprendizagem de fato realizada, que não podem ser medidos através dos dados da Pnad, as crianças pobres trabalham mais freqüentemente, o que pode ser uma desvantagem para o aproveitamento escolar e para a permanência na escola além dos 14 anos. Para os indivíduos adultos (25 anos e mais), é evidente a desvantagem que o baixo nível de escolaridade representa em termos de incidência de pobreza, já que, como era de se esperar, a proporção de pobres declina monotonicamente com o nível de escolaridade, de modo que apenas 2,1% dos indivíduos com alguma educação superior são pobres.

A tabela 45 apresenta indicadores relativos aos chefes, considerando as mesmas variáveis da tabela 44, com alguns pequenos ajustes de especificação. A ênfase no perfil dos chefes no conjunto de membros das famílias se justifica na medida em que eles têm participação preponderante na renda familiar.[75] Observa-se que a maior freqüência de chefes mulheres, chefes jovens e de baixo nível de escolaridade entre os pobres é fator explicativo importante do baixo nível de renda familiar. Vale lembrar que a chefia feminina ocorre, preponderantemente, na ausência de cônjuge, o que reforça a vulnerabilidade da família em termos de taxa de dependência e nível de rendimento.

---

[75] Na Pnad, a pessoa de referência da família, ou o chefe, é indicada pelo informante, independentemente de características de gênero, posição na família, nível de renda ou qualquer outro indicador especificado *a priori* como orientação pelo entrevistador.

Tabela 45

Perfil pobres *versus* não-pobres (chefes)
Brasil, 1999

Variáveis	Categorias	Pobres Nº (mil)	Pobres Part. (%)	Não-pobres Nº (mil)	Não-pobres Part. (%)	Proporção de pobres (%)*
Gênero	Masculino	9.170	68,7	24.231	76,0	27,5
	Feminino	4.176	31,3	7.652	24,0	35,3
Idade	Menos de 19	500	3,7	230	0,7	68,5
	20 a 29	3.096	23,2	4.181	13,1	42,5
	30 a 59	8.259	61,9	19.857	62,3	29,4
	60 e mais	1.489	11,2	7.611	23,9	16,4
Cor ou raça	Indígena	32	0,2	35	0,1	47,9
	Branca	5.191	38,9	20.056	62,8	20,6
	Preta	1.122	8,4	1.739	5,5	39,2
	Amarela	26	0,2	208	0,7	11,0
	Parda	6.973	52,3	9.841	30,9	41,5
Analfabetismo						
10 a 19 anos	Alfabetizados	459	3,5	218	0,7	67,8
	Analfabetos	42	0,3	12	0,0	77,7
20 anos e mais	Alfabetizados	9.457	71,6	27.368	86,3	25,7
	Analfabetos	3.246	24,6	4.133	13,0	44,0
Escolaridade (25 anos de idade ou mais)	Nunca freqüentaram a escola	3.218	28,0	4.579	15,2	41,3
	1 a 4 anos	4.869	42,4	10.755	35,7	31,2
	5 a 8 anos	2.407	21,0	5.772	19,1	29,4
	9 a 11 anos	858	7,5	5.373	17,8	13,8
	12 e mais	89	0,8	3.479	11,5	2,5
	Sem informação	33	0,3	198	0,7	14,2

Fonte: IBGE/Pnad (tabulações a partir de microdados).
*Proporção de pobres em relação ao total de indivíduos pobres mais não-pobres em cada categoria.

A tabela 46 apresenta um conjunto de informações sobre o mercado de trabalho. Observa-se que a repartição da população economicamente ativa (PEA) e da ocupação por gênero é semelhante entre os pobres e os não-pobres. No entanto, tanto a taxa de participação como a de ocupação,[76] são significativamente mais baixas entre os pobres do que entre os não-pobres, o que reflete desvantagens relativas dos primeiros para inserção produtiva, seja devido a características da família, seja devido a características dos indivíduos, como baixa qualificação, por exemplo. A distribuição dos ocupados por idade revela trabalhadores mais jovens entre os pobres, o que prejudica a escolaridade e se constitui num mecanismo de perpetuação da pobreza. Quanto às horas trabalhadas, os pobres trabalham menos horas, o que, embora possa significar, em muitos casos, uma opção pessoal/familiar em relação ao uso do tempo, certamente reflete uma maior proporção de indivíduos em condição de subemprego indesejado.

A posição na ocupação principal — a quase totalidade tanto de pobres como de não-pobres tem uma única ocupação — revela diferenças significativas entre as duas subpopulações. Enquanto 41% dos não-pobres são empregados em relações de trabalho formalizadas (empregados, inclusive empregados domésticos com carteira e funcionários públicos), apenas 21% dos pobres estão em tal condição. Quase 25% dos pobres ocupados trabalham por conta própria, percentual não muito superior ao dos não-pobres, mas certamente com implicações diversas. Embora a ocupação por conta própria encubra uma ampla gama de situações, não significando em si uma inserção inadequada ou precária no mercado de trabalho, entre os pobres está associada a atividades de baixa produtividade, baixos rendimentos, além de irregularidade, insegurança e imprevisibilidade do rendimento.

No que concerne à posição na ocupação, merece especial destaque a categoria de trabalhadores sem rendimentos, geralmente membros da família que "ajudam" na atividade principal do chefe ou do grupo familiar, sem a contrapartida de rendimentos próprios. Entre os pobres esse contingente chega a 23% do total de ocupados, o que é expressão evidente dos arranjos informais e do baixo custo de oportunidade do trabalho de membros secundários das famílias pobres. Tal resultado se explica, em grande parte, pela ocupação segundo setores. Quase 40% dos pobres estão ocupados na agricultura, em atividades de subsistência que demandam baixa qualificação e que têm baixa produtividade. No contexto da pequena agricultura familiar, assim como em atividades de comércio e de serviços informais, ocorre freqüentemente a incorporação de membros das famílias em condições de subemprego e sem remuneração direta.

---

[76] A taxa de participação é definida como a relação entre população economicamente ativa (PEA) e pessoas de 10 anos ou mais (TP = PEA/população de 10 anos ou mais*100), revelando a disposição de pessoas em idade ativa de participarem do mercado de trabalho. A PEA se compõe de ocupados e de desocupados, estes últimos definidos como sem ocupação no período de referência, mas procurando trabalho. A taxa de ocupação relaciona o número de pessoas ocupadas à PEA (TO = pessoas ocupadas/PEA*100).

Tabela 46

Perfil pobres *versus* não-pobres
Mercado de trabalho — Brasil, 1999

Variáveis	Categorias	Pobres Nº (mil)	Pobres Part. (%)	Não-pobres Nº (mil)	Não-pobres Part. (%)	Proporção de pobres (%)*
PEA	Masculino	12.648	59,3	32.386	58,7	28,1
	Feminino	8.686	40,7	22.800	41,3	27,6
Ocupados	Masculino	10.673	61,1	30.757	59,7	25,8
	Feminino	6.781	38,9	20.804	40,3	24,6
Desocupados	Masculino	1.976	50,9	1.629	44,9	54,8
	Feminino	1.905	49,1	1.996	55,1	48,8
Ocupados por idade	10 a 14	1.339	7,7	1.093	2,1	55,1
	15 a 17	1.261	7,2	2.161	4,2	36,8
	18 a 59	14.329	82,1	44.472	86,3	24,4
	60 e mais	522	3,0	3.829	7,4	12,0
Ocupados por horas trabalhadas	Até 10 horas	1.295	7,4	2.127	4,1	37,8
	11 a 20 horas	2.438	14,0	4.037	7,9	37,7
	21 a 40 horas	5.739	32,9	19.038	36,9	23,2
	Mais de 40 horas	7.975	45,7	26.327	51,1	23,2
Ocupados por nº de trabalhos	Um trabalho	16.844	96,5	49.029	95,1	25,6
	Dois trabalhos	587	3,4	2.335	4,5	20,1
	Três ou mais trabalhos	22	0,1	197	0,4	10,2
Posição na ocupação principal	Empregados com carteira	2.924	16,8	16.201	31,4	15,3
	Empregados sem carteira	3.774	21,6	8.293	16,1	31,3
	Funcionários públicos	360	2,1	4.235	8,2	7,8
	Domésticos com carteira	342	2,0	821	1,6	29,4
	Domésticos sem carteira	1.577	9,0	2.076	4,0	43,2
	Conta própria	4.309	24,7	11.684	22,7	26,9
	Empregador	109	0,6	2.668	5,2	3,9
	Não-remunerado	4.056	23,2	5.577	10,8	42,1

Continua

Variáveis	Categorias	Pobres Nº (mil)	Pobres Part. (%)	Não-pobres Nº (mil)	Não-pobres Part. (%)	Proporção de pobres (%)*
Ocupação por setor	Agricultura	6.763	38,8	9.974	19,3	40,4
	Ind. transformação	1.415	8,1	6.653	12,9	17,5
	Construção civil	1.440	8,2	3.148	6,1	31,4
	Outras (indústria/ comércio/serviços)	7.275	41,7	27.831	54,0	20,7
	Administração pública	360	2,1	2.837	5,5	11,3
	Outras	200	1,1	1.118	2,2	15,2
Taxa de participação (%)	Masculino		69,1		75,6	
	Feminino		42,2		51,4	
Taxa de ocupação (%)	Masculino		84,4		95,0	
	Feminino		78,1		91,2	

Fonte: IBGE/Pnad (tabulações a partir de microdados).
*Proporção de pobres em relação ao total de indivíduos pobres mais não-pobres em cada categoria.

A respeito dessa caracterização dos pobres no mercado de trabalho e das diferenciações, nesse particular, entre as duas subpopulações (pobre e não-pobre), cabe alertar que os resultados aqui descritos não implicam relações de causa e efeito, mas apenas uma descrição a partir do corte da renda familiar *per capita* dado pelas linhas de pobreza.

O fato de a inserção no mercado de trabalho ocorrer preponderantemente de forma precária é determinante básico da pobreza, na medida em que o rendimento do trabalho — presente ou diferido através de mecanismos de previdência —, é a principal fonte de renda das famílias. A tabela 47 evidencia que nas famílias pobres o rendimento do trabalho representa 81% da renda familiar, proporção mais elevada do que entre as não-pobres. A importância relativa das aposentadorias e outros benefícios previdenciários se inverte, sugerindo que esse tipo de renda contribui para a redução da incidência de pobreza, o que se coaduna com o declínio da proporção de pobres conforme a idade das pessoas (tabela 44). As outras fontes de renda aparecem como marginais, o que certamente reflete a realidade no caso dos pobres,[77] tendo implicações sobre o desenho de políticas de mercado de trabalho e de transferência de renda de caráter compensatório.

[77] Rendimentos de capital e de propriedades, que podem ser relevantes para os não-pobres, são reconhecidamente subdeclarados em pesquisas domiciliares de propósitos múltiplos, como a Pnad.

Tabela 47

Perfil pobres *versus* não-pobres
Rendimento familiar — Brasil, 1999

Variáveis	Categorias	Pobres (participação %)	Não-pobres (participação %)
Renda familiar zero	—	11,9	—
Fonte da renda familiar positiva	Trabalho principal	81,1	75,1
	Outros trabalhos	1,3	3,1
	Previdência	14,5	18,1
	Aluguéis	0,6	2,3
	Doações	1,8	0,6
	Outras	0,7	0,8
Contribuição por condição na família	Chefe	73,7	69,3
	Cônjuge	11,8	16,3
	Filhos	11,0	11,3
	Outros	3,5	3,1
Contribuição por idade da pessoa	5 a 9 anos	0,0	0,0
	10 a 17 anos	3,3	0,9
	18 a 30 anos	30,0	18,9
	31 a 59 anos	56,9	64,7
	60 anos e mais	9,8	15,5

Fonte: IBGE/Pnad (tabulações a partir de microdados).

A renda do chefe representa em torno de 70% da renda familiar, sendo, pois, determinantes suas características de educação e de inserção no mercado de trabalho para definir o *status* de sua família como pobre ou não-pobre. Cabe notar, particularmente, que a importância relativa da renda do chefe é maior no caso das famílias pobres, nas quais ela corresponde a 73% da renda total. A pequena participação do cônjuge pobre na renda familiar se vincula à menor inserção no mercado de trabalho, ligada, entre outros determinantes, à fase do ciclo de vida da família onde é maior a presença de crianças. A expansão da cobertura da pré-escola e as políticas voltadas, especificamente, para a inserção produtiva das jovens mães são iniciativas passíveis de melhorar a renda e a condição de vida presente e futura das famílias pobres.

Algumas características das famílias apresentadas na tabela 48 completam o painel. Embora as famílias brasileiras sejam preponderantemente nucleares, isto é, formadas exclusivamente por pai, mãe e filhos, esse tipo de família tem participação ainda mais elevada entre os pobres. Trata-se de mais um aspecto da vulnerabilidade das famílias pobres para a formação da renda, seja em função de uma taxa de dependência por idade[78] mais elevada devida à maior freqüência de crianças — em média 1,73 criança com até 14 anos por família —, seja em função dos obstáculos à inserção da mãe no mercado de trabalho em face da necessidade de cuidar dos filhos. Famílias uniparentais, formadas por pai ou mãe e filhos são, por essas mesmas razões, especialmente vulneráveis à pobreza. O fato de a maioria dessas famílias ser chefiada por mulheres, que têm desvantagens importantes quanto à forma de inserção e ao nível de rendimento obtido no mercado de trabalho, torna esse tipo de família fortemente sobre-representada entre as famílias pobres.[79]

Os indicadores relativos ao acesso a bens duráveis e a alguns serviços públicos, ambos determinantes do nível de bem-estar das pessoas — tanto pobres como não-pobres — permitem qualificar os diferenciais entre pobres e não-pobres de forma relativamente independente do nível de renda presente, o qual determinou o crivo entre as duas subpopulações.

A tabela 48 fornece o percentual de pessoas em cujo domicílio existe cada um dos bens duráveis selecionados, assim como o atendimento por quatro tipos de serviços públicos.[80] Em relação aos bens duráveis, embora haja um diferencial marcante de acesso entre pobres e não-pobres, pode-se verificar que alguns itens já se encontram na maioria dos domicílios pobres, como é o caso de fogão, geladeira e televisão, inclusive, televisão em cores, que existe em 66% dos domicílios pobres. Fica evidente então que, apesar do baixo nível de renda estabelecido pelas linhas de pobreza, os pobres brasileiros estão usando estratégias diversas de modo a garantir a posse de bens duráveis básicos, aproximando-os nesse particular, do padrão de vida dos não-pobres. Os indicadores de acesso a serviços públicos básicos revelam a quase universalização da energia elétrica, além de hiatos relativamente estreitos dos indicadores de acesso entre pobres e não-pobres em relação a água[81] e coleta de lixo. No entanto, cabe observar que, especialmente, em relação ao abastecimento de água e coleta de lixo, existem diferenciais de atendimento não

[78] A taxa de dependência por idade foi definida como o número de pessoas de menos de 18 anos e de mais de 60 anos em relação ao número total de pessoas na família. A taxa de dependência por renda é a relação entre o número de pessoas sem rendimento na família e o número total de pessoas na família.

[79] A respeito das razões da maior incidência de pobreza entre as famílias chefiadas por mulheres, ver Barros, Fox e Mendonça (1993).

[80] Os serviços públicos aqui considerados estão, necessariamente, limitados àqueles investigados pela Pnad, 1999.

[81] Abastecimento de água implica a existência de rede geral em áreas urbanas e metropolitanas. Além da rede geral, o acesso a poço ou nascente também foi considerado uma forma de abastecimento adequado em áreas rurais.

Tabela 48

Perfil pobres *versus* não-pobres
Famílias — Brasil, 1999

Variáveis	Categorias	Pobres Nº (mil)	Pobres Part. (%)	Não-pobres Nº (mil)	Não-pobres Part. (%)
Tipos de famílias	Nuclear	8.031	60,2	16.784	52,6
	Uniparental	3.725	27,9	4.956	15,6
	Outros	1.589	11,9	10.143	31,8
			Crianças/ família		Crianças/ família
Presença de crianças	0 a 6 anos	11.047	0,83	9.572	0,30
	7 a 14 anos	12.081	0,90	13.518	0,42
	15 a 17 anos	3.962	0,30	6.101	0,19
	0 a 17 anos	27.090	2,03	29.191	0,91
Taxa de dependência (%)	Idade	—	51,0	—	39,8
	Renda	—	68,0	—	35,4
Acesso a bens duráveis	Fogão	11.701	87,7	29.817	93,6
	TV em cores	8.859	66,4	27.279	85,6
	TV P&B	1.961	43,8	1.711	37,5
	Televisão	10.820	81,1	28.990	91,1
	Geladeira	9.234	69,2	28.293	88,8
	Máquina de lavar	1.910	14,3	12.696	39,9
	Telefone	2.037	15,3	14.765	46,4
Acesso a serviços públicos	Energia elétrica	12.238	91,7	30.691	96,4
	Água adequada	11.222	84,1	29.414	92,3
	Esgoto adequado	4.752	35,6	16.286	51,1
	Coleta de lixo	9.677	72,5	26.600	83,5

Fonte: IBGE/Pnad (tabulações a partir de microdados).

mensuráveis com base na Pnad quanto à regularidade da prestação do serviço e à sua qualidade. Déficits de atendimento elevados tanto para pobres como para não-pobres em relação ao esgotamento sanitário,[82] assim como um diferencial maior

[82] O esgotamento sanitário foi considerado adequado em áreas urbanas e metropolitanas quando o domicílio está ligado à rede geral. Em áreas rurais, domicílios servidos por rede geral ou fossa séptica foram considerados adequados nesse particular. Cabe observar que o indicador com base nos dados da Pnad subestima a gravidade do quadro, já que a maior parte do esgoto coletado por rede geral não é tratada, mas lançada *in natura* em rios, lagoas ou mar.

quanto às condições de acesso para as duas subpopulações, mostram um quadro crítico, no qual os pobres estão particularmente vulneráveis, resultando em efeitos danosos sobre as condições de saúde, em geral, e sobre a taxa de mortalidade infantil, em especial.

Finalmente, a contribuição para a renda familiar segundo a idade das pessoas evidencia dois fatos básicos a respeito da pobreza no Brasil. O primeiro é que a participação de crianças, principalmente as mais jovens, é negligenciável na formação de renda das famílias; de modo que o trabalho infantil ocorre, principalmente, como forma de reforçar os laços de coesão e solidariedade dentro do grupo familiar. O segundo é que a participação dos idosos na renda é bem superior à sua participação na população, tanto pobre como não-pobre (tabela 44), o que evidencia a importância do rendimento dos idosos através do mecanismo redistributivo intrafamiliar na redução da incidência de pobreza.

De qualquer modo, mesmo no caso do esgoto, os diferenciais de acesso a bens duráveis e a serviços públicos entre pobres e não-pobres parecem modestos quando se consideram as respectivas rendas — a renda média das famílias não-pobres é 5,5 vezes maior do que a das pobres em 1999 —[83] de modo que operam no sentido de reduzir as desigualdades nas condições de vida entre as duas subpopulações.

A mudança do perfil dos pobres entre 1992 e 1999

Ao comparar o perfil dos pobres entre 1992 e 1999 é indispensável ter em mente um dado fundamental que foi o aumento da renda. Esse aumento culminou em uma redução drástica da incidência de pobreza entre 1993 e 1995 e, conseqüentemente, nesse período, a cada ano, as subpopulações pobres se apresentam de forma muito diferente quanto ao tamanho e à sua composição. Enquanto em 1992 o perfil refere-se aos 44% dos indivíduos na base da distribuição da renda familiar *per capita*, em 1999 trata-se de 34% dos indivíduos. Estes últimos se situam, portanto, em posição relativa mais adversa em relação à média da população brasileira. Nesse sentido, mudanças do perfil que revelem melhorias de condições de vida em 1999 em relação àquelas verificadas em 1992 devem ser entendidas como especialmente positivas, na medida em que se referem a uma subpopulação pobre em posição relativa mais desfavorável no conjunto da população brasileira.

[83] A renda média das famílias dos pobres era de R$208,89 enquanto a das não-pobres atingia R$1.158,07.

Tendo por base os comentários já feitos em relação à comparação do perfil de pobres com o de não-pobres na seção anterior, muitas das mudanças no perfil daqueles, expressas através dos indicadores apresentados nas tabelas 49 a 53, são auto-explicativas, cabendo apenas alguns poucos comentários.

Um primeiro comentário diz respeito à distribuição dos pobres por idade, evidenciando alguma redução da participação de crianças e jovens de 5 a 19 anos entre os pobres, aumentando, em contrapartida, a pobreza dos indivíduos adultos (tabela 49; ver também tabela 44). Crianças de menos de quatro anos continuam sobre-representadas, assim como os idosos sub-representados, tendo como base suas participações na população total. A redução da participação de crianças entre os pobres se deve, preponderantemente, a fatores demográficos, como a queda da fecundidade. Embora, a partir de 1995, tenha havido a criação de programas de bolsa-escola nas diferentes esferas de governo, transferindo renda para famílias pobres com crianças em idade escolar, até 1999 esses programas tinham alcance muito limitado, sendo, portanto, incapazes de alterar os resultados da incidência de pobreza por idade em nível nacional relativos àquele ano.

Um segundo comentário se refere à melhoria dos indicadores educacionais em todos os seus aspectos, tanto para pessoas como para os chefes pobres. Verifica-se forte declínio da participação de jovens analfabetos entre os pobres, na esteira da universalização da educação básica, como também são evidentes as melhorias em relação ao aumento da escolaridade. Existem muitas evidências empíricas de que o nível educacional é o determinante principal da renda e de que, apesar das melhorias educacionais, os retornos à educação — isto é, aumentos de renda associados a anos adicionais de educação — continuam elevadíssimos no Brasil (Fernandes & Narita, 2001). Assim, não surpreende que, praticamente, inexistam indivíduos com alguma escolaridade de nível superior entre os pobres (menos de 1% dos indivíduos, tanto adultos como, mais especificamente, chefes).

A política pública de ênfase na educação e de combate ao trabalho infantil teve evidente impacto sobre a situação das crianças de sete a 14 anos. O percentual de crianças que freqüentam a escola aumenta e, simultaneamente, ocorrem mudanças qualitativas importantes na redução do trabalho infantil — graças à eliminação de bolsões tradicionais de trabalho penoso e de jornadas longas — que se refletem apenas parcialmente nos indicadores apresentados.[84] Embora haja redução no percentual de crianças fora da escola, trabalhando ou não — de 17,6%, em 1992, para 6,0%, em 1999 —, certamente, os resultados nacionais ainda encobrem situações locais graves em áreas de pobreza crítica.

[84] Verificou-se, também, redução das horas trabalhadas entre as crianças que trabalham e estudam (Rocha, 2001b).

Tabela 49

Perfil dos pobres no Brasil
Pessoas — 1992 e 1999

Variáveis	Categorias	1992		1999	
		Nº (mil)	Part. (%)	Nº (mil)	Part. (%)
Gênero	Masculino	30.004	48,7	26.221	48,2
	Feminino	31.603	51,3	28.219	51,8
Idade	0 a 4	8.966	14,6	7.944	14,6
	5 a 7	5.710	9,3	4.657	8,6
	8 a 9	3.812	6,2	2.938	5,4
	10 a 14	8.944	14,5	7.589	13,9
	15 a 19	6.395	10,4	6.186	11,4
	20 a 29	9.256	15,0	8.226	15,1
	30 a 59	15.978	25,9	14.658	26,9
	60 e mais	2.543	4,1	2.235	4,1
Cor ou raça	Indígena	67	0,1	134	0,2
	Branca	24.504	39,8	20.611	37,9
	Preta	4.235	6,9	3.848	7,1
	Amarela	110	0,2	93	0,2
	Parda	32.688	53,0	29.751	54,6
Analfabetismo					
10 a 19 anos	Alfabetizados	12.908	30,0	12.676	32,6
	Analfabetos	2.415	5,6	1.092	2,8
20 anos e mais	Alfabetizados	20.013	46,4	18.993	48,9
	Analfabetos	7.757	18,0	6.117	15,7
Freqüência à escola (7 a 14 anos)	Só freqüentam a escola	6.132	68,8	6.045	79,7
	Só trabalham	615	6,9	120	1,6
	Trabalham e estudam	1.207	13,6	1.083	14,3
	Não trabalham nem estudam	955	10,7	333	4,4
Escolaridade (25 anos de idade ou mais)	Nunca freqüentaram a escola	7.052	30,6	5.609	27,1
	1 a 4 anos	10.700	46,5	8.786	42,5
	5 a 8 anos	3.644	15,8	4.422	21,4
	9 a 11 anos	1.358	5,9	1.666	8,0
	12 e mais	193	0,8	143	0,7
	Sem informação	89	0,4	65	0,3

Fonte: IBGE/Pnad (tabulações a partir de microdados).

Tabela 50

Perfil dos pobres no Brasil
Chefes — 1992 e 1999

Variáveis	Categorias	1992		1999	
		Nº (mil)	Part. (%)	Nº (mil)	Part. (%)
Gênero	Masculino	10.669	75,5	9.170	68,7
	Feminino	3.455	24,5	4.176	31,3
Idade	Menos de 19	357	2,5	500	3,7
	20 a 29	3.237	22,9	3.096	23,2
	30 a 59	8.878	62,9	8.259	61,9
	60 e mais	1.652	11,7	1.489	11,2
Cor ou raça	Indígena	15	0,1	32	0,2
	Branca	5.734	40,6	5.191	38,9
	Preta	1.160	8,2	1.122	8,4
	Amarela	36	0,3	26	0,2
	Parda	7.179	50,8	6.973	52,3
Analfabetismo					
10 a 19 anos	Alfabetizados	311	2,2	459	3,5
	Analfabetos	45	0,3	42	0,3
20 anos e mais	Alfabetizados	9.710	68,8	9.457	71,6
	Analfabetos	4.055	28,7	3.246	24,6
Escolaridade (25 anos ou mais de idade)	Nunca freqüentaram a escola	3.929	31,4	3.218	39,0
	1 a 4 anos	5.794	46,4	4.869	58,9
	5 a 8 anos	1.911	15,3	2.407	29,2
	9 a 11 anos	707	5,7	858	10,4
	12 e mais	113	0,9	89	1,1
	Sem informação	37	0,3	33	0,4

Fonte: IBGE/Pnad (tabulações a partir de microdados).

Um terceiro comentário concerne ao aumento da participação da chefia feminina entre 1992 e 1999, que passa de 24,5%, em 1992, para 31,3%, em 1999.

Como famílias uniparentais, cada vez mais freqüentes no universo das famílias brasileiras, são preponderantemente chefiadas por mulheres, verifica-se uma tendência para que famílias uniparentais sejam crescentemente sobre-representadas entre as famílias pobres, passando de 22% do total de famílias pobres, em 1992, para 28%, em 1999 (ver tabela 53). Isso ocorre, por um lado, pelas desvantagens de composição dessas famílias, o que tem o efeito de aumentar a taxa de dependência tanto com base no critério de idade, como no de renda, reduzindo a renda *per capita*. Por outro lado, como a renda da família depende preponderantemente da renda do chefe (73,73%), no caso da chefia feminina a família é prejudicada pelas características desvantajosas da inserção da mulher no mercado de trabalho.

A evolução dos indicadores de mercado de trabalho apresentados na tabela 51 revela redução das taxas de participação e de ocupação para o total de pobres. A estabilidade da taxa de participação das mulheres pobres em um nível baixo contraria a firme tendência de longo prazo de aumento da participação feminina no mercado de trabalho. Esses resultados se explicam em parte pela urbanização, onde a inserção produtiva requer escolaridade cada vez maior. Por outro lado, o aumento da cobertura e do valor dos benefícios previdenciários e assistenciais, equiparados ao salário mínimo a partir de 1993 — ao elevar as rendas reais, especialmente em áreas rurais —, tornou não-pobres, graças à repartição intrafamiliar da renda, um contingente importante de indivíduos em ocupações pouco produtivas e de baixa remuneração.

De modo geral o perfil dos pobres no mercado de trabalho pouco se modificou entre 1992 e 1999, permanecendo algumas anomalias gritantes. É o caso da elevada participação — em torno de 23% — de indivíduos ocupados sem remuneração, o que corresponde a um enorme contingente de trabalhadores essencialmente subocupados em atividades de baixa produtividade. Em contrapartida, existem alguns resultados favoráveis, como a maior ocupação de adultos na faixa dos 18 aos 59 anos e a redução no número de jovens e idosos ocupados. É verificada, ainda, uma redução da participação dos ocupados que trabalham mais de 40 horas por semana, apesar da participação na ocupação agrícola ter apresentado uma redução muito pequena. Fortemente concentrado na região Nordeste, o setor agrícola de subsistência ocupa quase 40% dos pobres, tanto no início como no final da década de 1990.[85]

[85] No Nordeste, 51% dos pobres têm ocupação na agropecuária, enquanto 30% dos pobres ocupados não são remunerados (Rocha, 2001b).

Tabela 51

Perfil dos pobres no Brasil
Mercado de trabalho — 1992 e 1999

		1992		1999	
Variáveis	**Categorias**	**Nº (mil)**	**Part. (%)**	**Nº (mil)**	**Part. (%)**
PEA	Masculino	15.241	61,6	12.648	59,3
	Feminino	9.512	38,4	8.686	40,7
Ocupados	Masculino	13.774	62,5	10.673	61,1
	Feminino	8.270	37,5	6.781	38,9
Desocupados	Masculino	1.467	54,2	1.976	50,9
	Feminino	1.242	45,8	1.905	49,1
Ocupados por idade	10 a 14	2.020	9,2	1.339	7,7
	15 a 17	1.873	8,5	1.261	7,2
	18 a 59	17.292	78,4	14.329	82,1
	60 e mais	858	3,9	522	3,0
Ocupados por horas trabalhadas	Até 10 horas	1.276	5,8	1.295	7,4
	11 a 20 horas	2.331	10,6	2.438	14,0
	21 a 40 horas	7.409	33,6	5.739	32,9
	Mais de 40 horas	11.022	50,0	7.975	45,7
Ocupados por nº de trabalhos	Só um trabalho	21.361	96,9	16.844	96,5
	Dois trabalhos	662	3,0	587	3,4
	Três ou mais trabalhos	20	0,1	22	0,1
Posição na ocupação principal	Empregados com carteira	4.456	20,2	2.924	16,8
	Empregados sem carteira	4.902	22,2	3.774	21,6
	Funcionários públicos	594	2,7	360	2,1
	Domésticos com carteira	214	1,0	342	2,0
	Domésticos sem carteira	1.769	8,0	1.577	9,0
	Conta própria	4.946	22,5	4.309	24,7
	Empregador	169	0,8	109	0,6
	Não-remunerado	4.987	22,6	4.056	23,2
Ocupação por setor	Agricultura	8.677	39,4	6.763	38,8
	Ind. de transformação	2.198	10,0	1.415	8,1
	Construção civil	1.659	7,5	1.440	8,2
	Outras (indústria/ comércio/serviços)	8.635	39,2	7.275	41,7
	Administração pública	643	2,9	360	2,1
	Outras	232	1,0	200	1,1
Taxa de participação (%)	Masculino		74,0		69,1
	Feminino		42,3		42,2
Taxa de ocupação (%)	Masculino		90,4		84,4
	Feminino		86,9		78,1

Fonte: IBGE/Pnad (tabulações a partir de microdados).

Taxas de participação e de ocupação declinantes podem significar desalento e dificuldades de inserção no mercado de trabalho, paralelamente à queda da participação da renda do trabalho na renda familiar (tabela 52). A participação da renda do trabalho na renda familiar declina de 85 para 81%, enquanto aumenta de forma compensatória a parcela correspondente a rendimentos previdenciários. Os jovens têm sua participação na formação da renda reduzida, o que corresponde à queda da sua participação no mercado de trabalho, a maiores índices de freqüência à escola e aumento do nível de escolaridade, como visto anteriormente. A freqüência relativa das famílias com renda zero entre as famílias pobres aumenta sensivelmente, de 8%, em 1992, para 12%, em 1999, o que não se vincula apenas à redução da proporção de pobres, mas está associado ao aumento absoluto dessas famílias na população total. Embora famílias com renda zero correspondam freqüentemente a situações de renda irregular e de transferências não-monetárias entre famílias, ou mesmo oriundas de organizações beneficentes e do próprio Estado, não captadas no mês de referência da Pnad, obviamente, trata-se de uma situação-limite indesejada.

Tabela 52

Perfil dos pobres no Brasil
Rendimento familiar — 1992 e 1999

Variáveis	Categorias	1992 (participação %)	1999 (participação %)
Renda familiar zero	—	8,1	11,9
Fonte da renda familiar positiva	Trabalho principal	85,0	81,1
	Outros trabalhos	1,2	1,3
	Previdência	11,9	14,4
	Aluguéis	0,4	0,6
	Doações	0,9	1,8
	Outras	0,6	0,8
Contribuição por condição na família	Chefe	73,5	73,7
	Cônjuge	9,7	11,8
	Filhos	13,1	11,0
	Outros	3,7	3,5
Contribuição por idade da pessoa	5 a 9 anos	0,0	0,0
	10 a 17 anos	4,6	3,3
	18 a 30 anos	29,8	30,0
	31 a 59 anos	56,3	56,9
	60 anos e mais	9,3	9,8

Fonte: IBGE/Pnad (tabulações a partir de microdados).

Tabela 53

Perfil dos pobres no Brasil
Famílias — 1992 e 1999

Variáveis	Categorias	1992 Nº (mil)	1992 Part. (%)	1999 Nº (mil)	1999 Part. (%)
Tipos de família	Nuclear	9.276	65,7	8.031	60,2
	Uniparental	3.124	22,1	3.725	27,9
	Outros	1.724	12,2	1.589	11,9
			Crianças/ família		**Crianças/ família**
Presença de crianças	0 a 6 anos	12.751	0,90	11.047	0,83
	7 a 14 anos	14.681	1,04	12.081	0,90
	15 a 17 anos	4.129	0,29	3.962	0,30
	0 a 17 anos	31.561	2,23	27.090	2,03
			Taxa (%)		**Taxa (%)**
Taxa de dependência	Idade	—	51,9	—	0,5
	Renda	—	65,3	—	0,7
		Nº (mil)	**Part. (%)**	**Nº (mil)**	**Part. (%)**
Acesso a bens duráveis	Fogão	11.510	81,7	11.701	87,7
	TV em cores	3.548	25,2	8.859	66,4
	TV P&B	5.045	47,9	1.961	43,8
	Televisão	8.593	61,0	10.820	81,1
	Geladeira	7.788	55,3	9.234	69,2
	Máquina de lavar	1.243	8,8	1.910	14,3
	Telefone	657	4,7	2.037	15,3
Acesso a serviços públicos	Energia elétrica	11.763	83,5	12.238	91,7
	Água adequada	11.130	79,0	11.222	84,1
	Esgoto adequado	4.322	30,7	4.752	35,6
	Coleta de lixo	7.677	54,5	9.677	72,5

Fonte: IBGE/Pnad (tabulações a partir de microdados).

Finalmente, as modificações mais acentuadas no perfil dos pobres dizem respeito a elementos de conforto do domicílio, ligados à posse de bens duráveis e ao acesso a serviços públicos básicos (tabela 53). Com exceção das condições sanitárias, que permanecem calamitosas — 65% dos pobres vivem em domicílios onde o esgotamento sanitário é inadequado —, melhorias nas condições de vida que independem do nível de renda presente são significativas, refletindo, em alguns casos, uma tendência célere à universalização do acesso ao bem ou serviço, como aparelho de televisão e rede elétrica. Vale notar que, do ponto de vista da renda, os pobres em 1999 são apenas pouco menos intensamente pobres do que os de 1992, isto é, suas rendas médias representam, respectivamente, 54 e 55% do valor da linha de pobreza.[86] Assim, pelo menos no que concerne à melhoria do acesso aos bens duráveis, isso foi possível devido ao barateamento relativo desses produtos, ao mercado de segunda mão, além de decorrer de estratégias de aquisição que não significam necessariamente desembolso de renda. Como no caso da melhoria do acesso a serviços públicos, trata-se de uma melhoria do nível de bem-estar dos pobres não vinculado à melhoria da renda.

A diversidade entre os pobres: os casos extremos

O uso de linhas de pobreza com valores diferenciados segundo região e estratos teve por objetivo levar em conta diferenciais de custo de vida para os pobres, em função das necessidades diversas de consumo básico e de preços ao consumidor nos diversos contextos socioeconômicos considerados.[87] O objetivo foi delimitar, a partir de parâmetros de valor diversos, a população pobre como aquela cuja renda se situa abaixo de um patamar de bem-estar mínimo e comparável entre áreas, vinculado ao consumo no âmbito privado.

Num país continental e de diferenças regionais de desenvolvimento tão marcantes como o Brasil, é um resultado natural a diversidade de perfis populacionais, e, especificamente, do perfil dos pobres entre regiões e estratos. Para dramatizar essas diferenças, apresenta-se nesta seção o perfil dos pobres do Nordeste rural em contraposição ao dos pobres da metrópole paulista. As diferenças marcantes entre as duas populações pobres, resultado das desigualdades de desenvolvimento entre as duas áreas em questão, mas também das especificidades culturais[88] e das diferenças nos modos de vida rural e metropolitano, evidenciam a necessidade de políticas antipobreza concebidas tendo em vista as características próprias de cada subpopulação pobre.

As tabelas 54 a 58 têm a mesma organização e trazem indicadores já apresentados nas seções precedentes, e, como anteriormente, apenas alguns aspectos serão aqui comentados, deixando ao leitor a avaliação do conjunto mais amplo das comparações possíveis.

---

[86] Os indicadores de hiato da renda ao longo de todo o período 1992-99, segundo estratos de residência, foram apresentados no capítulo 5.

[87] Trata-se de valores de linhas de pobreza diferenciados por área e por ano. Ver, a este respeito, o capítulo 4.

[88] A respeito dos aspectos psicossociais e antropológicos que contribuem, ao lado dos socioeconômicos, para a persistência da pobreza nordestina, ver Albuquerque (1994).

Tabela 54

Perfil dos pobres no Brasil
Pessoas — 1999

Variáveis	Categorias	São Paulo (metrópole)		Nordeste (rural)	
		Nº(mil)	Part. (%)	Nº (mil)	Part. (%)
Gênero	Masculino	3.049	47,5	4.169	50,7
	Feminino	3.375	52,5	4.056	49,3
Idade	0 a 4	862	13,4	1.302	15,8
	5 a 7	466	7,3	817	9,9
	8 a 9	283	4,4	524	6,4
	10 a 14	805	12,5	1.356	16,5
	15 a 19	746	11,6	954	11,6
	20 a 29	1.019	15,9	1.049	12,8
	30 a 59	1.884	29,3	2.075	25,2
	60 e mais	354	5,5	147	1,8
	Sem informação	6	0,1	0	0,0
Cor ou raça	Indígena	12	0,2	1	0,0
	Branca	3.383	52,6	1.961	23,9
	Preta	339	5,3	474	5,8
	Amarela	29	0,5	3	0,0
	Parda	2.660	41,4	5.786	70,3
	Sem informação	0	0,0	0	0,0
Analfabetismo 10 a 19 anos	Alfabetizados	1.532	31,8	1.860	33,3
	Analfabetos	19	0,4	450	8,1
20 anos e mais	Alfabetizados	2.891	60,2	1.648	29,5
	Analfabetos	364	7,6	1.621	29,1
Freqüência à escola (7 a 14 anos)	Só freqüentam a escola	757	94,1	739	54,5
	Só trabalham	3	0,4	44	3,3
	Trabalham e estudam	24	3,0	526	38,8
	Não trabalham nem estudam	20	2,5	46	3,4
Escolaridade (25 anos de idade ou mais)	Nunca freqüentaram a escola	432	15,9	1.331	49,3
	1 a 4 anos	1.054	38,8	1.161	43,0
	5 a 8 anos	830	30,6	165	6,1
	9 a 11 anos	335	12,3	35	1,3
	12 e mais	45	1,7	1	0,1
	Sem informação	19	0,7	7	0,2

Fonte: IBGE/Pnad (tabulações a partir de microdados).

Um primeiro ponto a destacar se refere à participação relativamente elevada dos idosos (60 anos e mais) entre os pobres em São Paulo, 5,5%, acima da participação média nacional (ver tabela 49). Isso se explica em parte pela relação desfavorável do valor dos benefícios previdenciários e assistenciais, vinculados ao salário mínimo (R$136 em setembro de 1999), e pelo custo de vida dos pobres na metrópole paulista, expressos pela linha de pobreza mais elevada do país (R$167,97 na mesma data).[89] Transferências de renda, cujo valor é fixado nacionalmente, têm impacto mais acentuado sobre a redução da pobreza onde o custo de vida para os pobres é menor, como no caso da área rural do Nordeste (linha de pobreza de R$47,14). A baixa participação de pobres entre os idosos no Nordeste rural (1,79%) está certamente associada às pensões e aposentadorias, cujos impactos beneficiam também o grupo familiar onde o idoso se acha inserido.

As diferenças entre as duas subpopulações no que concerne à cor/raça merecem destaque na medida em que existem reconhecidas desvantagens dos indivíduos pretos e pardos, com impactos diretos desfavoráveis sobre o seu nível de renda. Cabe observar, no entanto, que sendo a população nordestina em geral preponderantemente parda,[90] e tendo os pobres nordestinos participação elevada entre os pobres brasileiros (42%), o fato de os pardos estarem sobre-representados entre os pobres resulta, em parte, de um efeito composição. Nesse sentido, parte do diferencial entre Nordeste rural e São Paulo metropolitano no que concerne às características de cor/raça dos pobres se deve a especificidades da formação da população total de cada uma das áreas quanto à sua origem.

Os indicadores de educação evidenciam a clara insuficiência de qualificação dos pobres. Embora em São Paulo o analfabetismo tenha sido praticamente erradicado entre os indivíduos de menos de 20 anos, ainda cerca de 11% dos pobres com mais de 20 anos são analfabetos na principal metrópole brasileira, o que os coloca à margem para atividades produtivas e, de maneira geral, para a inserção social no contexto da área mais modernizada do país. Ademais, quase 55% dos pobres com mais de 25 anos, portanto, com a sua vida escolar provavelmente encerrada, têm menos de quatro anos de escolaridade, o que significa, na verdade, que são funcionalmente analfabetos.

---

[89] As linhas de pobreza se referem ao custo das necessidades básicas mensais de uma pessoa no âmbito da família. Ver, a esse respeito, o capítulo 3.

[90] A participação dos pardos na população nordestina é de 64%, enquanto no resto do país é de 30% (Pnad, 1999).

Tabela 55

Perfil dos pobres
Chefes — 1999

Variáveis	Categorias	Metrópole de São Paulo Nº (mil)	Metrópole de São Paulo Part. (%)	Nordeste rural Nº (mil)	Nordeste rural Part. (%)
Gênero	Masculino	1.085	64,0	1396,25	83,8
	Feminino	609	36,0	271	16,2
Idade	Menos de 19	56	3,3	45	2,7
	20 a 29	359	21,2	371	22,3
	30 a 59	1.050	62,0	1.150	69,0
	60 e mais	229	13,5	101	6,0
Cor ou raça	Indígena	3	0,2	1	0,0
	Branca	910	53,7	391	23,5
	Preta	114	6,7	107	6,4
	Amarela	10	0,6	1	0,0
	Parda	657	38,8	1.168	70,1
Analfabetismo					
10 a 19 anos	Alfabetizados	54	3,2	34	2,0
	Analfabetos	2	0,1	12	0,7
20 anos e mais	Alfabetizados	1.447	85,4	708	42,5
	Analfabetos	191	11,3	912	54,8
Escolaridade (25 anos ou mais de idade)	Nunca freqüentaram a escola	230	15,4	775	53,4
	1 a 4 anos	601	40,3	590	40,6
	5 a 8 anos	453	30,4	71	4,9
	9 a 11 anos	172	11,5	12	0,8
	12 e mais	26	1,8	1	0,0
	Sem informação	9	0,6	5	0,3

Fonte: IBGE/Pnad (tabulações a partir de microdados).

O quadro educacional é infinitamente mais crítico no Nordeste rural, onde quase metade da população com mais de 20 anos é analfabeta. Embora a taxa de analfabetismo de 19% para os indivíduos de 10 a 19 anos, sensivelmente menor do que a que se observa para os indivíduos com mais de 20 anos (49%), seja reveladora de uma mudança do quadro, as deficiências de educação da população pobre adulta — 50% nunca freqüentaram a escola, por exemplo — se constituem em um dos fatores restritivos fundamentais para a promoção do desenvolvimento regional. É interessante observar ainda que os indicadores de educação para os chefes pobres nordestinos (tabela 55) são bem mais adversos do que os relativos à população nordestina pobre em geral, o que, pela importância das características do chefe como determinante do nível de renda da família, tem efeitos muito desfavoráveis sobre a incidência de pobreza.[91]

A questão da freqüência escolar e do trabalho na faixa etária de 7 a 14 anos mostra diferenças gritantes entre as crianças pobres nas duas áreas. Em São Paulo, a preocupação central deve estar voltada ao percentual de 3% das crianças que não freqüentam a escola. No Nordeste, esse percentual é mais do que o dobro, 7,6%, cabendo especial atenção para o elevado contingente de crianças que trabalham e freqüentam a escola, o que, em função das características do trabalho agrícola em área subdesenvolvida, significa, em boa parte, a ocorrência de ocupação/trabalho incompatível com a freqüência escolar, resultando em alta taxa de absenteísmo, baixo aproveitamento e perpetuação da pobreza.

Os indicadores do mercado de trabalho refletem situações muito diversas, ligadas às diferenças, tanto no nível de desenvolvimento econômico como na feição que assumem as atividades produtivas nas duas áreas (tabela 56). A taxa de participação é muito elevada entre os pobres rurais nordestinos, porque muitos acabam se ocupando de alguma forma na atividade agrícola, mesmo com produtividade marginal quase nula. Nesse sentido, as taxas de participação, tanto para homens como para mulheres, são elevadas, mesmo superiores às que se verificam entre os não-pobres no Brasil (ver tabela 46). Em contrapartida, na metrópole de São Paulo, a taxa de participação é baixa, o que revela tanto a falta de perspectiva de inserção no mercado de trabalho para alguns indivíduos, como as melhores condições de acesso à educação, especialmente para o contingente mais jovem.

---

[91] Na metrópole paulista, as características de escolarização do chefe são bem próximas às da população em geral.

Tabela 56

Perfil dos pobres
Mercado de trabalho — 1999

Variáveis	Categorias	Metrópole de São Paulo		Nordeste rural	
		Nº (mil)	Part. (%)	Nº (mil)	Part. (%)
PEA	Masculino	1.420	58,2	2.354	60,6
	Feminino	1.021	41,8	1.528	39,4
Ocupados	Masculino	1.056	62,1	2.301	60,8
	Feminino	646	37,9	1.483	39,2
Desocupados	Masculino	364	49,2	53	54,5
	Feminino	375	50,8	45	45,5
Ocupados por idade	10 a 14	29	1,7	619	16,4
	15 a 17	82	4,8	376	9,9
	18 a 59	1.546	90,9	2.710	71,6
	60 e mais	44	2,6	79	2,1
Ocupados por horas trabalhadas	Até 10 horas	48	2,9	411	10,9
	11 a 20 horas	100	5,9	1.000	26,4
	21 a 40 horas	636	37,4	1.356	35,8
	Mais de 40 horas	916	53,8	1.017	26,9
Ocupados por número de trabalhos	Só um trabalho	1.688	99,2	3.463	91,5
	Dois trabalhos	13	0,8	307	8,1
	Três ou mais trabalhos	1	0,0	15	0,4
Posição na ocupação principal	Empregados com carteira	632	37,2	99	2,6
	Empregados sem carteira	357	21,0	622	16,4
	Funcionários públicos	36	2,1	26	0,7
	Domésticos com carteira	70	4,1	4	0,1
	Domésticos sem carteira	178	10,4	76	2,0
	Conta própria	344	20,2	1.051	27,8
	Empregador	13	0,8	17	0,5
	Não-remunerado	72	4,2	1.890	49,9
Ocupação por setor	Agricultura	45	2,6	3.259	86,1
	Indústria de transformação	300	17,6	69	1,8
	Construção civil	185	10,9	135	3,5
	Outras (indústria, comércio, serviços)	1.116	65,6	297	7,9
	Administração pública	41	2,4	17	0,5
	Outras	15	0,9	7	0,2

Continua

Variáveis	Categorias	Metrópole de São Paulo	Nordeste rural
Taxa de participação (%)	Masculino	63,1	83,3
	Feminino	40,0	55,5
Taxa de ocupação (%)	Masculino	74,4	97,7
	Feminino	63,2	97,1

Fonte: IBGE/Pnad (tabulações a partir de microdados).

As dificuldades de inserção no mercado de trabalho em São Paulo resultam em taxa de desocupação elevada, cerca de 25% para os homens e 36% para as mulheres.[92] É evidente que desemprego aberto — referindo-se a pessoas que não têm ocupação no período, mas procuram ativamente por uma —, é uma categoria que não se aplica às áreas rurais subdesenvolvidas, onde a subocupação em condições de baixa produtividade é a regra. Nesse sentido, a desocupação praticamente inexistente entre os pobres no Nordeste rural é compatível com o fato de que 27% dos trabalhadores estão ocupados por conta própria e, ainda, de que metade das pessoas ocupadas não recebe nenhum rendimento do trabalho; o que está vinculado à elevada freqüência de unidades produtivas familiares, tanto agrícolas como de pequenos comércios ou serviços, onde os membros da família são "ajudantes" não-remunerados do chefe. A distribuição dos ocupados por número de horas trabalhadas é outra face reveladora do subemprego no Nordeste rural, que, em condições de pobreza, evidencia dificuldades de inserção adequadas no mercado de trabalho.

Quanto às especificidades dos pobres nas duas áreas em relação à renda e sua formação (tabela 57), cabe observar, em ambos os casos, o percentual elevado de famílias com renda zero, mais elevada em São Paulo na medida em que os pobres paulistanos correspondem a um extremo mais restrito da distribuição de renda das famílias.[93] A renda do trabalho, que no Nordeste é particularmente baixa, contribui em 87% para a renda familiar, sendo que mais de 7% provêm de trabalhos que não o da ocupação principal. A menor participação de pensões e aposentadorias no Nordeste é resultado de seu valor ser mais significativo em relação à linha de pobreza, permitindo, freqüentemente, que os beneficiários sejam não-pobres, como já discutido anteriormente. A menor participação dos idosos na formação da renda familiar dos pobres no Nordeste em relação ao observado na metrópole de São Paulo ocorre pelo mesmo motivo.

[92] A taxa de desocupação (comumente referida como taxa de desemprego) é o complemento da taxa de ocupação (1 – taxa de ocupação = taxa de desocupação).

[93] A proporção de pobres é menor na metrópole paulista (39%) do que no Nordeste rural (52%). De qualquer modo, o percentual de famílias com renda zero no total da população é mais elevada na metrópole de São Paulo, o que é um resultado surpreendente, podendo estar vinculado à elevada freqüência de rendas eventuais não captadas.

Tabela 57

Perfil dos pobres
Rendimento familiar — 1999

Variáveis	Categorias	Metrópole de São Paulo (participação %)	Nordeste rural (participação %)
Renda familiar zero	—	11,5	8,5
Fonte da renda familiar positiva	Trabalho principal	83,5	79,6
	Outros trabalhos	0,3	7,7
	Previdência e assistência	13,6	9,5
	Aluguéis	1,1	0,0
	Doações	0,8	2,3
	Outras	0,7	0,9
Contribuição por condição na família	Chefe	70,3	80,6
	Cônjuge	13,6	9,1
	Filhos	12,1	7,9
	Outros	4,0	2,4
Contribuição por idade da pessoa	5 a 9 anos	0,0	0,0
	10 a 17 anos	2,7	3,7
	18 a 30 anos	31,9	23,9
	31 a 59 anos	56,9	64,4
	60 anos e mais	8,5	8,0

Fonte: IBGE/Pnad (tabulações a partir de microdados).

A estrutura das famílias evidencia claras diferenças entre as duas áreas (tabela 58). O número de crianças é bem mais elevado no Nordeste devido à taxa de fecundidade mais elevada, o que afeta, de forma desfavorável, as taxas de dependência, tanto do ponto de vista da idade como da renda. Enquanto as famílias nucleares representam mais de ¾ das famílias pobres no Nordeste rural, na metrópole paulista, a elevada freqüência de famílias uniparentais é um traço específico da pobreza em áreas urbanas modernizadas, o que tem implicações óbvias para o desenho de políticas focalizadas nos pobres.

Tabela 58

Perfil dos pobres
Famílias — 1999

Variáveis	Categorias	Metrópole de São Paulo		Nordeste rural	
		Nº (mil)	Part. (%)	Nº (mil)	Part. (%)
Tipos de famílias	Nuclear	983	58,0	1.273	76,3
	Uniparental	443	26,1	281	16,8
	Outros	269	15,9	114	6,7
			Crianças/ família		Crianças/ família
Presença de crianças	0 a 6 anos	1.166	0,69	1.852	1,11
	7 a 14 anos	1.250	0,74	2.147	1,29
	15 a 17 anos	458	0,27	636	0,38
	0 a 17 anos	2.874	1,70	4.635	2,78
			Taxa (%)		Taxa (%)
Taxa de dependência	Idade	—	0,5	—	0,5
	Renda	—	0,6	—	0,7
		Nº (mil)	Part. (%)	Nº (mil)	Part. (%)
Acesso a bens duráveis	Fogão	1.689	100,0	807	48,5
	TV em cores	1.532	90,7	393	23,6
	TV P&B	74	47,1	353	27,7
	Televisão	1.606	95,1	746	44,8
	Geladeira	1.618	95,8	344	20,6
	Máquina de lavar	647	38,3	8	0,5
	Telefone	527	31,2	12	0,7
Acesso a serviços públicos	Energia elétrica	1.689	100,0	950	57,0
	Água adequada	1.635	96,7	987	59,3
	Esgoto adequado	1.211	71,7	262	15,7
	Coleta de lixo	1.662	98,4	141	8,5

Fonte: IBGE/Pnad (tabulações a partir de microdados).

Finalmente, as características de conforto do domicílio mostram diferenças gritantes entre as duas subpopulações, que se explicam apenas em parte por diferenças urbano/rurais. Na verdade, o fato de 43% das famílias pobres do Nordeste não disporem de energia elétrica se constitui em um traço de subdesenvolvimento regional inaceitável, que inviabiliza o acesso a diversos bens de consumo durável fundamentais para a integração social dessa população do ponto de vista da educação, informação e lazer. Na metrópole paulista, verifica-se, entre os itens de conforto selecionados, a quase universalização, entre as famílias pobres, de bens de consumo durável mais essenciais e dos serviços públicos básicos, sendo que somente no caso de esgoto sanitário perduram déficits significativos de atendimento. A comparação dos indicadores de conforto domiciliar para as duas áreas torna evidente uma das muitas razões da atratividade exercida pela metrópole paulista para os pobres nordestinos.

Capítulo 7

Dez pontos de consenso sobre a questão da pobreza no Brasil

Com o sucesso da estabilização de 1994, a pobreza absoluta tornou-se a questão central para os diferentes segmentos da sociedade brasileira. A importância que o tema vem assumindo revela o entendimento de que a persistência da pobreza reflete e sintetiza a face mais crítica de diversos problemas nacionais, como a informalização crescente no mercado de trabalho, a questão agrária, a política de salário mínimo, os déficits de oferta de serviços públicos básicos, a desigualdade entre pessoas e os desequilíbrios regionais. Por estar vinculada a todos esses temas, a pobreza torna-se, naturalmente, uma questão polêmica. Sua percepção pelo público em geral pode ser pouco clara devido às diferentes formas que assume, assim como ao peso relativo e diferenciado dos diversos fatores a serem considerados em se tratando de um país tão vasto e heterogêneo como o Brasil.

No entanto, um conjunto significativo de estudos e pesquisas sobre o tema, desenvolvidos nos últimos 20 anos, permitiu que se chegasse a vários pontos de consenso quanto à questão, o que é essencial para o estabelecimento de políticas antipobreza eficazes. Este capítulo tem como objetivo tanto sintetizar alguns tópicos que já foram tratados de forma mais detalhada nos capítulos anteriores, como abordar, à guisa de conclusão, pontos básicos sobre pobreza no Brasil, que são relevantes para o delineamento de políticas públicas. Como se verá a seguir, muito se sabe sobre o tema. O desafio que se coloca hoje é, essencialmente, o de priorizar o gasto social focalizado nos mais pobres e garantir a capacidade operacional para implementar e monitorar políticas antipobreza.

Primeiro: o que se entende por pobreza no Brasil?

Quando se trata de pobreza e de indigência no Brasil, é freqüente, especialmente na imprensa, associar pobreza à fome. Entretanto, na maior parte das vezes isto é incorreto, na medida em que o número de pobres ou de indigentes está sendo definido a partir da renda e não da situação nutricional. Assim, embora os indigentes sejam definidos como aqueles cuja renda familiar *per capita* é insuficiente para aquisição de uma alimentação adequada, eles não são necessariamente subnutridos.[94] Utilizar a linha de indigência para delimitar a população que passa fome significa, felizmente, superestimar o tamanho do problema.

Sem dúvida, entre os indigentes, aqueles que passam fome estão em condição mais crítica. Saber o seu número depende de indicadores físicos, como baixo peso e crescimento insuficiente das crianças, e não da renda. As evidências empíricas disponíveis revelam que, a longo prazo, existe uma forte tendência de redução da subnutrição no Brasil. O indicador mais sensível a esse respeito, o de mortalidade infantil, vem declinando (ver tabela 59). Mais especificamente, o percentual de crianças menores de cinco anos com altura insuficiente para sua idade declinou de 32,9%, em 1975, para 15,7%, em 1989, e 10,4%, em 1996.[95] No entanto, mesmo os últimos resultados – que encobrem as conhecidas diferenças regionais — são inaceitáveis dado o nível de desenvolvimento atingido pelo país. Não se trata de um problema "africano", já que existem meios financeiros e organizacionais para eliminação da fome no Brasil. Enfrentar problemas de fome e de subnutrição depende naturalmente da renda, mas especialmente de ações básicas de saúde voltadas para as populações mais vulneráveis, crianças de menos de cinco anos e suas mães.

Atender prioritariamente a essa população, inclusive através de transferências de renda, passa necessariamente por ancorar os programas no sistema de saúde, fazendo da rede pública de assistência básica o instrumento de focalização e acompanhamento dos subnutridos.[96] Contudo, vale enfatizar que existe consenso entre especialistas de que distribuição de alimentos, tendo por base o critério de renda dos potenciais beneficiários, é pouco eficiente, seja em termos de focalização, seja em termos da relação custo-benefício, comparada a outras opções de política pública.

Portanto, a questão crítica da subnutrição se distingue do conceito mais geral de pobreza. Considerando o fato de que, reconhecidamente, amplas parcelas

---

[94] Renda é a base das estimativas do número de indigentes no Brasil, tanto do Programa Fome Zero, do Partido dos Trabalhadores (44 milhões de indigentes), do Ipea (22 milhões) e de minha própria estimativa (16 milhões). Os números variam em função do valor da linha de indigência utilizada, que depende, por sua vez, de escolhas de metodologia, como visto no capítulo 3.

[95] Monteiro, Benício e Freitas (1997), com base em dados de pesquisas nacionais por amostragem.

[96] O Programa Bolsa-Alimentação, do Ministério da Saúde, vem se desenvolvendo nessa linha, focalizando, especificamente, mães e crianças de até seis anos, que constituem a população mais vulnerável entre os pobres.

da população brasileira não dispõem dos meios para atender às suas necessidades básicas, há consenso de que o conceito de pobreza relevante no país ainda é o de pobreza absoluta. É, porém, inevitável que, na operacionalização desse conceito, sejam incorporadas certas necessidades que, embora não estritamente indispensáveis à sobrevivência física das pessoas, podem ser consideradas o mínimo necessário para o "funcionamento" dos indivíduos no contexto socioeconômico brasileiro.

É habitual que esse mínimo seja expresso, por um lado, através de um parâmetro monetário vinculado ao custo do atendimento às necessidades básicas no âmbito privado, isto é, às despesas necessárias para se atingir o mínimo de bem-estar considerado aceitável em determinada área do país e em dado momento, a chamada "linha de pobreza". Por outro, consideram-se outros aspectos da condição de vida não imediata ou diretamente vinculados à renda corrente — como condições de moradia, acesso a serviços públicos básicos —, para qualificar a população que se situa abaixo da linha de pobreza, isto é, que é pobre do ponto de vista da renda. Assim, combina-se o critério de renda a carências em outros aspectos da condição de vida, como por exemplo, família com renda insuficiente que tenha ou não acesso ao abastecimento de água.

Foi essa a abordagem adotada ao longo deste livro. Tomou-se como ponto de partida um critério de renda, especificamente a renda familiar, tendo em vista que pobreza deve ser entendida no âmbito da família, unidade solidária de consumo e rendimento, e não a partir do valor da renda individual.[97] O estabelecimento do valor da renda familiar *per capita*, abaixo do qual as pessoas seriam consideradas pobres (linha de pobreza, associada ao valor de todas as despesas) ou indigentes (linha de indigência, associada à despesa alimentar) deve se basear, no Brasil, no consumo observado. Uma vez que, periodicamente, se realizam pesquisas de orçamentos familiares no país, há consenso de que são as informações derivadas dessas pesquisas que devem servir de base para o estabelecimento dos parâmetros de renda para distinguir pobres de não-pobres.[98]

Mesmo adotando o consumo observado, existe uma ampla gama de opções metodológicas para estabelecer o valor da linha de pobreza, que, em última instância, estão condicionadas aos objetivos operacionais e ao julgamento de valor por

---

[97] Indicadores de renda individual, como o percentual de trabalhadores que ganham o salário mínimo ou a distribuição de renda das pessoas, dão apenas subsídios indiretos sobre a incidência de pobreza.

[98] Ou indigentes de não-indigentes. Em benefício da fluidez do texto, referir-se-á daqui por diante, somente à pobreza, embora as considerações feitas se apliquem igualmente à indigência.

parte do analista.[99] Entretanto, existem duas observações a esse respeito. A primeira é a de que é desejável dispor de um conjunto de parâmetros monetários, baseados em critérios socialmente justificados, para se acompanhar a evolução da incidência de pobreza e das características da população pobre ao longo do tempo, nas diversas áreas do país, explorando ao máximo as possibilidades de decomposição espacial das pesquisas de orçamentos familiares.[100] Tendo em vista as importantes diferenciações locais quanto ao modo de vida e ao nível de desenvolvimento social e produtivo no Brasil, foram utilizados ao longo deste texto, para cada ano, 23 linhas de pobreza locais (regiões, estratos de residência), refletindo a diversidade espacial do custo de vida para os pobres. Reconhecidamente, a utilização de uma única linha de pobreza para o país, como um todo, introduz vieses indesejáveis na comparação entre áreas de análise, na medida em que pressupõe, por exemplo, que o custo de vida para os pobres seria o mesmo na metrópole de São Paulo e na zona rural do Nordeste.

A segunda observação é a de que o acompanhamento da evolução da pobreza ao longo do tempo tem, necessariamente, que se basear em indicadores derivados a partir de parâmetros de valor compatíveis, não cabendo fazer inferências a partir de resultados derivados de abordagens metodológicas distintas e, mais especificamente, de linhas de pobreza diversas.

Segundo: o declínio de longo prazo e a estabilidade recente

Do ponto de vista da renda, os indicadores de pobreza para o Brasil permitem identificar quatro patamares distintos nos últimos 30 anos, independentemente do valor das linhas de pobreza utilizadas. Entre 1970 e 1980, verifica-se uma redução significativa da incidência de pobreza como efeito direto das altas taxas de crescimento da renda. Ao longo dos anos 1980 até 1993, a incidência de pobreza (do ponto de vista da renda) oscilou ano a ano, acompanhando as flutuações macroeconômicas de curto prazo. O resultado, ao final desse período, antes do plano de estabilização de 1994, foi uma pequena variação em relação aos níveis de pobreza verificados em 1980.[101] A redução drástica da inflação em 1994 permitiu, como subproduto, uma sensível redução da incidência de pobreza, a qual se estabilizou num novo patamar entre 1995 e 1999, como se viu no capítulo 4.

---

[99] Essa questão é objeto do capítulo 3.

[100] "Áreas" se referem às 23 unidades espaciais para as quais se dispõe de informações sobre consumo observado, permitindo estimar linhas de pobreza e de indigência específicas.

[101] O sentido dessa variação, para mais ou para menos, depende das linhas de pobreza utilizadas.

As informações anuais relativas ao período 1990-99 (capítulo 5) indicam que os efeitos distributivos do Plano Real, em nível nacional, já tinham se esgotado em setembro de 1996 e que a proporção de pobres se estabilizava num novo patamar, em torno de 35%. Essa acomodação do indicador de pobreza para o país como um todo encobre, no entanto, evoluções localmente diferenciadas em função do impacto da reestruturação produtiva, tendo-se verificado uma evolução adversa em São Paulo ou favorável no Centro-Oeste. Ademais, observa-se uma tendência sustentada e consistente de redução da pobreza rural. A proporção de pobres nas áreas rurais do país declina de 53%, em 1990, para 40%, em 1999, e continua declinando depois de 1996, o que ocorre em função da modernização agrícola no Centro-Sul, e do aumento da clientela que recebe benefícios previdenciários e assistenciais.

Como o bem-estar não depende apenas da renda, é fundamental igualmente considerar que as condições de vida da população apresentaram melhorias contínuas durante os últimos 30 anos, apesar de eventos potencialmente adversos, como o desmantelamento dos sistemas nacionais de habitação e de saneamento, nos anos 1980, e as sucessivas crises financeiras do setor público. Os indicadores que melhor sintetizam progressos nas condições de vida — a esperança de vida e a taxa de mortalidade infantil — mostram progressos contínuos no longo prazo, mas verificam-se também melhorias significativas quanto ao acesso a serviços públicos básicos e a certos itens de conforto do domicílio (tabela 59).

Tabela 59

Evolução dos indicadores sociais selecionados

	1970	1980/81	1990/91	1995	1999
Mortalidade infantil (por mil)	117	88	60	n.d.	29,6*
Esperança de vida ao nascer (anos)	52,70	60,10	65,60	n.d.	68,30
Taxa de analfabetismo (10 anos e mais) (%)	33,36	23,07	17,76	14,77	12,90
Percentual de domicílios					
Sem rede geral de água	67,19	45,09	29,29	23,80	21,19
Esgotamento inadequado	73,43	56,82	47,61	40,07	35,37
Sem eletricidade	52,44	31,50	12,22	8,28	5,25
Sem geladeira	73,94	49,64	28,90	25,20	17,24

Fontes: IBGE/Censo Demográfico e Pnad.
*Relativo ao Censo Demográfico de 2000.

Cabe enfatizar que a melhoria dos indicadores sociais resulta de ganhos proporcionalmente mais fortes para os pobres, o que implica redução das desigualdades, nesse particular, entre as duas subpopulações, pobre e não-pobre, como visto no capítulo 6. Dessa forma é importante destacar conquistas no sentido da universalização do acesso à escola para as crianças de sete a 14 anos, que resultou em redução de 18 para 6% das crianças pobres que permanecem fora da escola.

Terceiro: pobreza e desigualdade de renda

No caso do Brasil, há consenso de que a persistência da pobreza absoluta, do ponto de vista do rendimento, está vinculada à desigualdade. Na verdade, a renda *per capita* de quase R$3.600 ao ano é bem superior a qualquer valor que possa ser realisticamente associado à linha de pobreza, de modo que a persistência de pobreza absoluta no Brasil decorre da forte desigualdade na distribuição do rendimento. Como se viu no capítulo 2, quando se consideram todas as pessoas com mais de 10 anos de idade que têm algum rendimento, verifica-se que o 1% das pessoas que detinham os rendimentos mais elevados se apropriavam de 13,5% do rendimento total, percentual quase equivalente àquele apropriado pelos 50% de indivíduos na base da distribuição. Esse padrão perverso de concentração é ainda mais grave quando se considera a distribuição do rendimento *per capita* familiar, o que interessa de fato quando se trata de pobreza, pois resulta da repartição solidária do rendimento no interior das famílias:[102] ao 1% das pessoas com renda familiar *per capita* mais altas correspondem 13,9% da renda total, enquanto os 50% com rendas mais baixas se apropriam de apenas 12% da renda total. Fica evidente, portanto, que a repartição intrafamiliar não contribui para reduzir a desigualdade original de renda entre os indivíduos, mas, ao contrário, vem agravá-la.

Em conseqüência dessas desigualdades na repartição da renda, os coeficientes de Gini associados às distribuições de renda no Brasil são dos mais elevados do mundo — 0,576, quando se tem por base o rendimento das pessoas, e 0,612, quando se trata do rendimento familiar *per capita*, em 1999 —, em total descompasso com o que se verifica em países de nível de renda similar.[103] Cabe observar que o grau de desigualdade é tão elevado, que o coeficiente de Gini é afetado apenas de forma

---

[102] Os dados que se seguem correspondem a 1999 e foram derivados por Hoffmann (2001a) a partir da Pnad.

[103] Por exemplo, o coeficiente de Gini teria sido de 0,52 no México em 1996 (Banco Mundial, 2001).

marginal por aumentos percentualmente significativos dos rendimentos na base da distribuição, como os que ocorreram após o Plano Real.

O reconhecimento de que a extrema desigualdade na distribuição de rendimento tem-se mantido tanto em períodos de expansão econômica, na década de 1970, por exemplo, quanto em conjunturas recessivas (inflacionárias ou não), deveria ser suficiente para considerar-se de forma explícita a componente distributiva quando se definem políticas públicas no Brasil.

Embora a pobreza absoluta possa ser reduzida, tanto pelo crescimento da renda como por melhoria na sua distribuição, existe consenso de que a redução da desigualdade de renda deve ser focada, especificamente, como um objetivo em si. Isso porque depender exclusivamente do crescimento da renda sem redução da desigualdade significa postergar para um horizonte inaceitavelmente longo a eliminação da pobreza absoluta no país. É sabido ainda que muitas das oportunidades de crescimento econômico tendem a ter efeitos essencialmente concentradores, já que implicam utilização de tecnologias modernas associadas ao uso de mão-de-obra qualificada, o que requer medidas compensatórias de modo a evitar aumento da desigualdade, bem como promover a redução da pobreza absoluta.

O atual nível de desigualdade de renda gera tensão social crescente, em especial nas áreas urbanas e modernas, onde os contrastes de renda, riqueza e poder são mais evidentes. À medida que se universaliza o acesso a serviços públicos básicos, a redução da pobreza absoluta por meio de transferências de renda focalizadas é vista, de forma crescentemente consensual, como um instrumento efetivo de política social.

Quarto: a geografia da pobreza — urbanização e desigualdades regionais[104]

Sob uma perspectiva de longo prazo, a principal alteração na espacialização da pobreza no Brasil foi a redução sustentada da pobreza rural. Esta declinou, tanto pela redução relativa da população rural, em geral, como pela diminuição da proporção de pobres na área rural. Do ponto de vista do número de pobres, a participação da pobreza rural caiu a menos da metade no período 1970-99, pas-

---

[104] Como no capítulo 4, que discute a evolução da pobreza a longo prazo, os indicadores apresentados abaixo se baseiam em linhas de pobreza estimadas a partir do Endef, que, embora relativamente baixas para os níveis de renda e a estrutura de consumo que se verificam hoje no país, permitem a comparação intertemporal apenas com ajuste de preços.

sando de 51,5 a 20,4%. Assim, ao longo desses 30 anos, à medida que o país se urbanizava, a pobreza tornou-se essencialmente urbana e metropolitana. Até 1998/99, isso ocorria, apesar de os indicadores de pobreza serem geralmente mais adversos nas áreas rurais.[105] No final do período, e para o conjunto do país, em função de evoluções demográficas e da renda, os pobres urbanos são largamente a maioria, cerca de 80% dos pobres brasileiros (tabela 60).[106]

Tabela 60

Proporção e participação (%) dos pobres por estrato
1970, 1981, 1990 e 1999

Brasil e estratos	1970 (1)		1981 (2)		1990 (2)		1999 (2)	
	Prop.	Part.	Prop.	Part.	Prop.	Part.	Prop.	Part.
Brasil	68,3	100	34,6	100	30,2	100	21,1	100
Metropolitano	53,2	18,8	29,5	26,4	28,9	29,2	23,7	34,2
Urbano	65,3	29,7	31,9	38,0	26,8	41,7	19,0	45,4
Rural	78,6	51,5	44,2	35,6	39,3	29,1	22,6	20,4

Fonte: IBGE, Censo Demográfico (1) e Pnads (2). Tabulações especiais baseadas em linhas de pobreza derivadas do Endef.

Naturalmente essa mudança tem diversas implicações. Por um lado, a pobreza torna-se mais visível e, diante da desigualdade de renda e dos contrastes extremos de riqueza e poder em áreas urbanas, as condições adversas de vida dos pobres geram forte tensão social. Por outro lado, o novo perfil dos pobres requer um conjunto mais complexo de políticas públicas que levem em conta a maior heterogeneidade da pobreza no meio urbano.

O componente regional da pobreza no Brasil se mantém. Quando se consideram indicadores de renda ou quaisquer outros aspectos da condição de vida das pessoas e das famílias, a incidência de pobreza é mais elevada no Norte e Nordeste, e sensivelmente mais baixa no Centro-Sul. Isso significa que, apesar das profundas transformações estruturais por que passou o país em 30 anos, as regiões Norte e Nordeste não apresentam indícios de romper com sua herança de pobreza, e alterar, significativamente, sua posição desfavorável (tabela 61).

[105] Com base nas linhas de pobreza derivadas do Endef, em 1999, pela primeira vez a proporção de pobres foi menor na área rural do que na metropolitana.
[106] A participação dos pobres urbanos no total de pobres brasileiros é de 78% se forem utilizadas linhas de pobreza mais elevadas derivadas da POF. A esse respeito, ver o capítulo 5.

Tabela 61

Proporção e participação (%) dos pobres por região
1981, 1990 e 1999

Localidade	1981		1990		1999	
	Prop.	Part.	Prop.	Part.	Prop.	Part.
Brasil	34,58	100,00	30,25	100,00	21,11	100,00
Norte urbano	47,88	3,75	43,24	5,29	40,71	9,57
Nordeste	56,52	49,01	45,83	45,04	29,44	40,23
Sudeste	23,72	30,52	23,05	33,37	17,61	36,37
Sul	21,36	10,01	20,13	10,38	11,82	8,66
Centro-Oeste	35,09	6,71	24,94	5,92	15,36	5,17

Fonte: Pnad (tabulações especiais).

A esse respeito cabe observar que a evolução entre 1981 e 1999 mostra uma melhoria relativa do Nordeste, em parte devido aos resultados desfavoráveis de 1981, quando a região teve a incidência de pobreza agravada pela seca. Pode-se verificar ainda que, na última década, a evolução mais adversa ocorreu no Norte urbano. Trata-se de uma tendência preocupante pela intensidade do fenômeno, embora o contingente populacional envolvido seja reduzido. No Nordeste, ao contrário, a concentração de pobres na região continua alarmante, tendo em vista não só o número de pobres — 13 milhões de pessoas, equivalente a 40,2% dos pobres brasileiros em 1999 —, mas as condições de vida da população em geral, e dos pobres em particular. Ao meio físico freqüentemente adverso, se juntam condições sanitárias precárias, o baixo nível de escolaridade e possibilidades muito limitadas dos governos locais de operar, de forma eficaz, em favor do desenvolvimento das atividades produtivas e da assistência da população. O fato de a taxa de mortalidade infantil, que pode ser considerada um indicador sintético privilegiado das condições de vida da população, se situar em torno de 59/1.000 na região — portanto, quase o dobro daquela verificada no Sudeste (25/1.000) —[107] reflete de forma inequívoca a situação crítica do Nordeste em relação não só à pobreza, mas também, à persistência de fortes desigualdades regionais no Brasil.

[107] Estimativas de Simões (1997).

Quinto: a heterogeneidade da pobreza[108]

Em um país de tamanho continental, marcado por diferenças regionais tão acentuadas, tanto físicas, como produtivas e socioculturais, é compreensível que os indivíduos e famílias pobres apresentem características diversas, conforme a sua região e seu local de residência urbano ou rural. São ilustrativos dessa diversidade os perfis dos pobres nas duas maiores metrópoles e na área rural do Nordeste, que revelam diferenciações extremas, mas relevantes pela importância numérica das populações a que se referem: os pobres nas metrópoles de São Paulo e Rio de Janeiro representam 17% dos pobres brasileiros em 1999, enquanto os pobres na área rural do Nordeste, 15%, constituindo, em conjunto, cerca de um terço dos pobres do país.

A pobreza rural nordestina é essencialmente a pobreza típica de sociedades tradicionais que se situam à margem do crescimento urbano-industrial. Os pobres são numerosos e, com freqüência, numericamente predominantes, formando uma subpopulação relativamente homogênea quanto a suas características. Comparativamente à metrópole de São Paulo, o tamanho médio das famílias pobres no Nordeste é maior, e as crianças bem mais numerosas. A chefia feminina é relativamente baixa (16%). A maioria dos chefes de família é analfabeta (59%), sendo que mais de 1/3 tem escolaridade inferior a quatro anos. Como estão ocupados predominantemente na agropecuária, na condição de trabalhadores por conta própria (63%), isso significa que se dedicam à pequena produção agrícola destinada ao autoconsumo, gerando pequeno ou nenhum excedente comercializável. O desemprego é inexistente por não se aplicar conceitualmente às condições socioeconômicas locais, mas, considerando a baixa produtividade e a forma de organização da produção, o subemprego é relevante. O Estado deixa a desejar como provedor de serviços básicos, considerando-se a elevada proporção de crianças entre 7 e 14 anos — portanto, na faixa etária em que a freqüência escolar é obrigatória — que estão fora da escola (16%), o que é um resultado muito adverso, mesmo abstraindo a questão da qualidade do ensino. Ademais, a grande maioria dos pobres reside em domicílios inadequados no que concerne, por exemplo, ao acesso à rede de água (40%) e esgotamento sanitário (83%); mais da metade (53%) dos pobres na área rural do Nordeste vivem em domicílios sem eletricidade, o que tem implicações óbvias, tanto em termos de conforto como de acesso à informação e possibilidades de lazer.

Em contrapartida, a pobreza nas duas principais metrópoles do país está articulada, social e economicamente, ao funcionamento do centro dinâmico da

---

[108] Com base nas linhas de pobreza derivadas da Pesquisa de Orçamentos Familiares.

economia nacional, havendo, no meio urbano, interação freqüente entre as subpopulações pobre e não-pobre. As famílias pobres são menores e o número médio de crianças bem mais baixo do que no Nordeste rural.[109] A dinâmica social, menos centrada nos laços familiares, resulta em percentual elevado de chefia feminina (32%), o que consiste num dos traços mais característicos da pobreza urbana em sociedades modernas. O percentual de chefes analfabetos é elevado (13%), especialmente tendo em vista que se trata do núcleo urbano mais moderno do país, mas se situa num patamar incomparavelmente mais baixo do que o verificado entre os pobres do Nordeste rural. A maioria dos chefes de família pobres trabalha como empregado (78%), sendo que 54% têm carteira assinada, nos setores de comércio e serviços, na verdade, nas atividades tradicionais, de baixa produtividade e baixos rendimentos desses setores. Indicadores relativos ao acesso a serviços públicos revelam uma situação radicalmente diversa da verificada no Nordeste. Cerca de 6% das crianças com idades de 7 a 14 anos não freqüentam a escola, a maioria delas no limite inferior da faixa etária. O acesso à eletricidade e ao abastecimento de água é praticamente universal, havendo déficits importantes, apenas em relação ao esgotamento sanitário (29%).

Essa caracterização esquemática das duas subpopulações pobres baseada em suas diferenças essenciais evidencia que é necessário conceber estratégias diversas de combate à pobreza, conforme o perfil da população alvo. No Nordeste rural, o objetivo prioritário deve ser o de melhorar as condições de vida nos bolsões de pobreza mais crítica, através da garantia ao acesso à terra e melhoria da produtividade agrícola, como resultado da ação integrada na área social (educação, saúde e alimentação) e na de extensão rural. No que concerne à pequena produção agrícola, à qual está vinculada a maioria das famílias pobres, a prioridade absoluta deve ser o atendimento de necessidades de autoconsumo alimentar. Melhorias de produtividade permitiriam evoluir, no médio e longo prazos, para a geração de excedentes e aumento da renda monetária derivada da sua comercialização.

Nas metrópoles primazes, as ações antipobreza estão necessariamente voltadas para a inserção no mercado de trabalho, o que se vincula necessariamente a medidas que acarretem aumento do nível de escolaridade, de maneira geral, e da qualificação para o mercado de trabalho, de forma específica. Iniciativas que incentivem a freqüência regular à escola e a melhoria da qualidade do ensino público operam nesse sentido. Mecanismos de compensação do atraso escolar e de treinamento para o trabalho, voltados para adolescentes e jovens adultos, atendem a esse mesmo objetivo. Expansão da rede de creches e pré-escolas nas áreas pobres em

---

[109] Os indicadores citados referem-se à metrópole de São Paulo.

combinação com um sistema adequado de informação sobre emprego seria um apoio necessário às famílias cuja pobreza está associada à presença de crianças e à baixa participação dos adultos no mercado de trabalho.

A prioridade à educação, com formas e ênfases diferenciadas, é um importante denominador comum das políticas antipobreza aplicadas a realidades tão distintas quanto as que se verificam nas metrópoles e nas áreas rurais menos desenvolvidas.

Sexto: educação, renda e pobreza

É amplamente reconhecido que, a longo prazo, a redução da pobreza absoluta e da desigualdade de renda no Brasil passa, necessariamente, por mudanças estruturais no sistema educacional que garantam o acesso à escola e à educação de boa qualidade para os mais pobres. Estudos evidenciam que desigualdades de rendimentos no mercado de trabalho não são criadas devido a mecanismos próprios desse mercado, tais como segmentação e discriminação, mas, principalmente, devido a diferenças educacionais entre os indivíduos (Amadeo et alii, 1994). Nesse sentido, a desigualdade de renda que resulta na persistência da pobreza absoluta reflete desigualdades de escolaridade, em boa parte transmitidas dos pais para os filhos.

Ademais, embora pobreza seja um fenômeno complexo, associado a muitas causas, as evidências empíricas de que se dispõe permitem correlacionar, de forma inequívoca, pobreza e baixo nível de escolaridade. É importante observar que baixo nível de escolaridade não significa necessariamente condenação à pobreza: sabe-se que as pessoas de baixo nível de escolaridade se repartem de forma bastante uniforme ao longo da distribuição de rendimentos. No entanto, entre os pobres, predominam indivíduos com baixo nível de escolaridade (Barros; Machado & Mendonça, 1997).

Tomando por base um conjunto de características de ocorrência freqüente entre os chefes das famílias pobres, verificou-se que o baixo nível educacional — definido como menos de quatro anos de escolaridade — era a variável a qual estava associada a maior probabilidade de o indivíduo e de sua família serem pobres.[110]

---

[110] Foram sete as variáveis consideradas, sendo a condição adversa indicada entre parênteses: sexo (feminino), cor (preta ou parda), situação na ocupação (empregado sem carteira ou desempregado), nível de escolaridade (menos de quatro anos), razão de dependência (zero), região de residência (Nordeste) e estrato de residência (rural). A respeito ver Rocha, 1995b.

Quando as sete características adversas selecionadas ocorrem simultaneamente, a probabilidade de a família ser pobre é de 95%. Se todas as sete características analisadas forem adversas, mas o nível de escolaridade for superior a quatro anos, a probabilidade de ser pobre cai para 86%. Isto é, por conta do nível de escolaridade superior a quatro anos, a probabilidade de ser pobre se reduz em nove pontos percentuais. A esse respeito, cabe observar que educação teve uma contribuição mais importante como determinante da pobreza do que as características de sexo ou cor.

Estudos que relacionam anos de estudo ao nível de rendimento dão subsídios indiretos sobre a relação entre pobreza e baixa escolaridade no Brasil. Verificou-se, por exemplo, que cada ano adicional de escolaridade resulta em aumento da renda variando entre 10 e 19%, dependendo do nível de escolaridade alcançado. Esse efeito sobre a renda é bem mais acentuado no Brasil do que em outros países, onde se verifica um aumento médio de 10% para cada ano a mais de escolaridade.[111]

O consenso de que a redução da pobreza e da desigualdade passa necessariamente pela democratização do ensino de qualidade, capaz de instrumentalizar os jovens para o mercado de trabalho, justifica a ênfase na melhoria do nível de escolaridade como objetivo prioritário de política pública. Hoje, quando quase a totalidade das crianças já freqüentam a escola — 95,7% das crianças de 10 a 14 anos —,[112] o desafio consiste em fazer com que a escola recupere o seu papel fundamental de mecanismo de mobilidade social, o que depende do provimento de ensino público de qualidade.

Sétimo: pobreza e mercado de trabalho

A forma desejável de os indivíduos obterem a renda[113] necessária para evitar a pobreza é pela inserção no mercado de trabalho. No entanto, dadas as características estruturais do mercado de trabalho brasileiro, mesmo trabalhadores envolvidos em tempo integral em atividades formais recebendo o salário mínimo podem ser pobres, em função da composição de sua família e do baixo valor desse salário. Assim, por exemplo, em São Paulo, onde a linha de pobreza em setembro de 1999 era de R$167,97 por pessoa/mês, um trabalhador com renda mensal de

---

[111] Barros e Ramos (1992) mostram os ganhos de renda por ano adicional de escolaridade, segundo faixas de escolaridade: mais 16% de renda, na faixa até quatro anos de escolaridade; mais 10%, de cinco a oito anos; 14%, de oito a 11 anos, e 19%, de 11 a 16 anos.

[112] Pnad, 2001.

[113] Renda do trabalho, presente ou deferida por mecanismos de poupança e previdência.

três salários mínimos e seus dois dependentes seriam classificados como pobres, já que a renda familiar *per capita* — equivalente a um salário mínimo ou R$136 — estaria abaixo do valor da linha de pobreza local.

Ademais, deve ser considerado que o mercado de trabalho brasileiro vem se especializando rapidamente, o que resulta em número insuficiente de postos de trabalho e no aumento relativo da participação da mão-de-obra qualificada no total dos trabalhadores ocupados. O resultado tem sido a expansão da informalidade e a exclusão do mercado de trabalho dos trabalhadores com baixo nível de escolaridade. De 1996 a 2001 foram extintos 1,3 milhão de postos de trabalho ocupados por trabalhadores com menos de quatro anos de escolaridade, em seis regiões metropolitanas responsáveis por 30% da população brasileira.[114] Como efeito combinado da redução do número de postos de trabalho e do rendimento médio, o rendimento total do trabalho para essa categoria de trabalhadores caiu fortemente no período.

Essa evolução tem contribuído para o aumento da pobreza metropolitana, apesar de amortecido pelos efeitos distributivos que ocorrem no interior das famílias onde convivem indivíduos com perfis diversos (diferentes idades, nível de escolaridade e educação). A baixa qualificação da mão-de-obra, em descompasso com o nível de desenvolvimento produtivo atingido pelo país e com as necessidades do mercado, tem implicações sobre a incidência de pobreza de duas formas. Por um lado, limitando as possibilidades de crescimento econômico e conseqüentemente do aumento da renda. Por outro, servindo de base à manutenção de elevados níveis de desigualdade do rendimento, que, como se viu, é um determinante da persistência da pobreza absoluta no país.

Infelizmente, pouco pode ser feito para a reinserção produtiva dos trabalhadores com baixa qualificação. As oportunidades se limitam essencialmente a subsetores da construção civil, em particular às obras de infra-estrutura urbana e social. Estas últimas têm a vantagem de empregar os pobres nos seus locais de moradia, melhorando sua condição de vida, tanto via rendimento recebido como devido a melhor acesso a infra-estrutura (saneamento básico, rede viária, escolas, postos de saúde), contribuindo ainda para maior coesão comunitária. A alternativa do treinamento e qualificação para o trabalho se limita aos indivíduos jovens, já

[114] Trata-se das seis metrópoles onde se realiza a Pesquisa Mensal de Emprego (PME/IBGE): Recife, Salvador, Belo Horizonte, Rio de Janeiro, São Paulo e Porto Alegre. O número médio anual de ocupados com menos de quatro anos de escolaridade passou de 5,2 milhões, em 1996, para 3,9 milhões, em 2001. Neste último ano, os trabalhadores de baixa escolaridade ainda representavam 23% do total de ocupados nessas metrópoles — eram 32% em 1996 —, o que evidencia que ainda existe um intenso processo de ajuste pela frente.

que a experiência internacional tem revelado resultados insatisfatórios quando se trata de trabalhadores de baixa escolarização e idades mais avançadas.

No curto prazo, enfrentar as tensões crescentes no mercado de trabalho, que resultam da modernização do sistema produtivo com efeitos irreversíveis sobre a estrutura da mão-de-obra, requer necessariamente políticas de cunho assistencial voltadas para os excluídos.

A esse respeito é importante destacar que o desemprego, embora um fenômeno importante e um indicador central do funcionamento do mercado de trabalho, não se constitui em variável essencial no que concerne à pobreza. Apesar de a taxa de desemprego ser bem mais elevada entre os pobres do que entre os não-pobres — respectivamente 18,2 e 6,5%, em 1999 —, a eliminação total do desemprego teria um efeito muito marginal sobre a incidência de pobreza do ponto de vista da renda (Ramos & Santana, 1999).

Essas constatações têm duas implicações diretas sobre a concepção de políticas públicas. Por um lado, os desembolsos anuais com o seguro-desemprego — da ordem de R$4,8 bilhões, em 2001 — não podem ser arrolados como um dispêndio associado à política antipobreza, tendo em vista que o mecanismo não pretende nem está de fato focalizado nos pobres. Por outro lado, centrar os esforços para inserção no mercado de trabalho dos jovens de menos de 25 anos com baixa qualificação é prioritário, tanto pela ótica da funcionalidade do mercado de trabalho, como pela da redução da pobreza.

Oitavo: crianças — os mais vulneráveis

É comum associar a vulnerabilidade dos indivíduos às idades extremas, infância e velhice, em função das limitações físicas e de dependência associadas a elas. Do ponto de vista do rendimento, existem suficientes evidências empíricas, no Brasil, de que os idosos se beneficiam de uma série de mecanismos de política pública que permitem que, como grupo etário, seja aquele para o qual a incidência de pobreza é mais baixa. A tabela 62 mostra que, em 1999, um pouco menos de 16% dos indivíduos com 60 anos tinham rendimento familiar *per capita* abaixo da linha de pobreza localmente relevante, enquanto 54,5% das crianças com menos de quatro anos se encontravam nessa situação.

Devido a características do ciclo de vida das famílias— que combina início da inserção dos pais no mercado de trabalho, nascimento dos filhos e conseqüente elevação da taxa de dependência —, crianças são especialmente vulneráveis à pobreza. Mais da metade das crianças com menos de quatro anos são pobres, e tal proporção declina monotonicamente com o aumento da idade. Naturalmente, à insuficiência de renda combina-se a fragilidade física e a dependência total das crianças em relação aos adultos na família. É, portanto, prioritária a focalização de políticas antipobreza em famílias de baixa renda com crianças em idade pré-escolar, sejam essas políticas de transferência direta de renda, sejam baseadas em outros mecanismos assistenciais centrados no eixo alimentação-higiene-saúde. Postos de saúde têm vocação natural para ancorar políticas desse tipo, acompanhando cada criança assistida através da evolução de suas medidas antropométricas e do registro da ocorrência de doenças. Procedimentos simples de pesagem e de monitoramento do crescimento das crianças constituem-se em poderosos instrumentos de avaliação da eficácia dos programas voltados para o atendimento dessa população.

Tabela 62

Proporção de pobres por idade

Faixa de idade	Pobres (mil)	População (mil)	Proporção (%)
0 a 4	7.944	14.571	54,52
5 a 9	7.595	15.098	50,31
10 a 14	7.589	16.548	45,86
15 a 19	6.186	16.487	37,52
20 a 29	8.226	25.803	31,88
30 a 59	14.658	53.196	27,55
60 a mais	2.235	14.066	15,89
Total	54.440	155.788	34,95

Fonte: Pnad, 1999 (tabulações especiais).

Para crianças em idade de freqüência obrigatória à escola, é sensato ancorar as medidas assistenciais no sistema escolar, como faz tradicionalmente o programa de merenda escolar e, mais recentemente, alguns mecanismos de transferência de renda — os programas de bolsa-escola[115] e de erradicação do trabalho infantil. Educação e renda como eixos da política antipobreza focada nas crianças em idade escolar significa reduzir de imediato sua vulnerabilidade presente, visando, ao mesmo tempo, romper o círculo vicioso da transmissão intergeracional da pobreza através da melhoria da escolaridade dos mais jovens. Naturalmente, os programas

[115] A partir das iniciativas pioneiras no município de Campinas (SP) e em Brasília (DF), em meados da década de 1990, o programa de bolsa-escola evoluiu para tornar-se um dos carros-chefe da política antipobreza do governo federal. Em dezembro de 2001, o programa pagava benefícios da ordem de R$15/mês para 8,2 milhões de crianças, significando um dispêndio total de R$124 milhões, naquele mês. Esse valor anualizado equivaleria a quase R$1,5 bilhão.

de incentivo à freqüência à escola e o prolongamento da escolaridade pressupõem que o ensino ministrado, de fato, instrumentalize as crianças para uma posterior inserção produtiva bem-sucedida. Nesse sentido, a qualidade da educação no sistema público desempenha papel-chave na estratégia antipobreza.

Finalmente, cabe observar que um grupo potencialmente vulnerável, os idosos, vem sendo assistido pela previdência rural e por transferências de renda do sistema nacional de assistência social. Como a Constituição de 1988 garante que esses benefícios correspondam ao salário mínimo, esses programas têm papel determinante para que a incidência de pobreza entre os idosos seja relativamente baixa no Brasil.

Nono: sobre o "bom desenho" da política antipobreza

O acúmulo de informações sobre a pobreza no Brasil e sobre as experiências voltadas para o atendimento aos pobres resultou no crescente e desejável distanciamento entre políticas antipobreza e iniciativas filantrópicas de caráter tradicional. Tornou-se evidente que, para garantir sua eficácia, é essencial que os mecanismos de apoio e promoção dos pobres sejam concebidos de forma a atender a objetivos claramente explicitados, o que implica definição de meios (financeiros e gerenciais) compatíveis com as ações a serem desenvolvidas junto a uma determinada população-alvo bem delimitada.

Ademais, é reconhecida a necessidade de acompanhamento permanente e de avaliação periódica dos resultados alcançados, para se ter uma medida precisa do grau de sucesso alcançado por ação. Para isso, os componentes básicos de programas antipobreza têm que ser definidos de início, na fase de planejamento que precede a sua operacionalização propriamente dita. O primeiro desses componentes básicos consiste em estabelecer qual o objetivo (ou objetivos) que se visa atingir, explicitado(s) de forma inequívoca. Por exemplo, em se tratando de um programa de promoção ao aleitamento materno, quais a incidência e a duração média verificadas antes da implantação do programa, bem como, quais as que se pretende atingir em determinado período de tempo como resultado. Naturalmente o estabelecimento do objetivo requer, implicitamente, que se delimite uma população-alvo de acordo com determinados critérios, inclusive no que concerne à abrangência espacial do programa, da mesma forma que se tenha conhecimento concreto da realidade a ser modificada, de modo a poder estabelecer, tanto o marco zero relativo à situação atual, como a meta realista a ser alcançada, tendo em vista os meios disponíveis.

O segundo componente básico do desenho de um programa antipobreza se refere aos instrumentos para seu monitoramento e avaliação. Isso implica desde o estabelecimento dos procedimentos de seleção dos indivíduos ou famílias a serem atendidos por determinado programa, até a definição dos indicadores que permitam chegar a resultados bem-sucedidos ao longo de períodos previamente definidos. Um elemento-chave do acompanhamento é verificar em que medida o programa, uma vez implantado, alcança, de fato, sua clientela-alvo. Garantir a boa focalização dos programas antipobreza constitui um objetivo estratégico, na medida em que a população pobre é grande e heterogênea, e os recursos limitados devem ser aplicados o mais estritamente possível nos objetivos propostos. O acompanhamento previsto no escopo de cada programa deve permitir correções de rumo, seja no que se refere ao foco escolhido para sua aplicação, seja em relação a outros aspectos da operacionalização, minimizando os efeitos de eventuais erros e desvios. No caso de um programa de bolsa-escola, por exemplo, onde um dos objetivos é estimular a freqüência à escola, um procedimento de monitoramento da execução do programa seria verificar em que medida as crianças beneficiadas estão, efetivamente, freqüentando a escola em bases regulares, conforme desejado.

Naturalmente, é essencial ter como pressuposto de qualquer iniciativa o fato de que a pobreza é uma síndrome de carências diversas, cujo entendimento não pode ser restrito à insuficiência de renda, e que a família é a unidade de referência para a política antipobreza. Nesse sentido, cada vez mais há que considerar ações integradas: embora estas, eventualmente, tenham como alvo indivíduos com características específicas, é a família que, em última instância, deve ser atendida e apoiada. Portanto, trata-se de privilegiar o caráter complementar dessas ações, de modo a maximizar os resultados em termos de bem-estar do grupo familiar.

Dessa forma, é auspiciosa a iniciativa de criação de um cadastro único dos programas sociais do governo federal, como valiosa ferramenta de gerenciamento das ações de política pública focadas nos mais pobres.[116] Além de permitir o conhecimento das características das famílias e indivíduos assistidos pelos diversos programas, o cadastro se configura como um instrumento privilegiado de monitoramento, possibilitando verificar os efeitos combinados de diferentes programas sobre as famílias, assim como os progressos realizados no combate às vulnerabilidades da pobreza ao longo do tempo.

---

[116] O cadastramento dos beneficiários dos programas sociais do governo federal foi iniciado em 2002 pela Secretaria de Assistência Social, do MPAS.

Décimo: quanto custa eliminar a pobreza?

Quando se trata da prioridade a ser dada à eliminação da pobreza, é freqüente que o debate venha centrado na possibilidade de mobilizar novos recursos para o financiamento de ações específicas dos diferentes níveis de governo. Nesse contexto, é freqüente também que a pobreza seja tratada apenas como insuficiência da renda. O custo de sua erradicação é, então, associado à eliminação do hiato de renda, isto é, ao montante de recursos necessários para elevar a renda de todos os pobres ao valor da linha de pobreza.

A estimativa desse valor em 1999 era de R$27,1 bilhões, ou o equivalente a 2,7% do PIB daquele ano.[117] Esse montante é aparentemente modesto quando se tem em vista o benefício potencial, isto é, a eliminação da pobreza do ponto de vista da renda. Entretanto, deve-se levar em conta que transferências diretas de renda aos pobres não podem ser feitas uma só vez, mas têm que se repetir ao longo dos anos, até que as medidas que realmente atacam as causas da pobreza venham reduzir paulatinamente o tamanho da população-alvo. Ademais, a facilidade de estimativa estatística do chamado hiato da renda mascara as dificuldades reais de operacionalização de programas de transferência direta de renda.

Apesar das reconhecidas dificuldades operacionais, mecanismos antipobreza baseados na transferência de renda vêm ganhando importância, nos últimos anos. Não se trata de programas de renda mínima universais e de valor compatível com o atendimento das necessidades básicas,[118] mas, geralmente, da utilização de transferências monetárias vinculadas a outras ações sociais focadas em clientelas específicas.

A justificativa básica para esse tipo de mecanismo se baseia no fato de que, numa economia moderna e monetizada, a cidadania plena depende de que se disponha de renda suficiente para o atendimento das necessidades no âmbito do consumo privado. Além disso, para um mesmo valor do gasto público, o bem-estar do beneficiário é maior quando obtém renda, em comparação com recebimentos sob forma de bens e serviços (Sabóia & Rocha, 2002).

---

[117] Essas estimativas do hiato da renda se referem aos resultados apresentados no capítulo 6.

[118] Propostas de implementação de uma renda mínima de cidadania têm sido feitas no Brasil desde a década de 1970 (Silveira, 1975; Bacha & Unger, 1978). Com os resultados adversos, que se vinham verificando desde o início dos anos 1980, em relação à evolução do nível e do grau de desigualdade de renda, o tema ganhou novo impulso nos anos 1990. O Projeto de Lei nº 2.561, de autoria do senador Eduardo Suplicy, foi aprovado no Senado Federal, em 1992, mas não chegou a ser votado na Câmara dos Deputados. A lei atualmente em vigor é a de nº 9.533, de 10 de dezembro de 1997.

Alguns programas desse tipo, como o amparo assistencial aos idosos e deficientes, expandiram a clientela atendida e o valor do benefício, a partir de programas existentes deste a década de 1970.[119] Outros foram criados levando em conta a prioridade já reconhecida do atendimento às crianças e da função educacional da política antipobreza, como o caso do Bolsa-Escola, do Bolsa-Alimentação e do Programa de Erradicação do Trabalho Infantil (Peti). Outros ainda, como o Auxílio-Gás, têm como objetivo apenas repassar para famílias de baixa renda o valor correspondente à eliminação de um subsídio ao consumo, anteriormente de caráter generalizado. As informações apresentadas no anexo 8 mostram que, em dezembro de 2001, esses programas realizavam 19,4 milhões de transferências, certamente com alguma múltipla contagem de beneficiários. Se anualizado, o valor consolidado relativo aos novos benefícios criados depois de 1999 corresponderia a cerca de 10% do valor do hiato da renda estimado para aquele ano, evidenciando que, mesmo com a grande expansão desses programas, a pobreza enquanto insuficiência de renda está longe de ser erradicada.[120] Além da restrição de recursos, há a questão central do estabelecimento do foco dos benefícios, de modo que existe consenso de que a expansão dos programas de transferência de renda tem que ser, necessariamente, feita de forma cautelosa, e, em particular, de que é necessário instrumentalizar a administração pública para lidar com a complexidade dessas políticas.

Como a pobreza não se limita à insuficiência de renda, dispêndios associados a outras necessidades dos mais pobres, em particular aquelas vinculadas ao provimento de serviços públicos básicos e os de promoção social, formam o conjunto indispensável de ações no escopo de uma política antipobreza. Tanto ações antipobreza, como mecanismos de política social de caráter universal resultam em despesas genericamente consideradas gasto social.

O gasto social no Brasil — que inclui a totalidade dos gastos da previdência, da saúde, da educação — equivale a cerca de 20% do PIB. É evidente que a persistência da pobreza não está vinculada à insuficiência do gasto público, e que, por conseqüência, não se trata apenas da mobilização de recursos adicionais, mas de mudança na natureza do gasto social e de melhoria da sua eficiência, em geral. Isso suscita questões de operacionalização pura e simples, mas também questões distributivas complexas do ponto de vista político, como aquelas relativas às características do gasto previdenciário. O consenso teórico sobre a necessidade de priorizar as despesas voltadas à satisfação de necessidades básicas de alimentação,

---

[119] Renda Mensal Vitalícia.

[120] Mesmo supondo uma focalização perfeita dessas transferências.

saúde, educação e saneamento, focando os mais pobres, assim como de corrigir iniqüidades distributivas óbvias do gasto social, se defronta, na prática, com obstáculos legais e políticos à mudança. O outro lado da questão, o da receita pública, está sujeito a restrições da mesma natureza, como bem demonstram as polêmicas sem fim em torno da reforma tributária, em geral, e da incidência e progressividade do imposto de renda, em particular.

Adotar o combate à pobreza como bandeira política conseqüente requer a restruturação do gasto social, em geral, e o redesenho dos mecanismos voltados especificamente ao atendimento dos pobres. Implica ainda que os mecanismos de financiamento do gasto público levem em conta, explicitamente, as desigualdades da distribuição de renda no país. Especificamente, na operacionalização de políticas antipobreza, é indispensável concentrar o uso de recursos, antigos ou novos, em políticas de objetivos claros e focalizados em populações bem definidas. É essencial priorizar o atendimento aos mais pobres, mas garantindo a eficiência operacional, tanto de medidas assistenciais, que apenas amenizam os sintomas presentes da pobreza, como daquelas que têm o potencial de romper de forma definitiva o círculo vicioso da pobreza.

Posfácio

A pobreza no início do século XXI

Os resultados da pesquisa domiciliar de 2001[121] permitem avaliar a evolução 1999-2001 da incidência de pobreza e de indigência, do ponto de vista da renda. Os comentários a seguir se baseiam em estimativas que dão continuidade àquelas apresentadas no capítulo 5.[122] Cabe destacar que, devido ao Censo Demográfico de 2000, a Pnad não se realizou naquele ano, de modo que os resultados apresentados para o período 1999-2001 encobrem a melhoria da renda e da conjuntura econômica em geral, que prosseguiu após setembro de 1999, captando, no entanto, os impactos recessivos do racionamento de energia e da crise argentina a partir de abril de 2001.

A primeira observação de ordem geral concerne à estabilidade dos indicadores em nível nacional, o que, aliás, tem ocorrido desde 1996, quando já era evidente que os efeitos distributivos do Plano Real — permitindo a redução drástica dos índices de pobreza —, tinham se esgotado. A partir de então, os indicadores de pobreza, do ponto de vista da renda, têm ficado praticamente estáveis, como se viu no capítulo 5, encobrindo apenas ocorrências localizadas e episódicas de aumento ou redução.

A estabilidade dos indicadores nacionais entre 1999 e 2001 ocorre também quando se consideram as cinco regiões e os estratos urbano, rural e metropolitano. Vale observar que, pela primeira vez depois de toda uma década, a proporção de pobres nas áreas rurais deixa de declinar (tabela 63), o que se apresentava como uma tendência consistente, relativamente imune aos acidentes da conjuntura macroeconômica. Embora a proporção de pobres tenha se elevado ligeiramente na região Sudeste, foi certamente o aumento da proporção de pobres na área rural do Nordeste, de 51,7%, em 1999, para 53,7%, em 2001, que afetou os resultados nacionais relativos ao estrato rural. Nesse sentido, não há progressos no que se refere

[121] Divulgados em setembro de 2002.

[122] As linhas de indigência e de pobreza derivadas da POF para 2001 são apresentadas no anexo 9.

à redução da desigualdade regional. A proporção de pobres no Nordeste se mantém em 50%, bem acima do que a verificada nas demais regiões, e os pobres nordestinos representam cerca de 42% dos pobres brasileiros, em claro descompasso com a participação da região na população total (28%).

A boa notícia é que, apesar das crises e ajustes produtivos que tendem a afetar de forma mais direta as áreas modernizadas, em conjunto, as metrópoles não mostraram uma evolução adversa. A metrópole paulista interrompeu um período de deterioração contínua pós-1995, e os resultados de 2001 — com proporção de pobres apresentando um ligeiro declínio — podem estar refletindo uma melhoria do quadro, associada ao fim do ajuste produtivo, retomada do emprego industrial e da formalização da ocupação, também detectada em dados conjunturais de 2002.[123] Em função do seu tamanho populacional, o desempenho da metrópole paulista permitiu compensar, no conjunto das metrópoles, o agravamento da pobreza do ponto de vista da renda nas metrópoles do Rio de Janeiro e de Belém.

Tabela 63

Proporção de pobres

(Brasil, regiões e estratos — 1999 e 2001)

Brasil, regiões e estratos	Proporção de pobres		Participação de pobres (%)	
	1999	2001	1999	2001
Norte urbano	0,3965	0,4054	5,63	6,51
Nordeste	0,5090	0,5075	42,03	41,65
Sudeste	0,2885	0,2945	36,00	36,36
Sul	0,1971	0,1787	8,72	7,78
Centro-Oeste	0,3743	0,3779	7,61	7,70
Brasil	0,3495	0,3503	100,00	100,00
Metropolitano	0,3688	0,3743	32,12	33,39
Urbano	0,3178	0,3173	45,95	48,74
Rural	0,4025	0,4185	21,93	17,87

Fonte: IBGE/Pnad, 1999 e 2001 (tabulações especiais).

O aumento generalizado do indicador de hiato da renda — que mede o desvio relativo entre o rendimento médio dos pobres e o valor da linha de pobreza

[123] Dados da Pesquisa Mensal de Emprego do IBGE.

— evidencia que os indivíduos pobres ficaram mais pobres, já que o hiato passou de 44,7 para 46,3% (tabela 64). Certamente, esse resultado reflete o desempenho desfavorável do mercado de trabalho no período, quando o rendimento médio em termos reais declinou de forma sustentada, e a criação de 2,1 milhões de postos de trabalho ficou aquém do necessário para acomodar o crescimento da população. É evidente que nem os ganhos reais do salário mínimo no período (da ordem de 15%), que afetam favoravelmente o valor dos benefícios previdenciários e assistenciais,[124] nem os novos programas de transferência de renda focados nos mais pobres[125] foram capazes de neutralizar, do ponto de vista da renda, os efeitos da evolução econômica desfavorável sobre os indicadores de pobreza. O hiato quadrático se eleva ligeiramente como resultado do aumento combinado da proporção e do hiato, mas seu componente relativo à desigualdade de renda entre os pobres ficou praticamente inalterado.

Tabela 64

Hiato da renda e hiato quadrático

(Brasil, regiões e estratos)

Brasil, regiões e estratos	Hiato da renda		Hiato quadrático	
	1999	2001	1999	2001
Norte	0,4567	0,4516	0,1157	0,1167
Nordeste	0,4726	0,4928	0,1505	0,1614
Sudeste	0,4260	0,4426	0,0756	0,0831
Sul	0,4256	0,4308	0,0539	0,0492
Centro-Oeste	0,4253	0,4413	0,0967	0,1032
Brasil	0,4472	0,4631	0,0974	0,1038
Metropolitano	0,4556	0,4689	0,1055	0,1137
Urbano	0,4405	0,4619	0,0875	0,0938
Rural	0,4490	0,4552	0,1105	0,1190

Fonte: IBGE/Pnad, 1999 e 2001 (tabulações especiais).

Os indicadores de indigência, como os de pobreza, apresentam tendência fraca, mas preponderante, de agravamento. Nesse sentido, a evolução entre 1999-

124 Trata-se dos auxílios assistenciais aos idosos e portadores de deficiências.

125 Os novos programas realizaram transferências de R$235 milhões, em dezembro de 2001. A esse respeito, ver o anexo 8.

2001 interrompe o declínio que vinha ocorrendo desde 1996,[126] que permitiu que a proporção de indigentes para o país como um todo passasse de 10,15%, naquele ano, para 8,74%, em 1999. Na medida em que os indigentes se constituem na subpopulação mais pobre entre os pobres, essa evolução recente é preocupante, considerando-se, em particular, a introdução de novos programas de transferência de renda após 1999, tendo essa subpopulação como alvo prioritário.

Os anexos 10 e 11 reúnem os conjuntos completos de indicadores, respectivamente, de pobreza e de indigência, detalhando os resultados ao nível máximo permitido pela amostra da Pnad, isto é, em nível das unidades da Federação e segundo estratos urbano, rural e metropolitano em cada uma delas. Esses resultados são comparáveis aos apresentados nos anexos 4 e 5, que se referem às Pnads de 1992 e 1999, respectivamente.

[126] A proporção declina continuamente desde 1993, mas o hiato quadrático (indicador sintético de pobreza) declinou continuamente, apenas, a partir de 1996.

Bibliografia

Albuquerque, Roberto C. Pobreza e exclusão social. In: Velloso & Albuquerque (org.). *Pobreza e mobilidade social.* São Paulo, Nobel, 1993.

_______. Da condição de pobre à de não-pobre: modelos de ação pública antipobreza no Brasil. In: Velloso & Albuquerque. *Modernidade e pobreza.* São Paulo, Nobel, 1994.

_______. Sugestões para uma estratégia de desenvolvimento para o Nordeste. Fortaleza, Banco do Nordeste, 2002.

_______ & Rocha, Sonia. Sobre estratégias de redução da pobreza. In: Velloso, J. P. R. & Albuquerque, R. C. *Pobreza, cidadania e segurança.* Rio de Janeiro, José Olympio, 2000. p. 85-108.

Altimir, Oscar. Measuring poverty in Latin America, 1992. (Preliminary paper) mimeog.

Amadeo, E. et alii. A natureza e o funcionamento do mercado de trabalho desde 1980. Rio de Janeiro, Ipea, 1994. mimeog.

Amsberg, J.; Lanjouw, P. & Nead, K. A focalização do gasto social sobre a pobreza no Brasil. In: Henriques, R. (org.). *Desigualdade e pobreza no Brasil.* Rio de Janeiro, Ipea, 2000. p. 685-718.

Bacha, Edmar & Unger, Roberto M. *Um projeto de democracia para o Brasil, participação, salário, voto.* Paz e Terra, 1978.

Baer, Werner. *A economia brasileira.* São Paulo, Nobel, 1996.

Barros, Ricardo; Camargo, J. M. & Mendonça, Rosane. A estrutura do desemprego no Brasil. Rio de Janeiro, Ipea, 1996. (Seminários, n. 14.)

_______. O impacto do crescimento econômico e de reduções do grau de desigualdade sobre a pobreza. Rio de Janeiro, Ipea, 1997. (Texto para Discussão n. 528.)

_______; Fox, Louise & Mendonça, R. Poverty among female headed households in Brazil. Rio de Janeiro, Ipea, 1993. (Texto para Discussão n. 310.)

_______; Machado A. F. & Mendonça, R. A desigualdade da pobreza: estratégias ocupacionais e diferenciais por gênero. Rio de Janeiro, Ipea, 1997. (Texto para Discussão n. 453.)

_______ & Mendonça, R. A evolução do bem-estar e da desigualdade no Brasil desde 1960. Rio de Janeiro, Ipea, 1992. (Texto para Discussão, n. 286.)

_______ & Ramos, Lauro. A note on the temporal evolution of the relationship between wages and education among Brazilian prime-age males, 1976-1989. Rio de Janeiro: Ipea, 1992. (Texto para Discussão, n. 279.)

Bonelli, Régis. & Ramos, L. Distribuição de renda no Brasil: avaliação das tendências de longo prazo e mudanças na desigualdade desde os meados dos anos 70. Rio de Janeiro, Ipea, 1993. (Texto para Discussão n. 288.)

_______ & Sedlacek, G. Distribuição de renda: evolução no último quarto de século. In: *Mercado de trabalho e distribuição de renda: uma coletânea.* Rio de Janeiro, Ipea/Inpes, 1989.

Cepal. *Magnitud de la pobreza en América Latina en los años ochenta.* Santiago de Chile, 1991.

_______. *Panorama social da América Latina: 1999-2000.* Santiago do Chile, 2000.

Draibe, Sonia M. & Arretche, M. Teresa. Involving civil society: Brazil. In: Raczynski, D. *Strategies to combat poverty in Latin America.* Washington, IADB, 1995.

Drewnowsky, Jan & Scott, W. The level of living index. Geneva, United Nations Research Institute for Social Development (Unrisd), Sept. 1966. (Report, 4.)

Ellwanger, Ria. Consumo alimentar por classe de renda nas regiões metropolitanas em Brasília e Goiânia. Rio de Janeiro, IBGE, 1991. mimeog.

FAO/OMS. *Necessidades de energia e proteínas.* Genebra, 1985. (Série Informes Técnicos, n. 724)

FAO/WHO. *Energy and protein requirements: report of a joint ad hoc expert committee.* Rome, 1973.

Fava, Vera Lúcia. *Urbanização, custo de vida e pobreza no Brasil.* São Paulo, Fipe/USP, 1984.

Feres, J. *Una estimación de las necesidades de energia e proteinas de la población.* Cepal, 1996.

Fernandes, Reynaldo & Narita, Renata Del Tedesco. Instrução superior e mercado de trabalho no Brasil. In: *Economia Aplicada*, *5*(1):7-32, jan./mar. 2001.

Ferreira, F.; Lanjouw, Peter & Néri, Marcelo. A new poverty profile for Brazil using PPV, PNAD and census data. World Bank, 1998. mimeog.

_______. A new poverty profile for Brazil using PPV, PNAD and census data. 1999. mimeog.

Fishlow, Albert. Brazilian size distribution of income. In: *American Economic Review*, May. 1972. p. 391-408. (Paper and proceedings.)

Foster, J.; Greer, J. & Thorbecke, E. A class of decomposable measures. In: *Econometrica*, *52*:761, 1984.

Fox, Louise M. & Morley, Samuel A. Who paid the bill? Adjustment and poverty in Brazil, 1980-1995. World Bank, June. 1990. mimeog.

Haguenaars, A. J. M. *The perception of poverty.* North Holland, Amsterdam, New York, 1986.

Hicks, James & Vetter, David. *Identifying the urban poor in Brazil.* Washington, D.C., World Bank, 1983.

Hicks, Norman & Streeten, Paul. Indicators of development: the search for a basic needs Nordhaus Yardstick. *World Development*, *7*(4/5):567-80, 1979.

Hoffmann, Rodolfo. *Pobreza no Brasil.* Piracicaba, Esalq, 1984. (Série Estudos e Pesquisas, n. 43.)

_______. *Crise econômica e pobreza no Brasil no período 1979-1990.* Piracicaba, Esalq, 1992.

_______. Desigualdade e pobreza no Brasil no período 1979-1990. In: *Revista Brasileira de Economia, 49*(2):277-94, 1995.

_______. *Medidas de desigualdade e pobreza.* São Paulo, USP, 1998.

_______. Mensuração da desigualdade e da pobreza no Brasil. In: Henriques (org.). *Desigualdade e pobreza no Brasil.* Rio de Janeiro, Ipea, 2000.

_______. *O limite entre os "relativamente pobres" e os "relativamente ricos".* IE/Unicamp, 2001a.

_______. Distribuição de renda no Brasil: poucos com muito e muitos com pouco. In: Dowbor & Kilsztajn. *Economia social no Brasil.* São Paulo, Senac, 2001b.

ILO. *Employment, growth and basic needs: a one-world problem. The international basic needs strategy against chronic poverty.* New York, Praeger, 1976/77.

Jatobá, Jorge. Rural poverty in Brazil's northeast: a profile of the rural poor. World Bank, 1993. mimeog.

Lavinas, Lena. Combinando o compensatório e o redistributivo. In: Henriques, R. (org.). *Desigualdade e pobreza no Brasil.* Rio de Janeiro, Ipea, 2000. p. 526-60.

Lodder, Celsius. *Distribuição de renda nas regiões metropolitanas.* Rio de Janeiro, Ipea/Inpes, 1976.

Lustosa, Tania & Landen, Mauro. Cálculo das necessidades energéticas da população brasileira visando a construção da linha de pobreza. Comissão de Estudos sobre Pobreza Ipea/IBGE. Rio de Janeiro, IBGE/DPE/Depis, jun. 1999. (Versão preliminar.)

Monteiro, C. A.; Benício, M. H. & Freitas, I. C. M. *Melhoria em indicadores de saúde associados à pobreza no Brasil nos anos 90.* São Paulo, USP/Nupens, n. 1/9, out. 1997.

Morris, M. D. & Liser, F. B. The PQLI: measuring progress in meeting human needs. Washington, D.C., Overseas Development Council, 1977. (Communiqué on development issues, 32.)

Nelson, Charles. *An overview of issues associated with the U.S. poverty line.* Washington, U.S., Bureau of the Census, 1998.

Néri, Marcelo. Poverty and inflation in Brazil: an investigation of their aggregated relationship. Rio de Janeiro, Ipea, 1995. mimeog.

_______& Barros, R. Crescimento, desigualdade e pobreza: o impacto da estabilização. In: *Carta de Conjuntura,* Ipea/Dipes, n. 62, fev.1996.

_______; Camargo, José Márcio & Cortez, Maurício. Mercado de trabalho anos 90: fatos estilizados e interpretações. Rio de Janeiro, Ipea, 2000. (Texto para Discussão n. 743.)

_______; Gonzaga, G. & Camargo, J. M. Efeitos informais do salário mínimo e pobreza. Rio de Janeiro, Ipea, 2000. (Texto para Discussão n. 724.)

Orshansky, Mollie. Counting the poor: another look at the poverty profile. In: *Social Security Bulletin,* v. 28, Jan. 1965.

Pastore, Jose; Zylberstajn, Helio & Pagotto, Silvia. *Mudança social e pobreza no Brasil: 1970-1980*. São Paulo, Fipe/Pioneira, 1983.

Peliano, Anna. O mapa da fome. Subsídios à formulação de uma política de segurança alimentar. Rio de Janeiro, Ipea, 1993. (Documento de Política.)

Pfefferman, G. & Webb, R. Pobreza e distribuição de renda no Brasil. In: *Revista Brasileira de Economia, 37*(2), abr./jun. 1983.

Pnud. *Relatório sobre o desenvolvimento humano no Brasil*, 1996.

Pnud/Ipea/FJP. *Desenvolvimento humano e condições de vida: indicadores brasileiros*. Brasília, 1998.

Ramos, Carlos. Alberto & Santana, Ricardo. Desemprego, pobreza e desigualdade. In: *Conjuntura e Análise*. Rio de Janeiro, Ipea/MTb, *4*(11):23-7, 1999.

Ramos, Lauro. *A distribuição de rendimentos no Brasil: 1976-1985*. Rio de Janeiro, Ipea, 1993a.

_______. Poverty in Brazil in the 80´s. 1993b. mimeog.

Ramos, R. Ramos, L. A note on the temporal evolution of the relationship between wages and education among prime-age males: 1976-1989. Rio de Janeiro, Ipea, 1992. (Texto para Discussão, n. 279.)

Ravallion, M. & Bidani, B. How robust is a poverty profile? In: *Economic Review*, World Bank, *8*(1):75-102, 1994.

Reis, J. G. A. & Barros, R. P. Educação e desigualdade de salários. In: *Perspectivas da economia brasileira — 1989*. Rio de Janeiro, Ipea, 1989.

Rocha, Sonia. A incidência da pobreza na primeira metade da década de 80. Ipea/Dipes, 1988a. (Texto para Discussão.)

_______. Linhas de pobreza para as regiões metropolitanas na primeira metade da década de 80. Belo Horizonte, Anpec. *Anais...* dez. 1988b. v. IV.

_______. Pobreza: algumas questões básicas relativas à conceituação e mensuração. In: *Literatura Econômica, 11*(2):255-66, jun. 1989.

_______. Pobreza — renda e indicadores sociais como critérios complementares. In: *Planejamento e Políticas Públicas, 4*:67-82, dez. 1990.

_______. *Poverty lines for Brazil. New estimates from recent empirical evidence*. 1993. (Relatório para o Banco Mundial.)

_______. A estrutura de consumo das famílias metropolitanas em São Paulo e Recife: evidências e implicações. In: *Pesquisa e Planejamento Econômico, 25*(2): 297-322, ago. 1995a.

_______. Governabilidade e pobreza — o desafio dos números. In: Valladares, Licia & Coelho, Magda P. *Governabilidade e pobreza no Brasil*. Rio de Janeiro, Civilização Brasileira, 1995b. p. 221-65. (Também publicado como Texto para Discussão, n. 368, Ipea, fev.1995.)

_______. Pobreza no Brasil: a evolução nas duas últimas décadas. CNPq, 1996a. (Relatório de Pesquisa.)

_______. Renda e pobreza: os impactos do Plano Real. In: *Revista Brasileira de Estudos de População*, jul./dez. 1996b. p. 117-33.

_______. Do consumo observado à linha de pobreza. In: *Pesquisa e Planejamento Econômico*, Rio de Janeiro, Ipea, *27*(2):313-52, ago. 1997.

_______. On statistical mapping of poverty — social reality, concepts and measurements. In: Eclac/UN. *Poverty Statistics*. Santiago de Chile, 1998a. p. 271-80.

_______. Pobreza no Brasil — principais tendências da espacialização. In: Encontro Nacional de Economia, XXVI. *Anais*...Vitória, dez. 1998b. p.1.665-82.

_______. As metrópoles brasileiras às vésperas do terceiro milênio. In: *Econômica*, Niterói/Rio de Janeiro, *2*(4):5-24, dez. 2000a.

_______. Estimação de linhas de indigência e de pobreza no Brasil: opções metodológicas. In: Henriques, Ricardo (org.). *Desigualdade e pobreza no Brasil*, Rio de Janeiro, Ipea, 2000b. p. 109-30.

_______. Workfare programs in Brazil: an evaluation of their performance. Genebra, ILO, 2000c. (SES Papers.)

_______. Estimação de linhas de indigência e de pobreza: opções metodológicas no Brasil. In: Henriques (org.). *Desigualdade e pobreza no Brasil*. Rio de Janeiro, Ipea, dez. 2000d. p. 109-27.

_______. Pobreza no Brasil — o que há de novo no limiar do século XXI. In: *Economia*. Anpec, *2*(1):73-106, jan./jun. 2001a.

_______. Pobreza no Nordeste: a evolução nos últimos 30 anos (1970-1999). Banco do Nordeste do Brasil, dez. 2001b.

_______. O impacto distributivo do imposto de renda sobre a desigualdade de renda das famílias. In: *Pesquisa e Planejamento Econômico*, *32*(1): 73-105, abr. 2002a.

_______. Trabalho precoce – realidade social e desafio de política pública. In: Encontro Nacional de Economia Política, VII. *Anais*... Curitiba, maio. 2002b. CD-Rom.

_______ & Garcia, Eduardo. O programa de renda mínima federal — uma avaliação do desenho e da operacionalização no período 1998-2000. (Relatório para a OIT, jun. 2001.)

_______ & Tolosa, Hamilton. Núcleo-periferia metropolitana: diferenciais de renda, pobreza e acesso a serviços sociais. In: Velloso, J. P. R. & Albuquerque, R. C. *Pobreza e mobilidade social*. São Paulo, Fórum Nacional/Nobel, maio 1993. p.137-71.

_______ & Villela, Renato. Caracterização da subpopulação pobre metropolitana nos anos 80 — resultados de uma análise multivariada. In: *Revista Brasileira de Economia*, *44*(1):35-52, jan./mar. 1990.

Romão, M. C. *Distribuição de renda, pobreza e desigualdades regionais no Brasil*. Recife: UFPE/Pimes, 1990. (Texto para Discussão.)

Rossi, José W. *Índices de desigualdade de renda e medidas de concentração industrial*. Rio de Janeiro, Zahar, 1982.

Rowntree, B. S. *Poverty: a study of town life.* London, Macmillan, 1901.

_______& Lavers, G. R. *Poverty and the welfare state: a third social survey of York dealing with economic questions.* London, Longman, 1951.

Sabóia, João. *Salário mínimo — a experiência brasileira.* Porto Alegre, LPM, 1985.

_______. *Distribuição de renda e pobreza metropolitana no Brasil.* Rio de Janeiro, IEI, 1991.

_______& Rocha, S. An evaluation methodology for minimum income programmes in Brazil. Geneva, OIT, 2002. (SES Papers.)

Salama, Pierre & Destremou, Blandine. *O tamanho da pobreza.* Rio de Janeiro, Garamond, 1999.

Sen, Amartya. *On economic inequality.* Oxford, Clarendon Press, 1973.

Silber, Jacques. ELL (The equivalent length of life) or another attempt at measuring development. In: *World Development, 11*(1): 21-9, Jan. 1979.

Silveira, Antônio Maria da. Moeda e distribuição de renda. In: *Revista Brasileira de Economia,* abr./jun. 1975.

Simões, Celso. *A mortalidade infantil na transição da mortalidade: um estudo comparativo entre o Nordeste e o Sudeste.* Belo Horizonte: Cedeplar, Universidade Federal de Minas Gerais, 1997. (Tese de Doutorado.)

Thomas, Vinod. *Differences in income, nutrition and poverty within Brazil.* Washington, World Bank Staff, 1982. (Working Paper n. 505.)

Tolosa, H. Causes of urban poverty in Brazil. In: *World Development,* Sept./Oct. 1978. p. 1.087-02.

_______. Pobreza no Brasil: uma avaliação dos anos 80. In: *A questão social no Brasil.* São Paulo, Nobel, 1991. p. 105-36.

_______ & Rocha, S. Políticas de combate à pobreza: experiências e equívocos. In: Velloso & Albuquerque. *Pobreza e mobilidade social.* São Paulo, Nobel, 1993.

Townsend, Peter. The meaning of poverty. In: *The British Journal of Sociology, 13*(3):210-27, Sept. 1962.

_______. Poverty and social exclusion survey of Britain — 1999. The Third Meeting of the Expert Group on Poverty Statistics. Lisbon, 1999.

UNDP. *Human development report*. 1990, 1997 e 2000.

World Bank. Brazil — a poverty assessment, 1995. (Report n. 14323-BR, v. 2, annex I.)

Anexo 1

Composição e principais características das cestas alimentares, segundo regiões metropolitanas, Goiânia e Brasília

Belém

Itens alimentares	Ingestão diária		Custo mensal
	Peso (g)	Calorias (kcal)	(Cz$ out. 1987)
1 Farinha de mandioca	155	546	67,29
2 Arroz polido	54	195	37,68
3 Pão	66	176	83,44
4 Açúcar refinado	38	146	29,61
5 Carne bovina de 2ª	66	145	146,69
6 Óleo de soja	15	133	17,50
7 Açaí	47	115	33,64
8 Feijão-rajado	34	113	40,37
9 Margarina vegetal	9	64	14,80
10 Vísceras (fígado)	15	48	33,64
11 Frango	42	43	69,98
12 Macarrão sem ovos	11	39	14,80
13 Leite em pó integral	7	32	37,68
14 Carne bovina de 1ª	13	29	55,18
15 Biscoito	5	25	12,11
Subtotal	—	1.849	694,42
16 a 41 outros produtos	—	206	262,43
Total	—	2.055	956,85

Nota: Subtotal corresponde a 90,2% da ingestão calórica e 72,3% da despesa alimentar.

Fortaleza

Itens alimentares	Ingestão diária		Custo mensal
	Peso (g)	Calorias (kcal)	(Cz$ out. 1987)
1 Arroz polido	107	390,16	74,51
2 Feijão-mulatinho	70	237,08	71,80
3 Açúcar cristal	60	230,30	35,51
4 Pão	68	181,53	85,35
5 Farinha de mandioca	47	169,34	17,61
6 Óleo de soja	15	132,76	14,90
7 Leite pasteurizado	103	63,67	65,03
8 Açúcar refinado	16	60,96	12,19
9 Macarrão sem ovos	15	58,25	21,68
10 Frango	49	51,48	88,06
11 Margarina vegetal	7	46,06	10,84
12 Outras farinhas de cereais	11	37,93	6,77
13 Carne bovina de 2ª	20	37,93	56,90
14 Carne suína	9	26,58	20,20
15 Biscoito	8	33,87	21,70
16 Banana-prata	51	32,51	16,26
17 Leite em pó integral	7	31,16	35,22
18 Ovos	20	28,45	25,74
Subtotal	—	1.860,06	677,35
19 a 57 outros produtos	—	186,96	222,19
Total	—	2.047,00	899,54

Nota: Subtotal corresponde a 90,8% da ingestão calórica e 75,3% da despesa alimentar.

Recife

Itens alimentares	Ingestão diária		Custo mensal
	Peso (g)	Calorias (kcal)	(Cz$ out. 1987)
1 Açúcar cristal	78	297,31	45,74
2 Pão	93	250,30	116,89
3 Farinha de mandioca	61	213,45	26,68
4 Arroz	46	165,17	31,76
5 Feijão	44	151,20	47,01
6 Óleo de soja	15	132,14	13,98
7 Fubá de milho	24	83,86	13,98
8 Margarina vegetal	10	76,23	16,52
9 Macarrão sem ovos	20	74,96	27,95
10 Vísceras (fígado)	19	69,88	55,90
11 Frango	56	55,90	95,29
12 Carne bovina de 2ª	30	52,09	69,88

Continua

Itens alimentares	Ingestão diária		Custo Mensal
	Peso (g)	Calorias (kcal)	(Cz$ out. 1987)
13 Biscoito	11	50,82	31,76
14 Carne suína	23	33,03	25,41
15 Ovos	6	33,03	35,58
16 Banana-prata	7	30,49	19,06
17 Farinha de trigo	8	25,41	3,81
18 Leite pasteurizado	39	24,14	21,60
19 Carne bovina de 1ª	11	20,33	45,74
20 Inhame	23	19,06	6,35
21 Milho	5	13,98	2,54
Subtotal	—	1.872,77	753,42
22 a 57 outros produtos	—	198,23	254,13
Total	—	2.071,00	1.007,55

Nota: Subtotal corresponde a 90,4% da ingestão calórica e 74,8% da despesa alimentar.

Belo Horizonte

Itens alimentares	Ingestão diária		Custo mensal
	Peso (g)	Calorias (kcal)	(Cz$ out. 1987)
1 Arroz polido	132	478,25	84,91
2 Açúcar cristal	102	393,34	51,20
3 Óleo de soja	29	257,23	26,22
4 Feijão	46	156,09	47,45
5 Pão	47	129,86	62,43
6 Leite pasteurizado	136	82,41	84,91
7 Carne suína	17	72,42	41,21
8 Milho	20	71,18	6,24
9 Fubá de milho	15	53,69	4,99
10 Farinha de trigo	14	48,70	7,49
11 Macarrão sem ovos	11	39,96	13,74
12 Frango	41	39,96	62,43
13 Carne bovina de 2ª	20	34,96	47,45
14 Gordura animal	4	31,22	2,50
15 Margarina vegetal	4	28,72	6,24
16 Batata-inglesa	35	21,23	11,24
Subtotal	—	1.939,22	560,65
17 a 57 outros produtos	—	174,78	269,73
Total	—	2.114,00	830,38

Nota: Subtotal corresponde a 91,7% da ingestão calórica e 68% da despesa alimentar.

Salvador

Itens alimentares	Ingestão diária		Custo mensal
	Peso (g)	Calorias (kcal)	(Cz$ out. 1987)
1 Pão	100	269,78	130,96
2 Açúcar cristal	68	261,92	36,67
3 Farinha de mandioca	72	254,07	32,74
4 Feijão-rajado	51	170,25	48,46
5 Arroz polido	45	159,77	31,43
6 Óleo de soja	14	128,34	14,41
7 Carne bovina de 2ª	41	86,44	91,67
8 Vísceras (fígado)	21	75,96	53,69
9 Margarina vegetal	8	56,31	13,10
10 Frango	46	48,46	79,89
11 Carne suína	10	47,15	24,88
12 Ovos	31	45,84	24,88
13 Biscoito	10	43,22	28,81
14 Leite pasteurizado	68	41,91	35,36
15 Banana-prata	56	35,36	14,41
16 Leite em pó integral	7	34,05	37,98
17 Macarrão sem ovos	8	30,12	11,79
18 Farinha de trigo	7	24,88	3,93
19 Carne bovina de 1ª	10	22,26	43,22
20 Açúcar refinado	4	13,10	2,62
Subtotal	—	1.849,18	760,88
21 a 62 outros produtos	—	193,82	263,24
Total	—	2.043,00	1.024,12

Nota: Subtotal corresponde a 90,5% da ingestão calórica e 74,3% da despesa alimentar.

São Paulo

Itens alimentares	Ingestão diária		Custo mensal
	Peso (g)	Calorias (kcal)	(Cz$ out. 1987)
1 Arroz polido	143	520,41	88,07
2 Açúcar refinado	79	302,90	49,37
3 Óleo de soja	32	284,22	28,02
4 Pão	67	180,14	84,07
5 Feijão-carioquinha	48	164,13	57,38
6 Leite pasteurizado	168	102,75	105,42
7 Macarrão sem ovos	13	49,37	18,68

Continua

Itens alimentares	Ingestão diária		Custo mensal
	Peso (g)	Calorias (kcal)	(Cz$ out. 1987)
8 Carne bovina de 2ª	25	49,37	65,38
9 Farinha de trigo	13	48,04	8,01
10 Frango	37	40,03	61,38
11 Carne suína	12	34,69	40,03
12 Margarina vegetal	5	34,69	8,01
13 Farinha de mandioca	8	30,69	5,34
14 Ovos	21	30,69	24,02
15 Biscoito	7	25,35	17,35
16 Carne bovina de 1ª	11	21,35	48,04
17 Batata-inglesa	28	16,01	10,68
Subtotal	—	1.934,84	719,23
18 a 55 outros produtos	—	200,16	322,92
Total	—	2.135,00	1.042,15

Nota: Subtotal corresponde a 90,6% da ingestão calórica e 69% da despesa alimentar.

Rio de Janeiro

Itens alimentares	Ingestão diária		Custo mensal
	Peso (g)	Calorias (kcal)	(Cz$ out. 1987)
1 Arroz polido	112	409,80	72,71
2 Açúcar refinado	81	309,33	51,56
3 Óleo de soja	25	227,37	23,80
4 Pão	78	210,19	99,14
5 Feijão-rajado	45	152,02	35,69
6 Leite pasteurizado	201	122,94	124,26
7 Carne suína	20	60,81	58,16
8 Macarrão sem ovos	15	55,52	23,80
9 Frango	46	47,59	66,10
10 Margarina vegetal	7	44,95	9,25
11 Farinha de mandioca	11	37,01	3,97
12 Farinha de trigo	9	35,90	5,29
13 Carne bovina de 2ª	17	34,37	35,69
14 Fubá de milho	9	33,05	5,29
15 Ovos	19	27,76	22,47
16 Batata-inglesa	44	25,12	14,54
17 Biscoito	7	25,12	21,15
18 Carne bovina de 1ª	12	25,12	54,20

Continua

Itens alimentares	Ingestão diária		Custo mensal
	Peso (g)	Calorias (kcal)	(Cz$ out. 1987)
19 Vísceras (fígado)	4	15,86	17,19
Subtotal	—	1.899,59	744,24
20 a 62 outros produtos	—	223,41	310,65
Total	—	2.123,00	1.054,89

Nota: Subtotal corresponde a 90,2% da ingestão calórica e 70,5% da despesa alimentar.

Curitiba

Itens alimentares	Ingestão diária		Custo mensal
	Peso (g)	Calorias (kcal)	(Cz$ out. 1987)
1 Arroz polido	126	460,87	81,33
2 Açúcar refinado	75	287,37	48,80
3 Óleo de soja	27	242,63	24,40
4 Farinha de trigo	60	218,24	31,18
5 Pão	43	119,28	54,22
6 Leite pasteurizado	176	107,08	88,11
7 Feijão de cor (exceto preto)	31	103,02	21,69
8 Fubá de milho	20	70,49	8,13
9 Margarina vegetal	9	65,06	13,56
10 Macarrão sem ovos	14	48,80	20,33
11 Frango	38	40,67	59,64
12 Carne bovina de 2ª	23	39,31	52,86
13 Carne suína	11	39,31	28,47
14 Biscoito	8	32,53	18,98
15 Ovos	1	25,75	20,33
16 Gordura animal	3	25,75	2,71
Subtotal	—	1.926,16	574,72
17 a 41 outros produtos	—	193,84	256,20
Total	—	2.120,00	830,92

Nota: Subtotal corresponde a 90,9% da ingestão calórica e 69,2% da despesa alimentar.

Porto Alegre

Itens alimentares	Ingestão diária		Custo mensal
	Peso (g)	Calorias (kcal)	(Cz$ out. 1987)
1 Arroz polido	104	379,64	60,95
2 Óleo de soja	28	251,40	24,12
3 Açúcar refinado	55	208,23	36,82
4 Farinha de trigo	53	195,53	27,93
5 Pão	63	171,41	79,99
6 Feijão (exceto uberabinha)	50	166,33	36,82
7 Leite pasteurizado	212	129,51	105,38
8 Carne bovina de 2ª	55	105,38	118,08
9 Açúcar cristal	23	87,61	13,97
10 Macarrão sem ovos	15	55,87	21,59
11 Margarina vegetal	5	40,63	8,89
12 Carne suína	13	35,55	38,09
13 Frango	32	34,28	53,33
14 Biscoito	6	29,20	16,51
15 Batata inglesa	44	26,66	17,78
Subtotal	—	1.917,23	660,24
16 a 55 outros produtos	—	210,77	228,54
Total	—	2.128,00	888,78

Nota: Subtotal corresponde a 90,1% da ingestão calórica e 74,3% da despesa alimentar.

Goiânia

Itens alimentares	Ingestão diária		Custo mensal
	Peso (g)	Calorias (kcal)	(Cz$ out. 1987)
1 Arroz polido	169	616,91	103,90
2 Óleo de soja	38	337,68	32,47
3 Açúcar refinado	61	233,78	33,77
4 Leite pasteurizado	218	132,47	112,99
5 Feijão	36	122,08	37,66
6 Pão	42	112,99	54,55
7 Carne bovina de 2ª	31	51,95	71,43
8 Carne suína	12	51,95	27,27
9 Farinha de trigo	10	38,96	5,20
10 Milho	12	32,47	7,79
11 Farinha de mandioca	8	29,87	3,90
12 Macarrão sem ovos	8	29,87	11,69
13 Carne bovina de 1ª	16	29,87	70,13

Continua

Itens alimentares	Ingestão diária		Custo mensal
	Peso (g)	Calorias (kcal)	(Cz$ out. 1987)
14 Margarina vegetal	4	24,68	5,20
15 Frango	23	23,38	42,86
16 Biscoito	5	22,08	15,59
Subtotal	—	1.890,99	636,39
17 a 55 outros produtos	—	200,02	244,17
Total	—	2.091,00	880,56

Nota: Subtotal corresponde a 90,4% da ingestão calórica e 72,3% da despesa alimentar.

Brasília

Itens alimentares	Ingestão diária		Custo mensal
	Peso (g)	Calorias (kcal)	(Cz$ out. 1987)
1 Arroz polido	142	517,05	86,58
2 Óleo de soja	35	304,22	30,06
3 Açúcar cristal	70	265,74	38,48
4 Leite pasteurizado	209	127,46	108,22
5 Pão	46	215,05	61,32
6 Carne bovina de 2ª	32	108,22	34,87
7 Feijão-roxo	34	64,93	79,36
8 Margarina vegetal	8	56,52	10,82
9 Açúcar refinado	12	44,49	7,22
10 Macarrão sem ovos	10	37,28	15,63
11 Farinha de trigo	8	32,47	4,81
12 Frango	31	32,47	52,91
13 Carne suína	10	30,06	27,66
14 Farinha de mandioca	8	28,86	4,81
15 Biscoito	7	27,66	18,04
16 Outros doces	7	24,05	22,85
17 Carne bovina de 1ª	11	21,64	2,41
18 Ovos	16	22,00	18,04
Subtotal	—	1.870,17	624,09
19 a 55 outros produtos	—	224,86	303,01
Total	—	2.095,03	927,10

Nota: Subtotal corresponde a 89,2% da ingestão calórica e 66,7% da despesa alimentar.

Anexo 2

Linhas de indigência e de pobreza derivadas do Endef — 1999

Regiões e estratos	Linhas de indigência (R$)	Linhas de pobreza (R$)
Norte		
Belém	31,60	89,76
Urbano	30,97	79,89
Nordeste		
Fortaleza	18,95	53,90
Recife	29,61	70,44
Salvador	31,05	74,93
Urbano	19,90	46,49
Rural	17,52	27,90
Minas Gerais/Espírito Santo		
Belo Horizonte	24,17	74,47
Urbano	20,79	49,90
Rural	16,68	29,05
Rio de Janeiro		
Metrópole	29,69	102,28
Urbano	21,68	63,41
Rural	16,93	46,02
São Paulo		
Metrópole	33,72	115,68
Urbano	27,65	72,88
Rural	21,58	46,27
Sul		
Curitiba	22,81	59,34
Porto Alegre	30,27	74,23
Urbano	23,89	50,09
Rural	18,84	33,39
Centro-Oeste		
Brasília	23,91	80,11
Urbano	20,80	53,67
Rural	15,78	34,45

Indicadores de pobreza para o Nordeste
Proporção, número e participação dos pobres nordestinos no número de pobres do Brasil, segundo estratos — 1970 e 1980-99

	1970	1980	1981	1983	1985	1986	1987	1988	1989	1990	1992	1993	1995	1996	1997	1998	1999
Nordeste	0,867	0,594	0,565	0,572	0,507	0,368	0,437	0,442	0,461	0,458	0,452	0,456	0,310	0,329	0,316	0,294	0,294
Nº de pobres (mil)	23.562	20.306	20.119	21.028	19.747	14.605	17.035	17.551	18.638	18.903	18.256	18.854	13.488	14.403	13.931	13.054	13.233
Participação NE no Brasil	38,54	49,17	49,01	41,08	42,82	45,86	45,85	44,80	45,53	45,04	42,43	43,57	44,31	45,02	43,87	42,15	40,23
Nordeste metropolitano	0,760	0,518	0,515	0,525	0,448	0,373	0,409	0,402	0,434	0,434	0,438	0,454	0,317	0,316	0,305	0,307	0,329
Nº de pobres (mil)	2.543	2.676	3.045	3.298	2.928	2.507	2.790	2.722	3.103	3.187	3.333	3.482	2.540	2.464	2.496	2.508	2.758
Participação NE no Brasil	22,16	29,51	28,12	21,81	20,89	24,94	26,41	26,46	26,02	25,99	24,65	24,60	27,96	25,90	25,09	25,37	24,52
Nordeste urbano	0,845	0,591	0,557	0,567	0,496	0,368	0,413	0,441	0,466	0,437	0,434	0,426	0,297	0,318	0,305	0,276	0,285
Nº de pobres (mil)	6.602	7.076	7.452	8.065	7.473	5.639	6.734	7.329	7.966	7.728	7.873	7.903	5.899	6.452	6.189	5.639	5.899
Participação NE no Brasil	36,32	47,71	47,78	40,56	43,28	47,49	44,64	43,36	45,92	44,20	41,37	41,96	41,94	43,81	42,85	39,82	39,50
Nordeste rural	0,901	0,619	0,590	0,595	0,539	0,367	0,467	0,461	0,466	0,492	0,480	0,494	0,322	0,349	0,336	0,311	0,288
Nº de pobres (mil)	6.602	7.076	7.452	8.065	7.473	5.639	6.734	7.329	7.966	7.728	7.873	7.903	5.899	6.452	6.189	5.639	5.899
Participação NE no Brasil	45,80	60,66	65,77	59,72	63,01	65,09	65,12	62,56	64,88	65,33	67,33	72,61	69,27	70,76	71,24	70,88	68,17

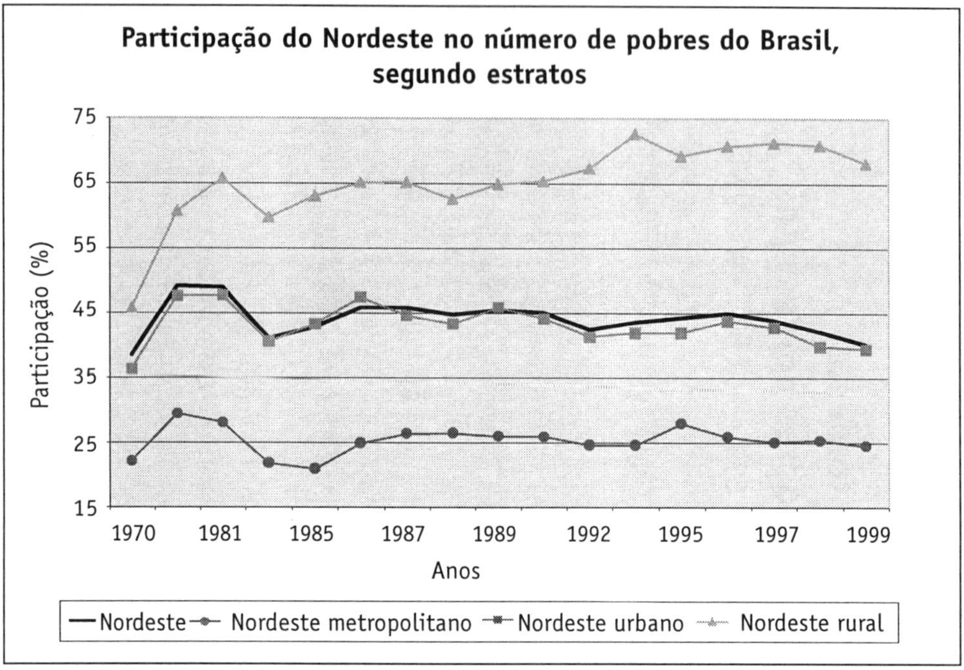
Participação do Nordeste no número de pobres do Brasil, segundo estratos
75
65
55
45
35
25
15
Participação (%)
1970
1981
1985
1987
1989
1992
1995
1997
1999
Anos
Nordeste
Nordeste metropolitano
Nordeste urbano
Nordeste rural

Anexo 4

Indicadores de pobreza, segundo regiões, unidades da Federação e estratos — 1992

Norte	Número de pobres	Participação (%)	Proporção de pobres	Hiato da renda	Hiato quadrático
Rondônia urbano	276.811	9,02	0,4178	0,4309	0,1091
Acre urbano	108.365	3,53	0,4010	0,5200	0,1419
Amazonas urbano	752.517	24,52	0,4851	0,5271	0,1729
Roraima urbano	50.052	1,63	0,3378	0,3481	0,0725
Pará	1.425.350	46,44	0,5375	0,4974	0,1708
Belém	417.585	13,60	0,4570	0,4530	0,1276
Urbano	1.007.765	32,83	0,5797	0,5158	0,1935
Amapá urbano	111.009	3,62	0,4397	0,4551	0,1273
Tocantins urbano	345.267	11,25	0,5987	0,5456	0,2227
Total	3.069.371	100,00	0,5021	0,5010	0,1641
Metropolitano	417.585	13,60	0,4570	0,4530	0,1276
Urbano	2.651.786	86,40	0,5100	0,5085	0,1705

Nordeste	Número de pobres	Participação (%)	Proporção de pobres	Hiato da renda	Hiato quadrático
Maranhão	2.092.655	8,17	0,6134	0,5491	0,2355
Urbano	1.234.960	4,8	0,6989	0,5513	0,2717
Rural	857.695	3,35	0,5216	0,5459	0,1966
Piauí	1.797.543	7,02	0,7085	0,5976	0,3059
Urbano	929.824	3,6	0,6570	0,5564	0,2521
Rural	867.719	3,39	0,7735	0,6417	0,3737
Ceará	4.296.143	16,77	0,6819	0,5493	0,2569
Fortaleza	1.349.097	5,27	0,5812	0,4967	0,1845
Urbano	1.163.230	4,54	0,6924	0,5635	0,2749
Rural	1.783.816	6,96	0,7759	0,5798	0,3169

Continua

Nordeste	Número de pobres	Participação (%)	Proporção de pobres	Hiato da renda	Hiato quadrático
Rio Grande do Norte	1.456.660	5,69	0,6035	0,4995	0,1951
Urbano	886.818	3,46	0,5716	0,5092	0,1886
Rural	569.842	2,22	0,6608	0,4845	0,2069
Paraíba	1.999.244	7,80	0,6485	0,5518	0,2451
Urbano	1.172.385	4,56	0,5970	0,5178	0,2042
Rural	826.859	3,23	0,7389	0,6001	0,3170
Pernambuco	4.685.439	18,29	0,6652	0,5577	0,2541
Recife	1.937.341	7,56	0,6861	0,5773	0,2735
Urbano	1.657.193	6,47	0,6519	0,5221	0,2256
Rural	1.090.905	4,26	0,6501	0,5770	0,2646
Alagoas	1.376.850	5,37	0,5486	0,4919	0,1710
Urbano	816.721	3,19	0,5396	0,5085	0,1788
Rural	560.129	2,19	0,5624	0,4678	0,1592
Sergipe	803.137	3,13	0,5485	0,4943	0,1697
Urbano	528.082	2,06	0,5304	0,4972	0,1678
Rural	275.055	1,07	0,5867	0,4889	0,1738
Bahia	7.107.303	27,74	0,6266	0,5059	0,2045
Salvador	1.354.240	5,29	0,5607	0,5026	0,1845
Urbano	2.840.267	11,09	0,6245	0,5073	0,2047
Rural	2.912.796	11,37	0,6651	0,5061	0,2154
Total	25.614.974	100,00	0,6387	0,5347	0,2297
Metropolitano	4.640.678	18,12	0,6138	0,5321	0,2177
Urbano	11.229.480	43,84	0,6247	0,5251	0,2189
Rural	9.744.816	38,04	0,6689	0,5471	0,2493

Sudeste	Número de pobres	Participação (%)	Proporção de pobres	Hiato da renda	Hiato quadrático
Minas Gerais	6.150.645	27,21	0,3921	0,4519	0,1071
Belo Horizonte	1.535.636	6,79	0,4464	0,4502	0,1217
Urbano	3.001.970	13,28	0,3472	0,4496	0,0955
Rural	1.613.039	7,14	0,4481	0,4576	0,1210
Espírito Santo	925.514	4,09	0,3581	0,4633	0,1037
Urbano	632.842	2,80	0,3378	0,4642	0,0972
Rural	292.672	1,29	0,4118	0,4613	0,1209

Continua

Sudeste	Número de pobres	Participação (%)	Proporção de pobres	Hiato da renda	Hiato quadrático
Rio de Janeiro	4.763.941	21,07	0,3770	0,4207	0,0923
Metrópole	3.808.149	16,85	0,3954	0,4329	0,1008
Urbano	727.126	3,22	0,2972	0,3631	0,0589
Rural	228.666	1,01	0,4093	0,4017	0,0908
São Paulo	10.764.744	47,62	0,3426	0,4256	0,0874
Metrópole	6.545.811	28,96	0,4313	0,4453	0,1181
Urbano	3.665.933	16,22	0,2569	0,3964	0,0583
Rural	553.000	2,45	0,2803	0,3857	0,0617
Total	22.604.844	100,00	0,3627	0,4333	0,0940
Metropolitano	11.889.596	52,60	0,4209	0,4420	0,1127
Urbano	8.027.871	35,51	0,2948	0,4186	0,0728
Rural	2.687.377	11,89	0,3928	0,4384	0,1014

Sul	Número de pobres	Participação (%)	Proporção de pobres	Hiato da renda	Hiato quadrático
Paraná	2.867.561	51,87	0,3400	0,4608	0,0989
Curitiba	769.659	13,92	0,3738	0,4539	0,1046
Urbano	1.158.528	20,96	0,2646	0,4428	0,0721
Rural	939.374	16,99	0,4704	0,4887	0,1515
Santa Catarina	845.542	15,30	0,1880	0,4208	0,0491
Urbano	507.544	9,18	0,1613	0,4215	0,0421
Rural	337.998	6,11	0,2503	0,4198	0,0655
Rio Grande do Sul	1.815.088	32,83	0,2013	0,4088	0,0496
Porto Alegre	670.631	12,13	0,2271	0,4087	0,0553
Urbano	750.449	13,57	0,1817	0,4112	0,0439
Rural	394.008	7,13	0,2035	0,4043	0,0531
Total	5.528.191	100,00	0,2519	0,4376	0,0684
Metropolitano	1.440.290	26,05	0,2874	0,4329	0,0756
Urbano	2.416.521	43,71	0,2073	0,4285	0,0540
Rural	1.671.380	30,23	0,3163	0,4549	0,0935

Centro-Oeste	Número de pobres	Participação (%)	Proporção de pobres	Hiato da renda	Hiato quadrático
Mato Grosso do Sul	881.068	18,39	0,4934	0,4534	0,1356
Urbano	722.503	15,08	0,5023	0,4610	0,1416
Rural	158.565	3,31	0,4565	0,4185	0,1110
Mato Grosso	1.068.244	22,30	0,5241	0,4735	0,1505
Urbano	785.675	16,40	0,5074	0,4611	0,1387
Rural	282.569	5,90	0,5768	0,5080	0,1880
Goiás	2.025.321	42,28	0,4956	0,4403	0,1306
Urbano	1.591.196	33,22	0,4959	0,4375	0,1287
Rural	434.125	9,06	0,4947	0,4502	0,1375
Distrito Federal	815.154	17,02	0,5083	0,4934	0,1578
Total	4.789.787	100,00	0,5035	0,4591	0,1404
Metropolitano	815.154	17,02	0,5083	0,4934	0,1578
Urbano	3.099.374	64,71	0,5003	0,4490	0,1342
Rural	875.259	18,27	0,5104	0,4631	0,1465

Brasil	Número de pobres	Participação (%)	Proporção de pobres	Hiato da renda	Hiato quadrático
Norte	3.069.371	4,98	0,5021	0,5010	0,1641
Nordeste	25.614.974	41,58	0,6387	0,5347	0,2297
Sudeste	22.604.844	36,69	0,3627	0,4333	0,0940
Sul	5.528.191	8,97	0,2519	0,4376	0,0684
Centro-Oeste	4.789.787	7,77	0,5035	0,4591	0,1404
Brasil total	61.607.167	100,00	0,4400	0,4812	0,1351
Metropolitano	19.203.303	31,17	0,4431	0,4655	0,1287
Urbano	27.425.032	44,52	0,4018	0,4752	0,1211
Rural	14.978.832	24,31	0,5273	0,5124	0,1785

Fonte: IBGE/Pnad, 1992 (tabulações especiais).

Anexo 5

Indicadores de pobreza, segundo regiões, unidades da Federação e estratos — 1999

Norte	Número de pobres	Participação (%)	Proporção de pobres	Hiato da renda	Hiato quadrático
Rondônia urbano	185.975	6,06	0,2239	0,48696	0,07586
Acre urbano	128.765	4,20	0,3668	0,49761	0,11858
Amazonas urbano	845.528	27,57	0,4365	0,45549	0,12814
Roraima urbano	44.830	1,46	0,2279	0,47258	0,07293
Pará	1.361.493	44,40	0,4293	0,45173	0,1218
Belém	355.005	11,58	0,3750	0,49112	0,12297
Urbano	1.006.488	32,82	0,4523	0,43784	0,12134
Amapá urbano	157.977	5,15	0,4155	0,51498	0,14888
Tocantins urbano	341.813	11,15	0,3947	0,41848	0,09795
Total	3.066.381	100,00	0,3965	0,45669	0,11574
Metropolitano	355.005	11,58	0,3750	0,49112	0,12297
Urbano	2.711.376	88,42	0,3995	0,45218	0,11473

Nordeste	Número de pobres	Participação (%)	Proporção de pobres	Hiato da renda	Hiato quadrático
Maranhão	2.854.340	12,48	0,5298	0,4355	0,1349
Urbano	1.349.317	5,90	0,5735	0,44507	0,15240
Rural	1.505.023	6,58	0,4959	0,42700	0,12127
Piauí	1.454.643	6,36	0,5405	0,5088	0,1789
Urbano	806.264	3,52	0,5213	0,48984	0,16190
Rural	648.379	2,83	0,5665	0,53241	0,20198
Ceará	3.696.498	16,16	0,5327	0,4931	0,1696
Fortaleza	1.286.312	5,62	0,4790	0,46873	0,13990
Urbano	1.151.038	5,03	0,5719	0,48426	0,17607
Rural	1.259.148	5,50	0,5618	0,52619	0,19942

Continua

Nordeste	Número de pobres	Participação (%)	Proporção de pobres	Hiato da renda	Hiato quadrático
Rio Grande do Norte	1.099.011	4,80	0,4172	0,4680	0,1245
Urbano	703.940	3,08	0,4060	0,47812	0,12650
Rural	395.071	1,73	0,4390	0,45000	0,12069
Paraíba	1.468.622	6,42	0,4404	0,4690	0,1262
Urbano	801.339	3,50	0,3640	0,46072	0,10315
Rural	667.283	2,92	0,5890	0,47888	0,17093
Pernambuco	4.012.959	17,54	0,5634	0,5052	0,1848
Recife	1.796.900	7,85	0,5962	0,52786	0,20756
Urbano	1.414.538	6,18	0,5215	0,48486	0,16143
Rural	801.521	3,50	0,5739	0,49028	0,18088
Alagoas	1.405.792	6,14	0,5188	0,4423	0,1360
Urbano	893.929	3,91	0,5062	0,45904	0,14247
Rural	511.863	2,24	0,5425	0,41303	0,12393
Sergipe	728.586	3,18	0,4548	0,4642	0,1376
Urbano	471.591	2,06	0,4123	0,48493	0,13486
Rural	256.995	1,12	0,5609	0,42623	0,14458
Bahia	6.159.068	17,39	0,4916	0,4571	0,1378
Salvador	1.353.611	5,92	0,5023	0,49405	0,16235
Urbano	2.625.848	11,48	0,5051	0,46971	0,14959
Rural	2.179.609	9,53	0,4702	0,41909	0,11025
Total	22.879.519	100,00	0,5090	0,4726	0,1505
Metropolitano	4.436.823	19,39	0,5286	0,5004	0,1714
Urbano	10.217.804	44,66	0,4944	0,4714	0,1467
Rural	8.224.892	35,95	0,5177	0,4590	0,1445

Sudeste	Número de pobres	Participação (%)	Proporção de pobres	Hiato da renda	Hiato quadrático
Minas Gerais	4.970.474	25,36	0,2937	0,4214	0,0756
Belo Horizonte	1.367.124	6,98	0,3515	0,41937	0,08824
Urbano	2.512.083	12,82	0,2625	0,40162	0,06349
Rural	1.091.267	5,57	0,3151	0,46936	0,09501
Espírito Santo	705.720	3,60	0,2424	0,4482	0,0749
Urbano	539.638	2,75	0,2460	0,45603	0,07865
Rural	166.082	0,85	0,2315	0,42276	0,06356

Continua

Sudeste	Número de pobres	Participação (%)	Proporção de pobres	Hiato da renda	Hiato quadrático
Rio de Janeiro	3.706.641	18,91	0,2788	0,4174	0,0699
Metrópole	2.912.127	14,86	0,2919	0,42342	0,07479
Urbano	587.186	3,00	0,2175	0,39946	0,05233
Rural	207.328	1,06	0,3357	0,38389	0,06853
São Paulo	10.217.282	52,13	0,2935	0,4299	0,0779
Metrópole	6.423.362	32,77	0,3897	0,44840	0,10921
Urbano	3.281.437	16,74	0,2044	0,39797	0,04861
Rural	512.483	2,61	0,2258	0,40208	0,05738
Total	19.600.117	100,00	0,2885	0,4260	0,0756
Metropolitano	10.702.613	54,60	0,3526	0,4379	0,0952
Urbano	6.920.344	35,31	0,2267	0,4039	0,0558
Rural	1.977.160	10,09	0,2797	0,4390	0,0774

Sul	Número de pobres	Participação (%)	Proporção de pobres	Hiato da renda	Hiato quadrático
Paraná	2.275.372	47,91	0,2472	0,4244	0,0668
Curitiba	638.998	13,46	0,2571	0,42962	0,07100
Urbano	1.162.126	24,47	0,2301	0,41567	0,06171
Rural	474.248	9,99	0,2844	0,43855	0,07611
Santa Catarina	678.805	14,29	0,1350	0,4089	0,0354
Urbano	419.952	8,84	0,1143	0,38811	0,02874
Rural	258.853	5,45	0,1909	0,44266	0,05336
Rio Grande do Sul	1.794.776	37,79	0,1820	0,4336	0,0513
Porto Alegre	589.865	12,42	0,1787	0,42400	0,04742
Urbano	838.557	17,66	0,1783	0,45441	0,05526
Rural	366.354	7,71	0,1976	0,40130	0,04811
Total	4.748.953	100,00	0,1971	0,4256	0,0539
Metropolitano	1.228.863	25,88	0,2124	0,4269	0,0575
Urbano	2.420.635	50,97	0,1803	0,4243	0,0504
Rural	1.099.455	23,15	0,2254	0,4271	0,0591

Centro-Oeste	Número de pobres	Participação (%)	Proporção de pobres	Hiato da renda	Hiato quadrático
Mato Grosso do Sul	754.110	18,19	0,3767	0,4287	0,0996
Urbano	644.811	15,56	0,3852	0,43886	0,10622
Rural	109.299	2,64	0,3333	0,36872	0,06552
Mato Grosso	804.689	19,41	0,3435	0,3959	0,0792
Urbano	615.168	14,84	0,3536	0,39657	0,08246
Rural	189.521	4,57	0,3143	0,39360	0,06970
Goiás	1.825.420	44,04	0,3805	0,4171	0,0962
Urbano	1.486.151	35,85	0,3809	0,42262	0,09711
Rural	339.269	8,18	0,3784	0,39298	0,09199
Distrito Federal	760.882	18,36	0,3939	0,47290	0,11657
Total	4.145.101	100	0,3743	0,4253	0,0967
Metropolitano	760.882	18,36	0,3939	0,47290	0,11657
Urbano	2.746.130	66,25	0,3754	0,4206	0,0957
Rural	638.089	15,39	0,3492	0,3890	0,0799

Brasil	Número de pobres	Participação (%)	Proporção de pobres	Hiato da renda	Hiato quadrático
Norte	3.066.381	5,63	0,3965	0,4567	0,1157
Nordeste	22.879.519	42,03	0,5090	0,4726	0,1505
Sudeste	19.600.117	36,00	0,2885	0,4260	0,0756
Sul	4.748.953	8,72	0,1971	0,4256	0,0539
Centro-Oeste	4.145.101	7,61	0,3743	0,4253	0,0967
Brasil total	54.440.071	100,00	0,3495	0,4472	0,0974
Metropolitano	17.484.186	32,12	0,3688	0,4556	0,1055
Urbano	25.016.289	45,95	0,3178	0,4405	0,0875
Rural	11.939.596	21,93	0,4025	0,4490	0,1105

Fonte: IBGE/Pnad, 1999 (tabulações especiais).

Anexo 6

Indicadores de indigência, segundo regiões, unidades da Federação e estratos — 1992

Norte	Número de indigentes	Participação (%)	Proporção de indigentes	Hiato da renda	Hiato quadrático
Rondônia urbano	88.814	6,80	0,1341	0,4409	0,0399
Acre urbano	47.783	3,66	0,1768	0,5324	0,0670
Amazonas urbano	366.918	28,11	0,2365	0,4677	0,0762
Roraima urbano	9.814	0,75	0,0662	0,7009	0,0370
Pará	587.599	45,02	0,2216	0,4192	0,0599
Belém	121.695	9,32	0,1332	0,4592	0,0426
Urbano	465.904	35,70	0,2680	0,4087	0,0690
Amapá urbano	36.109	2,77	0,1430	0,5473	0,0559
Tocantins urbano	168.113	12,88	0,2915	0,5084	0,0967
Total	1.305.150	100,00	0,2135	0,4556	0,0649
Metropolitano	121.695	9,32	0,1332	0,4592	0,0426
Urbano	1.183.455	90,68	0,2276	0,4552	0,0689

Nordeste	Número de indigentes	Participação (%)	Proporção de indigentes	Hiato da renda	Hiato quadrático
Maranhão	1.125.321	8,96	0,3299	0,5053	0,1144
Urbano	577.981	4,60	0,3271	0,5069	0,1182
Rural	547.340	4,36	0,3328	0,5036	0,1104
Piauí	1.090.846	8,68	0,4299	0,5391	0,1619
Urbano	422.960	3,37	0,2988	0,4891	0,1021
Rural	667.886	5,32	0,5953	0,5708	0,2374
Ceará	2.277.685	18,13	0,3615	0,4894	0,1172
Fortaleza	477.237	3,80	0,2056	0,4429	0,0600
Urbano	572.202	4,55	0,3406	0,4898	0,1106
Rural	1.228.246	9,78	0,5342	0,5073	0,1797

Continua

Nordeste	Número de indigentes	Participação (%)	Proporção de indigentes	Hiato da renda	Hiato quadrático
Rio Grande do Norte	642.185	5,11	0,2660	0,4430	0,0744
Urbano	348.601	2,77	0,2247	0,4089	0,0572
Rural	293.584	2,34	0,3404	0,4834	0,1051
Paraíba	1.035.564	8,24	0,3359	0,5015	0,1130
Urbano	446.980	3,56	0,2276	0,4729	0,0715
Rural	588.584	4,69	0,5260	0,5231	0,1857
Pernambuco	2.219.763	17,67	0,3151	0,4821	0,1006
Recife	788.756	6,28	0,2793	0,4824	0,0920
Urbano	696.939	5,55	0,2741	0,4388	0,0762
Rural	734.068	5,84	0,4374	0,5227	0,1520
Alagoas	606.430	4,83	0,2416	0,4296	0,0617
Urbano	311.651	2,48	0,2059	0,4470	0,0585
Rural	294.779	2,35	0,2960	0,4112	0,0667
Sergipe	334.668	2,66	0,2285	0,4073	0,0605
Urbano	177.867	1,42	0,1787	0,4307	0,0560
Rural	156.801	1,25	0,3345	0,3809	0,0700
Bahia	3.229.843	25,71	0,2848	0,4386	0,0805
Salvador	439.610	3,50	0,1820	0,4916	0,0656
Urbano	1.048.324	8,34	0,2305	0,4438	0,0663
Rural	1.741.909	13,87	0,3977	0,4220	0,1036
Total	12.562.305	100,00	0,3132	0,4743	0,0981
Metropolitano	1.705.603	13,58	0,2256	0,4737	0,0737
Urbano	4.603.505	36,65	0,2561	0,4607	0,0783
Rural	6.253.197	49,78	0,4292	0,4845	0,1350

Sudeste	Número de indigentes	Participação (%)	Proporção de indigentes	Hiato da renda	Hiato quadrático
Minas Gerais	2.325.593	36,10	0,1483	0,4121	0,0401
Belo Horizonte	343.974	5,34	0,1000	0,4706	0,0351
Urbano	1.056.282	16,39	0,1222	0,4269	0,0355
Rural	925.337	14,36	0,2571	0,3733	0,0557
Espírito Santo	380.592	5,91	0,1473	0,4637	0,0480
Urbano	225.760	3,50	0,1205	0,4616	0,0397
Rural	154.832	2,40	0,2179	0,4667	0,0701

Continua

Sudeste	Número de indigentes	Participação (%)	Proporção de indigentes	Hiato da renda	Hiato quadrático
Rio de Janeiro	1.302.374	20,21	0,1031	0,4078	0,0286
Metrópole	1.061.356	16,47	0,1102	0,4075	0,0308
Urbano	166.664	2,59	0,0681	0,4162	0,0192
Rural	74.354	1,15	0,1331	0,3930	0,0321
São Paulo	2.434.236	37,78	0,0775	0,4917	0,0295
Metrópole	1.384.641	21,49	0,0912	0,5262	0,0372
Urbano	861.278	13,37	0,0604	0,4532	0,0216
Rural	188.317	2,92	0,0955	0,4151	0,0277
Total	6.442.795	100,00	0,1034	0,4444	0,0327
Metropolitano	2.789.971	43,30	0,0988	0,4742	0,0347
Urbano	2.309.984	35,85	0,0848	0,4393	0,0270
Rural	1.342.840	20,84	0,1963	0,3910	0,0472

Sul	Número de indigentes	Participação (%)	Proporção de indigentes	Hiato da renda	Hiato quadrático
Paraná	1.086.107	54,35	0,1288	0,5139	0,0482
Curitiba	180.132	9,01	0,0875	0,5130	0,0353
Urbano	404.857	20,26	0,0925	0,5095	0,0367
Rural	501.118	25,08	0,2509	0,5178	0,0867
Santa Catarina	312.553	15,64	0,0695	0,5074	0,0275
Urbano	159.375	7,97	0,0507	0,5581	0,0237
Rural	153.178	7,66	0,1134	0,4548	0,0365
Rio Grande do Sul	599.798	30,01	0,0665	0,5003	0,0244
Porto Alegre	216.449	10,83	0,0733	0,4714	0,0254
Urbano	239.870	12,00	0,0581	0,4696	0,0193
Rural	143.479	7,18	0,0741	0,5954	0,0339
Total	1.998.458	100,00	0,0910	0,5088	0,0342
Metropolitano	396.581	19,84	0,0791	0,4903	0,0294
Urbano	804.102	40,24	0,0690	0,5072	0,0270
Rural	797.775	39,92	0,1510	0,5196	0,0546

Centro-Oeste	Número de indigentes	Participação (%)	Proporção de indigentes	Hiato da renda	Hiato quadrático
Mato Grosso do Sul	184.415	18,69	0,1033	0,4706	0,0361
Urbano	141.861	14,37	0,0986	0,4844	0,0365
Rural	42.554	4,31	0,1225	0,4248	0,0346
Mato Grosso	249.627	25,29	0,1225	0,4329	0,0363
Urbano	144.997	14,69	0,0936	0,4218	0,0275
Rural	104.630	10,60	0,2136	0,4482	0,0641
Goiás	403.598	40,90	0,0988	0,5039	0,0368
Urbano	277.015	28,07	0,0863	0,5022	0,0330
Rural	126.583	12,83	0,1443	0,5077	0,0505
Distrito Federal	149.239	15,12	0,0931	0,4333	0,0299
Total	986.879	100,00	0,1037	0,4691	0,0354
Metropolitano	149.239	15,12	0,0931	0,4333	0,0299
Urbano	563.873	57,14	0,0910	0,4770	0,0325
Rural	273.767	27,74	0,1597	0,4721	0,0512

Brasil	Número de indigentes	Participação (%)	Proporção de indigentes	Hiato da renda	Hiato quadrático
Norte	1.305.150	5,60	0,2135	0,4556	0,0649
Nordeste	12.562.305	53,93	0,3132	0,4743	0,0981
Sudeste	6.442.795	27,66	0,1034	0,4444	0,0327
Sul	1.998.458	8,58	0,0910	0,5088	0,0342
Centro-Oeste	986.879	4,24	0,1037	0,4691	0,0354
Brasil total	23.295.587	100,00	0,1664	0,4677	0,0533
Metropolitano	5.163.089	22,16	0,1191	0,4737	0,0409
Urbano	9.464.919	40,63	0,1387	0,4597	0,0442
Rural	8.667.579	37,21	0,3051	0,4728	0,0939

Fonte: IBGE/Pnad, 1992 (tabulações especiais).

Anexo 7

Indicadores de indigência, segundo regiões, unidades da Federação e estratos — 1999

Norte	Número de indigentes	Participação (%)	Proporção de indigentes	Hiato da renda	Hiato quadrático
Rondônia urbano	52.935	6,59	0,0637	0,7407	0,0434
Acre urbano	40.196	5,01	0,1145	0,5269	0,0478
Amazonas urbano	208.591	25,98	0,1077	0,6440	0,0610
Roraima urbano	12.986	1,62	0,0660	0,7151	0,0410
Pará	359.934	44,82	0,1135	0,5124	0,0451
Belém	91.770	11,43	0,0969	0,6994	0,0611
Urbano	268.164	33,40	0,1205	0,4484	0,0383
Amapá urbano	55.222	6,88	0,1452	0,6238	0,0784
Tocantins urbano	73.115	9,11	0,0844	0,4532	0,0283
Total	802.979	100,00	0,1038	0,5679	0,0487
Metropolitano	91.770	11,43	0,0969	0,6994	0,0611
Urbano	711.209	88,57	0,1048	0,5510	0,0469

Nordeste	Número de indigentes	Participação (%)	Proporção de indigentes	Hiato da renda	Hiato quadrático
Maranhão	880.611	12,03	0,1635	0,3861	0,0394
Urbano	308.907	4,22	0,1313	0,4215	0,0380
Rural	571.704	7,81	0,1884	0,3669	0,0405
Piauí	566.127	7,73	0,2104	0,4898	0,0691
Urbano	214.599	2,93	0,1388	0,5106	0,0507
Rural	351.528	4,80	0,3071	0,4771	0,0940
Ceará	1.299.419	17,75	0,1873	0,4968	0,0666
Fortaleza	316.884	4,33	0,1180	0,5298	0,0492
Urbano	339.119	4,63	0,1685	0,4534	0,0518
Rural	643.416	8,79	0,2871	0,5035	0,1007

Continua

Nordeste	Número de indigentes	Participação (%)	Proporção de indigentes	Hiato da renda	Hiato quadrático
Rio Grande do Norte	341.863	4,67	0,1298	0,5193	0,0513
Urbano	189.163	2,58	0,1091	0,5713	0,0498
Rural	152.700	2,09	0,1697	0,4550	0,0540
Paraíba	491.393	6,71	0,1474	0,4418	0,0429
Urbano	179.422	2,45	0,0815	0,5280	0,0337
Rural	311.971	4,26	0,2754	0,3923	0,0608
Pernambuco	1.310.729	17,90	0,1840	0,4743	0,0625
Recife	504.211	6,89	0,1673	0,4984	0,0631
Urbano	405.008	5,53	0,1493	0,4845	0,0542
Rural	401.510	5,48	0,2875	0,4338	0,0775
Alagoas	375.307	5,13	0,1385	0,4295	0,0407
Urbano	218.976	2,99	0,1240	0,4529	0,0400
Rural	156.331	2,14	0,1657	0,3967	0,0422
Sergipe	235.954	3,22	0,1473	0,5471	0,0615
Urbano	137.436	1,88	0,1202	0,6338	0,0625
Rural	98.518	1,35	0,2150	0,4263	0,0591
Bahia	1.819.424	14,69	0,1452	0,4568	0,0472
Salvador	374.054	5,11	0,1388	0,5428	0,0600
Urbano	701.243	9,58	0,1349	0,4993	0,0499
Rural	744.127	10,16	0,1605	0,3736	0,0368
Total	7.320.827	100,00	0,1629	0,4645	0,0530
Metropolitano	1.195.149	16,33	0,1424	0,5206	0,0576
Urbano	2.693.873	36,80	0,1303	0,4933	0,0475
Rural	3.431.805	46,88	0,2160	0,4224	0,0579

Sudeste	Número de indigentes	Participação (%)	Proporção de indigentes	Hiato da renda	Hiato quadrático
Minas Gerais	1.112.503	30,90	0,0657	0,5744	0,0317
Belo Horizonte	194.605	5,41	0,0500	0,6320	0,0276
Urbano	485.874	13,50	0,0508	0,6015	0,0262
Rural	432.024	12,00	0,1247	0,5180	0,0513

Continua

Sudeste	Número de indigentes	Participação (%)	Proporção de indigentes	Hiato da renda	Hiato quadrático
Espírito Santo	206.969	5,75	0,0711	0,7004	0,0450
Urbano	153.463	4,26	0,0700	0,7316	0,0472
Rural	53.506	1,49	0,0746	0,6107	0,0380
Rio de Janeiro	673.777	18,72	0,0507	0,6013	0,0264
Metrópole	526.672	14,63	0,0528	0,5975	0,0272
Urbano	115.580	3,21	0,0428	0,6353	0,0243
Rural	31.525	0,88	0,0511	0,5416	0,0228
São Paulo	1.606.865	44,63	0,0462	0,6881	0,0288
Metrópole	1.009.257	28,03	0,0612	0,6499	0,0357
Urbano	482.133	13,39	0,0300	0,7803	0,0219
Rural	115.475	3,21	0,0509	0,6367	0,0275
Total	3.600.114	100,00	0,0530	0,6374	0,0297
Metropolitano	1.730.534	48,07	0,0570	0,6319	0,0319
Urbano	1.237.050	34,36	0,0405	0,6905	0,0253
Rural	632.530	17,57	0,0895	0,5487	0,0398

Sul	Número de indigentes	Participação (%)	Proporção de indigentes	Hiato da renda	Hiato quadrático
Paraná	589.953	45,63	0,0641	0,6104	0,0330
Curitiba	115.111	8,90	0,0463	0,8024	0,0347
Urbano	312.396	24,16	0,0619	0,6140	0,0327
Rural	162.446	12,57	0,0974	0,4676	0,0316
Santa Catarina	191.367	14,80	0,0380	0,6060	0,0198
Urbano	100.628	7,78	0,0274	0,6987	0,0173
Rural	90.739	7,02	0,0669	0,5032	0,0267
Rio Grande do Sul	511.500	39,56	0,0519	0,6182	0,0269
Porto Alegre	143.462	11,10	0,0434	0,6177	0,0227
Urbano	266.108	20,58	0,0566	0,6462	0,0312
Rural	101.930	7,88	0,0550	0,5462	0,0232
Total	1.292.820	100,00	0,0537	0,6129	0,0277
Metropolitano	258.573	7,18	0,0447	0,6999	0,0279
Urbano	679.132	18,86	0,0506	0,6391	0,0280
Rural	355.115	9,86	0,0728	0,4992	0,0271

Centro-Oeste	Número de indigentes	Participação (%)	Proporção de indigentes	Hiato da renda	Hiato quadrático
Mato Grosso do Sul	116.695	19,53	0,0583	0,6903	0,0359
Urbano	101.586	17,01	0,0607	0,7312	0,0402
Rural	15.109	2,53	0,0461	0,4152	0,0140
Mato Grosso	106.848	17,89	0,0456	0,6032	0,0246
Urbano	78.942	13,21	0,0454	0,6472	0,0265
Rural	27.906	4,67	0,0463	0,4786	0,0191
Goiás	277.043	46,38	0,0577	0,6562	0,0334
Urbano	213.160	35,68	0,0546	0,6450	0,0309
Rural	63.883	10,69	0,0712	0,6935	0,0444
Distrito Federal	96.801	16,20	0,0501	0,5559	0,0235
Total	597.387	100	0,0539	0,6371	0,0303
Metropolitano	96.801	16,20	0,0501	0,5559	0,0235
Urbano	393.688	65,90	0,0538	0,6677	0,0320
Rural	106.898	17,89	0,0585	0,5980	0,0306

Brasil	Número de indigentes	Participação (%)	Proporção de indigentes	Hiato da renda	Hiato quadrático
Norte	802.979	5,90	0,1038	0,5679	0,0487
Nordeste	7.320.827	53,77	0,1629	0,4645	0,0530
Sudeste	3.600.114	26,44	0,0530	0,6374	0,0297
Sul	1.292.820	9,50	0,0537	0,6129	0,0277
Centro-Oeste	597.387	4,39	0,0539	0,6371	0,0303
Brasil total	13.614.127	100,00	0,0874	0,5380	0,0371
Metropolitano	3.372.827	24,77	0,0711	0,5974	0,0362
Urbano	5.714.952	41,98	0,0726	0,5725	0,0340
Rural	4.526.348	33,25	0,1526	0,4502	0,0468

Fonte: IBGE/Pnad, 1999 (tabulações especiais).

Anexo 8

O gasto federal com programas de transferência de renda focalizados nos pobres

A tabela apresentada neste anexo sistematiza algumas informações relativas aos programas federais de transferência de renda focalizados nos pobres. Todos eles se vinculam a um critério de insuficiência de renda, baseado na renda familiar *per capita.* Com exceção dos benefícios assistenciais — que, embora hoje se situem no contexto da Lei Orgânica da Assistência Social, foram criados na década de 1970 —, todos os demais são iniciativas recentes, da segunda metade da década de 1990, tendo se expandido, particularmente, nos dois últimos anos. O programa com o maior número de beneficiários é o Bolsa-Escola, do MEC, cuja clientela em dezembro de 2001 já atingia quase 2/3 da sua população-alvo, estimada em 12,87 milhões de crianças de 6 a 15 anos pertencentes a famílias com renda familiar *per capita* inferior a 1/2 salário mínimo. No entanto, mais da metade do dispêndio total está associada aos benefícios assistenciais a idosos e portadores de deficiência, em função de o valor do benefício ser igual ao do salário mínimo.

Algumas características dos programas federais de transferência de renda

Programas de transferência de renda	Valor do benefício (R$)	Nº de benefícios (mil - dez. 2001)	Dispêndio total (R$ mil - dez. 2001)
Benefícios assistenciais	180,00	2.086	375.571
Idosos		741	133.358
Deficientes		1.345	242.213
Peti	28,56*	749,35	21.400
Bolsa-Alimentação	15,0	3.576,00	53.635

Continua

Programas de transferência de renda	Valor do benefício (R$)	Nº de benefícios (dez. 2001 – mil)	Dispêndio total (R$ mil - dez. 2001)
Bolsa-Escola	15,0	8.251,00	124.163
Auxílio-Gás	7,50	4.798,00	35.982
Total mensal	—	17.416,63	610.751
Estimativa 12 meses		—	7.329.009

Fontes: MPAS, MEC, MS.

*Valor médio do benefício.

Anexo 9

Linhas de indigência e de pobreza derivadas da POF — 2001

Regiões e estratos	Linhas de indigência (R$)	Linhas de pobreza (R$)
Norte		
Belém	32,79	103,65
Urbano	32,27	90,35
Nordeste		
Fortaleza	35,11	100,60
Recife	45,50	146,12
Salvador	43,85	132,95
Urbano	31,29	89,30
Rural	27,18	53,86
Minas Gerais/Espírito Santo		
Belo Horizonte	36,52	126,10
Urbano	31,48	84,78
Rural	25,25	50,19
Rio de Janeiro		
Metrópole	48,68	150,80
Urbano	35,33	93,82
Rural	27,91	68,49
São Paulo		
Metrópole	47,99	188,04
Urbano	39,17	120,16
Rural	30,80	75,59
Sul		
Curitiba	34,77	124,13
Porto Alegre	38,00	96,20
Urbano	32,92	82,73
Rural	25,97	55,78
Centro-Oeste		
Brasília	37,89	171,44
Urbano	32,31	121,55
Rural	24,32	69,81

Obs.: Preços de setembro de 2001.

Anexo 10

Indicadores de pobreza como insuficiência de renda, segundo regiões, unidades da Federação e estratos — 2001

Norte	Número de pobres	Participação (%)	Proporção de pobres	Hiato da renda	Hiato quadrático
Rondônia urbano	295.143	7,85	0,3241	0,4210	0,0847
Acre urbano	140.441	3,74	0,3768	0,4812	0,1205
Amazonas urbano	915.616	24,36	0,4202	0,4878	0,1367
Roraima urbano	86.149	2,29	0,3329	0,4661	0,1045
Pará	1.930.709	51,36	0,4519	0,4399	0,1231
Belém	780.773	20,77	0,4414	0,4712	0,1378
Urbano	1.149.936	30,59	0,4594	0,4187	0,1127
Amapá urbano	93.136	2,48	0,2076	0,4791	0,0733
Tocantins urbano	298.069	7,93	0,3585	0,4197	0,0919
Total	3.759.263	100,00	0,4054	0,4516	0,1167
Metropolitano	780.773	20,77	0,4414	0,4712	0,1378
Urbano	2.978.490	79,23	0,3969	0,4465	0,1117

Nordeste	Número de pobres	Participação (%)	Proporção de pobres	Hiato da renda	Hiato quadrático
Maranhão	3.055.042	12,70	0,5329	0,4765	0,1579
Urbano	1.927.316	8,01	0,5154	0,4908	0,1612
Rural	1.127.726	4,69	0,5659	0,4521	0,1519
Piauí	1.375.935	5,72	0,4898	0,5199	0,1722
Urbano	759.352	3,16	0,4272	0,5245	0,1523
Rural	616.583	2,56	0,5976	0,5142	0,2065
Ceará	3.880.818	16,14	0,5242	0,4928	0,1677
Fortaleza	1.457.988	6,06	0,4851	0,4706	0,1477
Urbano	1.415.432	5,89	0,5374	0,5023	0,1735
Rural	1.007.398	4,19	0,5713	0,5117	0,1930

Continua

Nordeste	Número de pobres	Participação (%)	Proporção de pobres	Hiato da renda	Hiato quadrático
Rio Grande do Norte	1.137.793	4,73	0,4058	0,4815	0,1261
Urbano	787.575	3,27	0,3840	0,4922	0,1224
Rural	350.218	1,46	0,4652	0,4576	0,1362
Paraíba	1.694.658	7,05	0,4902	0,4762	0,1470
Urbano	1.239.985	5,16	0,4786	0,4875	0,1490
Rural	454.673	1,89	0,5248	0,4457	0,1409
Pernambuco	4.270.368	17,76	0,5453	0,5158	0,1857
Recife	1.896.936	7,89	0,5757	0,5264	0,2013
Urbano	1.313.841	5,46	0,4991	0,5261	0,1758
Rural	1.059.591	4,41	0,5567	0,4839	0,1723
Alagoas	1.519.438	6,32	0,5317	0,4847	0,1646
Urbano	1.013.273	4,21	0,5244	0,4914	0,1663
Rural	506.165	2,10	0,5471	0,4713	0,1609
Sergipe	790.704	3,29	0,4446	0,4839	0,1412
Urbano	610.955	2,54	0,4281	0,5082	0,1473
Rural	179.749	0,75	0,5115	0,4013	0,1167
Bahia	6.325.335	26,30	0,4973	0,4887	0,1558
Salvador	1.472.335	6,12	0,4973	0,5012	0,1642
Urbano	2.824.208	11,74	0,4954	0,5119	0,1660
Rural	2.028.792	8,44	0,5001	0,4473	0,1354
Total	24.050.091	100,00	0,5075	0,4928	0,1614
Metropolitano	4.827.259	20,07	0,5212	0,5018	0,1721
Urbano	11.891.937	49,45	0,4857	0,5039	0,1596
Rural	7.330.895	30,48	0,5373	0,4687	0,1574

Sudeste	Número de pobres	Participação (%)	Proporção de pobres	Hiato da renda	Hiato quadrático
Minas Gerais	5.058.699	24,10	0,2842	0,4476	0,0816
Belo Horizonte	1.447.970	6,90	0,3352	0,4353	0,0916
Urbano	2.720.753	12,96	0,2568	0,4648	0,0776
Rural	889.976	4,24	0,3084	0,4149	0,0816

Continua

Sudeste	Número de pobres	Participação (%)	Proporção de pobres	Hiato da renda	Hiato quadrático
Espírito Santo	841.287	4,01	0,2733	0,4401	0,0765
Urbano	677.731	3,23	0,2698	0,4589	0,0805
Rural	163.556	0,78	0,2887	0,3620	0,0587
Rio de Janeiro	4.325.439	20,60	0,3089	0,4373	0,0850
Metrópole	3.549.281	16,91	0,3384	0,4454	0,0951
Urbano	670.144	3,19	0,2153	0,3995	0,0536
Rural	106.014	0,51	0,2618	0,4055	0,0647
São Paulo	10.766.889	51,29	0,2958	0,4425	0,0837
Metrópole	6.517.963	31,05	0,3806	0,4696	0,1165
Urbano	3.866.037	18,42	0,2168	0,3995	0,0536
Rural	382.889	1,82	0,2660	0,4156	0,0672
Total	20.992.314	100,00	0,2945	0,4426	0,0831
Metropolitano	11.515.214	54,85	0,3606	0,4578	0,1061
Urbano	7.934.665	37,80	0,2330	0,4270	0,0631
Rural	1.542.435	7,35	0,2912	0,4088	0,0739

Sul	Número de pobres	Participação (%)	Proporção de pobres	Hiato da renda	Hiato quadrático
Paraná	2.167.957	48,25	0,2267	0,4446	0,0652
Curitiba	706.763	15,73	0,2550	0,4493	0,0751
Urbano	1.033.199	22,99	0,1937	0,4474	0,0566
Rural	427.995	9,52	0,2936	0,4303	0,0783
Santa Catarina	555.081	12,35	0,1033	0,4059	0,0263
Urbano	404.627	9,00	0,0930	0,4073	0,0244
Rural	150.454	3,35	0,1467	0,4022	0,0343
Rio Grande do Sul	1.770.585	39,40	0,1735	0,4217	0,0464
Porto Alegre	612.117	13,62	0,1647	0,4054	0,0425
Urbano	781.544	17,39	0,1653	0,4261	0,0446
Rural	376.924	8,39	0,2142	0,4390	0,0595
Total	4.493.623	100,00	0,1787	0,4308	0,0492
Metropolitano	1.318.880	29,35	0,2033	0,4289	0,0564
Urbano	2.219.370	49,39	0,1540	0,4326	0,0429
Rural	955.373	21,26	0,2252	0,4293	0,0599

Centro-Oeste	Número de pobres	Participação (%)	Proporção de pobres	Hiato da renda	Hiato quadrático
Mato Grosso do Sul	785.536	17,67	0,3738	0,4174	0,0949
Urbano	696.440	15,67	0,3872	0,4151	0,0977
Rural	89.096	2,00	0,2943	0,4355	0,0780
Mato Grosso	885.280	19,92	0,3473	0,4472	0,0987
Urbano	691.991	15,57	0,3463	0,4311	0,0918
Rural	193.289	4,35	0,3508	0,5048	0,1241
Goiás	1.934.737	43,53	0,3827	0,4261	0,0982
Urbano	1.728.470	38,88	0,3891	0,4290	0,1011
Rural	206.267	4,64	0,3363	0,4018	0,0771
Distrito Federal	839.555	18,89	0,4079	0,4925	0,1298
Total	4.445.108	100,00	0,3779	0,4413	0,1032
Metropolitano	839.555	18,89	0,4079	0,4925	0,1298
Urbano	3.116.901	70,12	0,3783	0,4264	0,0981
Rural	488.652	10,99	0,3331	0,4487	0,0949

Brasil	Número de pobres	Participação (%)	Proporção de pobres	Hiato da renda	Hiato quadrático
Norte	3.759.263	6,51	0,4054	0,4516	0,1167
Nordeste	24.050.091	41,65	0,5075	0,4928	0,1614
Sudeste	20.992.314	36,36	0,2945	0,4426	0,0831
Sul	4.493.623	7,78	0,1787	0,4308	0,0492
Centro-Oeste	4.445.108	7,70	0,3779	0,4413	0,1032
Brasil total	57.740.399	100,00	0,3503	0,4631	0,1038
Metropolitano	19.281.681	33,39	0,3743	0,4689	0,1137
Urbano	28.141.363	48,74	0,3173	0,4619	0,0938
Rural	10.317.355	17,87	0,4185	0,4552	0,1190

Fonte: IBGE/Pnad, 2001 (tabulações especiais).

Anexo 11

Indicadores de indigência como insuficiência de renda, segundo regiões, unidades da Federação e estratos — 2001

Norte	Número de indigentes	Participação (%)	Proporção de indigentes	Hiato da renda	Hiato quadrático
Rondônia urbano	57.421	6,51	0,0631	0,6538	0,0373
Acre urbano	36.736	4,16	0,0986	0,6709	0,0560
Amazonas urbano	250.079	28,34	0,1148	0,6686	0,0670
Roraima urbano	24.715	2,80	0,0955	0,6256	0,0503
Pará	411.808	46,67	0,0964	0,5714	0,0454
Belém	188.619	21,37	0,1066	0,6716	0,0633
Urbano	223.189	25,29	0,0892	0,4867	0,0328
Amapá urbano	31.929	3,62	0,0712	0,7632	0,0497
Tocantins urbano	69.704	7,91	0,0839	0,4981	0,0317
Total	882.472	100,00	0,0952	0,6111	0,0492
Metropolitano	188.619	21,37	0,1066	0,6716	0,0633
Urbano	693.853	78,63	0,0925	0,5946	0,0459

Nordeste	Número de indigentes	Participação (%)	Proporção de indigentes	Hiato da renda	Hiato quadrático
Maranhão	1.006.678	12,10	0,1756	0,4721	0,0580
Urbano	534.575	6,43	0,1430	0,5337	0,0597
Rural	472.103	5,68	0,2369	0,4024	0,0550
Piauí	588.865	7,08	0,2096	0,5259	0,0799
Urbano	270.899	3,26	0,1524	0,5536	0,0638
Rural	317.966	3,82	0,3082	0,5024	0,1076
Ceará	1.342.544	16,14	0,1814	0,5082	0,0656
Fortaleza	379.876	4,57	0,1264	0,5754	0,0595
Urbano	445.303	5,35	0,1691	0,4696	0,0540
Rural	517.365	6,22	0,2934	0,4922	0,0931

Continua

Nordeste	Número de indigentes	Participação (%)	Proporção de indigentes	Hiato da renda	Hiato quadrático
Rio Grande do Norte	373.712	4,49	0,1333	0,5431	0,0547
Urbano	220.404	2,65	0,1075	0,5853	0,0503
Rural	153.308	1,84	0,2036	0,4825	0,0665
Paraíba	534.919	6,43	0,1547	0,5010	0,0565
Urbano	337.087	4,05	0,1301	0,5576	0,0559
Rural	197.832	2,38	0,2283	0,4045	0,0585
Pernambuco	1.521.798	18,29	0,1943	0,4945	0,0727
Recife	567.037	6,82	0,1721	0,5053	0,0701
Urbano	454.030	5,46	0,1725	0,5228	0,0687
Rural	500.731	6,02	0,2631	0,4566	0,0827
Alagoas	530.889	6,38	0,1858	0,4885	0,0641
Urbano	306.350	3,68	0,1585	0,5036	0,0613
Rural	224.539	2,70	0,2427	0,4679	0,0700
Sergipe	276.028	3,32	0,1552	0,5153	0,0602
Urbano	203.658	2,45	0,1427	0,5753	0,0657
Rural	72.370	0,87	0,2059	0,3464	0,0379
Bahia	2.143.506	25,77	0,1685	0,4907	0,0610
Salvador	396.533	4,77	0,1339	0,5952	0,0651
Urbano	898.536	10,80	0,1576	0,5123	0,0609
Rural	848.437	10,20	0,2091	0,4191	0,0581
Total	8.318.939	100,00	0,1755	0,4982	0,0638
Metropolitano	1.343.446	16,15	0,1451	0,5517	0,0650
Urbano	3.670.842	44,13	0,1499	0,5259	0,0599
Rural	3.304.651	39,72	0,2422	0,4456	0,0701

Sudeste	Número de indigentes	Participação (%)	Proporção de indigentes	Hiato da renda	Hiato quadrático
Minas Gerais	1.374.566	29,98	0,0772	0,5899	0,0378
Belo Horizonte	259.449	5,66	0,0601	0,6850	0,0372
Urbano	784.141	17,10	0,0740	0,5937	0,0366
Rural	330.976	7,22	0,1147	0,5061	0,0432

Continua

Sudeste	Número de indigentes	Participação (%)	Proporção de indigentes	Hiato da renda	Hiato quadrático
Espírito Santo	215.511	4,70	0,0700	0,6452	0,0375
Urbano	173.495	3,78	0,0691	0,6851	0,0404
Rural	42.016	0,92	0,0742	0,4804	0,0249
Rio de Janeiro	956.260	20,86	0,0683	0,5833	0,0335
Metrópole	799.536	17,44	0,0762	0,5606	0,0353
Urbano	131.780	2,87	0,0424	0,7138	0,0274
Rural	24.944	0,54	0,0616	0,6238	0,0327
São Paulo	2.038.305	44,46	0,0560	0,7085	0,0355
Metrópole	1.269.149	27,68	0,0741	0,7054	0,0467
Urbano	694.943	15,16	0,0390	0,7103	0,0247
Rural	74.213	1,62	0,0516	0,7455	0,0355
Total	4.584.642	100,00	0,0643	0,6438	0,0357
Metropolitano	2.328.134	50,78	0,0729	0,6534	0,0417
Urbano	1.784.359	38,92	0,0524	0,6569	0,0298
Rural	472.149	10,30	0,0891	0,5477	0,0383

Sul	Número de indigentes	Participação (%)	Proporção de indigentes	Hiato da renda	Hiato quadrático
Paraná	609.653	49,57	0,0638	0,6070	0,0320
Curitiba	153.388	12,47	0,0553	0,7088	0,0349
Urbano	315.554	25,66	0,0592	0,5991	0,0294
Rural	140.711	11,44	0,0965	0,5136	0,0358
Santa Catarina	133.919	10,89	0,0249	0,6782	0,0154
Urbano	93.459	7,60	0,0215	0,7657	0,0152
Rural	40.460	3,29	0,0394	0,4761	0,0165
Rio Grande do Sul	486.191	39,54	0,0476	0,6027	0,0242
Porto Alegre	148.835	12,10	0,0400	0,6506	0,0224
Urbano	200.040	16,27	0,0423	0,6440	0,0233
Rural	137.316	11,17	0,0780	0,4907	0,0301
Total	1.229.763	100,00	0,0489	0,6131	0,0253
Metropolitano	302.223	24,58	0,0466	0,6802	0,0278
Urbano	609.053	49,53	0,0423	0,6394	0,0231
Rural	318.487	25,90	0,0751	0,4990	0,0288

Centro-Oeste	Número de indigentes	Participação (%)	Proporção de indigentes	Hiato da renda	Hiato quadrático
Mato Grosso do Sul	123.259	17,00	0,0587	0,6691	0,0342
Urbano	102.501	14,14	0,0570	0,6944	0,0347
Rural	20.758	2,86	0,0686	0,5445	0,0310
Mato Grosso	169.212	23,34	0,0664	0,6831	0,0402
Urbano	105.925	14,61	0,0530	0,6776	0,0324
Rural	63.287	8,73	0,1149	0,6925	0,0688
Goiás	290.125	40,02	0,0574	0,6425	0,0320
Urbano	253.812	35,01	0,0571	0,6618	0,0332
Rural	36.313	5,01	0,0592	0,5073	0,0227
Distrito Federal	142.339	19,63	0,0692	0,6730	0,0408
Total	724.935	100,00	0,0616	0,6625	0,0357
Metropolitano	142.339	19,63	0,0692	0,6730	0,0408
Urbano	462.238	63,76	0,0561	0,6726	0,0334
Rural	120.358	16,60	0,0820	0,6111	0,0417

Brasil	Número de indigentes	Participação (%)	Proporção de indigentes	Hiato da renda	Hiato quadrático
Norte	882.472	5,61	0,0952	0,6111	0,0492
Nordeste	8.318.939	52,85	0,1755	0,4982	0,0638
Sudeste	4.584.642	29,13	0,0643	0,6438	0,0357
Sul	1.229.763	7,81	0,0489	0,6131	0,0253
Centro-Oeste	724.935	4,61	0,0616	0,6625	0,0357
Brasil total	15.740.751	100,00	0,0955	0,5635	0,0430
Metropolitano	4.304.761	27,35	0,0836	0,6250	0,0448
Urbano	7.220.345	45,87	0,0814	0,5838	0,0387
Rural	4.215.645	26,78	0,1710	0,4658	0,0545

Fonte: IBGE/Pnad, 2001 (tabulações especiais).